바다 인문학

동해·서해·남해·제주도에서 건져 올린

바닷물고기 이야기

바다 인문학

김준 지음

인물과
사상사

"나를 고를 때면 내 눈을 바라봐줘요.
난 눈을 감는 법도 몰라요.
가난한 그대 날 골라줘서 고마워요.
수고했어요 오늘 이 하루도."

– 루시드 폴, 〈고등어〉 중에서

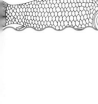
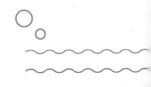

추천의 글

본래 강과 바다는 구분이 없었다. 섬사람들이 바닷가를 '갱변'으로, 바닷물을 '갱물'로 부르는 것은 그 때문이다. 강과 바다는 늘 연결되어 흘렀으니 어디부터 강이고 어디부터 바다겠는가? 강은 작은 바다이고 바다는 또 큰 강이다. 그런데 지금 이 나라 바다와 강은 하굿둑에 막혀 단절된 지 오래다. 바다와 강을 오가던 물고기도 사라지고 뱃길도 다 끊겼다. 저자는 웅어를 소환하며 "바다와 강은 통해야 한다"고 호소한다. 우리 시대의 탁월한 해양 인문학자인 저자의 통찰력이 막혀 있던 시원始原의 물꼬를 시원하게 터준다. 참 감사한 일이다.

– 강제윤(시인, (사)섬연구소 소장)

이 책은 동해, 남해, 서해, 제주도 바다에 서식하는 물고기와 사람살이가 형성한 해양 문화적 계보를 실감나게 보여준다. 각 해역의 고유 특징을 품은 대표 물고기들을 통해 바다의 역사와 문화, 바다를 배경으로 살아가는 이들의 정서와 식문화 변천사를 담았다. 한때 당당히 해역을 상징했으나 이제는 사라진 물고기들을 소환하며 해양 생태계의 위기와 변화, 그 원인과 대안을 제시한다. 무엇보다 갯내 나는 해안을 돌며 사람들을 만나고 따스한 온도로 그들의 깊숙한 물빛 정서를 짚어낸 해양 인문학자인 저자의 여정은 바다 인문학의 깊이와 넓이를 더한다.

- 권선희(시인)

우리는 세계에서 생선을 가장 많이 먹고 있지만, 생선의 원산지와 속성, 생선으로 만든 음식에 얽힌 이야기를 모른다. 또 동해, 서해, 남해, 제주도의 특성과 생태계, 거기에서 잡히는 생선에 대해 잘 알지 못한다. 저자는 동해, 서해, 남해, 제주도의 특성과 관련해 생선을 살피고, 생선으로 만든 음식과 슬로피시까지 다루어 우리의 바다와 우리가 먹는 생선을 알고 사랑하게 한다. 어민을 이해하고 어촌의 가치를 생각하게 한다.

- 김종덕(국제슬로푸드한국협회 회장)

이 책의 첫 장을 열자 짙은 갯내가 났다. 바다와 어촌, 어부들과 생선들, 잘 말려진 이야기들이 해풍에 꾸덕꾸덕해진 청어처럼 딱 읽기 좋게 책 속에 익어 있다. 우리가 현재 마주하고 있는 비극적인 사회적·환경적 이슈들도 장과 장 사이에 저자 특유의 인문학적 손맛으로 이해하기 좋게 잘 간이 되어 있다. 그래서 눈으로 꼭꼭 씹어 음미하면 깊은 통찰

과 여운이 마음에서 진하게 우러나온다.

- 서종석(MSC해양관리협의회 한국 대표, 부경대학교 겸임교수)

　대부분의 사람들은 제주 바다를 그냥 남해의 한 부분이러니 생각한다. 제주 바다만의 구조와 생태 환경을 모르면 당연한 일이다. 심지어 대부분의 제주 사람들조차 제주 바다가 다른 바다와 다른 점을 아는 경우가 별로 없다. 해양학자들은 다르다. 해안의 구조와 생태 환경 등을 상세히 설명한다. 그러나 그들은 대부분 자연과학을 연구하는 사람들이라 학술적인 전문용어를 구사하며 일반인들의 머리를 어지럽힌다. 저자는 누구나 알기 쉽게 바다를 읽어준다. 저자가 바닷사람들 사이에서 살아가는 인문학자이기 때문이다. 그런 저자가 알려주는 제주 바다의 특별함은 제주 사람인 나를 감동케 한다. 감사할 따름이다.

- 양용진(제주 낭푼밥상 오너 셰프, 제주향토음식보전연구원 원장)

추천의 글

　저자는 오랜 기간 섬세한 관찰력으로 바다를 누비며 근거 없는 속설은 가려내고 믿을 수 있는 이야기를 현장에서 축적해왔다. 그렇기에 저자의 지식은 유용한 지식이다. 그의 결과물이 또 세상 밖으로 나왔다. 일상이기에 세세히 알지 못했던 바다 음식을 어민들의 삶, 문화, 기후변화의 사례를 재료로 진수성찬을 차려냈다. 독자들은 이 책을 통해 세상을 들여다볼 수 있게 될 것이다.

- 이상희(통영음식문화연구소 대표, 사진작가)

이 책은 바다가 차려주는 드넓은 인문학 밥상의 풍경을 담았다. 이 책을 읽으면 잠시 경건해진다. 대자연의 광대한 묵시록을 한 편 읽은 것 같기에 그렇다. 철 따라 바다가 품고 키우고 내어주는 일을 우직하게 따르며 기록하고, 바다와 함께하는 사람들 삶 앞에서 겸손히 옷깃 여미는 품을 보면, 고행의 먼 길 떠나는 구도자의 모습과 다름없기 때문이다.

- 최원준(시인, 음식 문화 칼럼니스트)

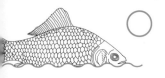

바다 인문학을 위해

바다는 해양생물이 생활하는 삶터로 조석, 조류, 파랑, 해류, 수온 등의 영향을 받는다. 한반도를 둘러싼 동해·서해·남해는 방향에 따른 바다 이름이지만, 특성을 보면 뚜렷한 차이가 있다. 동해는 수심이 깊고 대륙붕이 발달하지 않아 조석보다 해류 영향이 크다. 서해는 수심이 얕고 대륙붕이 발달해 해류보다 조석과 조류 영향이 크다. 여기에 임진강·한강·금강·영산강 등 서해로 흐르는 큰 강이 많고, 섬이 모여 있어 주변에 갯벌이 발달했다. 남해는 내만이 발달하고 섬이 많으며, 역시 조석과 조류 영향을 받는다.

또 조류를 보면 동해는 한류와 난류가 교차하며, 남해와 제주도는 태평양과 동중국해를 통해 올라온 높은 온도와 염도의 영향을 직접 받는다. 해양 지질로 보면, 동해는 모래 해안과 암석 해안이 발달했고, 서해와 남해는 섬과 갯벌이 많다. 특히 남해는 공룡이 살았던 중생대 백악기 지층이 해안을 이루고 있다. 제주도는 화산암으로 이루어진 해안에 해식애海蝕崖가 발달했다.

해안선을 보면, 동해안은 굴곡 없이 단조롭고 석호潟湖가 있으며, 서해안과 남해안은 굴곡이 아주 큰 리아스식 해안rias coast이다. 제주도는 용암이 조류와 해류, 파도와 파랑에 깎이면서 해안에 날카로운 현무암이 솟고 조개껍질이나 부서진 산호와 모래가 해안에 쌓이기도 한다.

이러한 특징은 바닷물고기를 포함한 해양생물의 서식에 큰 영향을 미치며, 다양한 물새의 먹이 활동에 큰 영향을 미친다. 그뿐만 아니라 물고기를 잡는 도구와 방법과 어촌 생활에도 큰 영향을 주며, 음식 문화에도 영향을 주고 있다.

이러한 바다와 해안의 특징을 고려해 각 해역을 대표하는 바닷물고기를 선정했다. 이 바닷물고기들을 통해 바다의 역사와 문화, 생태계의 변화, 어민들의 삶, 바다 음식, 해양 문화 교류사, 기후변화 등을 살피고자 했다. 하지만 해역별로 대표 바닷물고기를 선정하는 일은 쉽지 않았다. 이제 동해에서 만나기 어려운 명태나 서해에서 어획되지 않는 조기를 넣은 것은 해당 지역에서 이들 바닷물고기가 차지하는 문화적 가치가 매우 크기 때문이다.

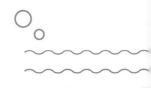

또 해역을 넘나드는 바닷물고기를 특정 해역에 포함시키는 것도 어려웠다. 숭어는 서해뿐만 아니라 남해와 동해까지 모든 해역에서 서식하며 우리 밥상에 올라오는 바닷물고기다. 하지만 회, 탕, 조림, 건정 등 숭어를 이용한 다양한 음식 문화를 가지고 있는 서해를 모태로 삼았다. 마찬가지로 아귀는 동해뿐만 아니라 남해와 서해에서도 잡히지만 동해에 포함시켰다.

우리 바다에서 지난 50년 동안 큰 물고기는 90퍼센트가 사라졌다. 동해에서 명태가, 서해에서 조기가 사라졌다. 이제는 병어와 대구는 말할 것도 없고, 망둑어와 양태마저도 귀한 바닷물고기가 되었다. 과거에 '잡어雜魚'라고 부르던 바닷물고기들이 그 자리를 차지했다. 그 사이 어떤 변화들이 생긴 것일까? 서해의 갯벌은 50퍼센트가 뭍이 되어 공장이 지어지고 아파트가 올라갔다. 서해와 남해의 바다 숲은 백화현상으로 사막이 되었다. 바닷물고기들이 산란을 하고 치어들이 자라야 할 인큐베이터가 사라진 것이다.

여기에 어민들은 모기장처럼 촘촘한 그물로 어종을 가리지 않았고, 소비자들은 알배기 생선을 즐기며 텅 빈 바다를 부추겼다. 그러고서 모든 책임을 기후변화와 수온 상승에 떠넘기고 있다. 바다 숲은 해조와 해초 군락, 그 안의 해양 동물을 포함한 군집을 말한다. 바다 숲은 생물의 다양성 유지, 어린 물고기의 은신처 제공, 먹이 공급, 산란 장소 등 바다 생물의 서식지 기능을 한다. 또 수질 정화, 바다 저질底質 안정화 등 해양 환경 유지 기능도 하고 있다.

그뿐만 아니다. 인간에게 유용한 식품과 생태 체험과 해양 레저 관광을 할 수 있는 친수공간親水空間도 제공해준다. 우리나라는 2012년 여수 엑스포를 기념해 5월 10일을 '바다 식목일'로 정했다. 바다 생태계의 중요성과 황폐화의 심각성을 국민에게 알리고, 범국민적 관심 속에서 바다 숲이 조성될 수 있도록 하기 위해서다. 바다 식목은 수심 10미터 내외의 암초나 갯벌에 해조류나 해초류를 이식해 숲을 조성하는 것이다.

이곳은 뭍과 섬에서 영양물질이 많이 유입되고, 햇빛이 잘 들고, 광합성 작용이 활발해 식물성 플랑크톤, 해조류, 해초류, 부착생물 등이 많다. 해양 생태계 중 기초 생산자가 많아 먹이사슬의 기반이 되는 중요한 공간이다. 우리 밥상에 오르는 수산물은 대부분 이곳에서 얻는다. 벌거벗은 산을 숲으로 가꾸기 위해 온 국민이 삽과 호미를 들고 나무를 심었던 때를 생각해보자. 이제 바다가 사막으로 변하는 것을 막기 위한 노력에 더 많은 관심이 필요하다.

바닷물고기에 관심을 갖기 시작한 것은 2006년 6월 새만금 방조제가 완공된 후였다. 새만금은 갯벌이나 바다를 지키는 것은 어민들만의 몫

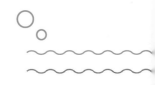

이 아니라는 것을 알게 해주었다. 바다가 뭍으로 변하는 것을 보면서 갯벌과 바다의 가치를 이야기하고 싶었다. 그 가치를 도시민이 공감할 때 비로소 간척과 개발은 멈출 수 있을 것이라고 생각했다.

이 무렵 슬로푸드와 인연을 맺기 시작했다. 슬로푸드는 패스트푸드의 대명사인 햄버거가 이탈리아에서 들어오면서 촉발되었지만, 최근에는 '음식의 질'을 넘어 '삶의 질', '생명', '초월적인 삶'이라는 철학으로 확산되고 있다.

우리나라의 1인당 수산물 소비량은 일본이나 노르웨이를 넘어 세계 1위다. 매일 먹는 밥상을 살펴봐도 몇 가지 수산물은 쉽게 찾을 수 있다. 밥상은 바다의 가치를 도시민과 나눌 수 있는 매개체다. 어부는 정한 시기에 정한 곳에서 허용된 양을 잡아야 하며, 소비자는 그 가치를 존중하고 적절한 값을 지불해야 한다. 어업은 우리의 건강하고 즐거운 밥상과 이웃의 삶을 지탱할 수 있는 형태로 이루어져야 한다.

이런 어업이 지속 가능하려면 바다 환경과 생물종 다양성도 지켜져야 한다. 그래서 슬로푸드는 산업화된 폭력적인 어업 방식이 아닌 전통 어업 방식과 소규모 어업 생산자들을 존중하고 응원한다. 그 프로젝트가 슬로피시다. 슬로피시는 어업이나 물고기만 주목하지 않고, 어촌과 어민의 삶의 지속을 지향한다.

책머리에

슬로푸드가 그렇듯이 슬로피시도 바다 음식을 영양학으로 접근하는 것을 거부한다. 그리고 해양 생태계·기후변화·해양 쓰레기, 어획 방법과 소비 방식과 어민들의 삶을 함께 살피는 '미식학'을 지향하고 있다. 그래서 소비자나 여행자를 공동 생산자라고 한다. 지속 가능한 미식이란 이렇게 다양한 이해당사자가 공존하고 공생하는 그물로 차린 밥상이다. 미식은 혀끝에서 이루어지는 본능이 아니라 학습과 교육을 통해 만들어진다. 이것이 이 책을 집필한 이유이기도 하다.

이 책을 집필하는 데 많은 분의 도움을 받았다. 바다와 섬에서, 어촌과 마을에서 만난 분들의 도움이 없었다면 '바다 인문학'은 상상할 수 없었을 것이다. 지역에 뿌리를 두고 올곧게 살고자 노력하는 도반道伴들은 지혜를 아낌없이 내주었다. 어시장에서 좌판을 펼치고 생선을 파는 어머니들도 큰 도움을 주었다. 동해와 서해와 남해와 제주 바다를 오가는 데 적잖은 시간과 비용이 필요했다. 곁에서 묵묵히 오가는 것을 지켜보며 응원해준 아내에게 고맙다. 아빠가 가져온 바닷물고기와 해산물 탓에 식당에서 먹는 것은 맛이 없다며 응원해준 별아, 바다, 푸른, 보리에게도 고맙다.

차례 🐟

제 1 장

동해에서 인문학을 만나다

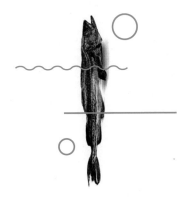

명태

명태는 돌아오지 않았다

망태에서

막물태까지　　　　　　　　　　강원도 인제군 용대리 황
　　　　　　　　　　　　　　　　태마을로 가는 길은 멀고

험했다. 처음부터 느긋하게 마음을 다잡고 출발했지만 짜증이 일었다.
집 앞에서 황태 해장국 한 그릇이면 될 일을 그 먼 길을 돌아가서 봐야
하는지 물어보는 사람도 있었다. 그런데 어디 맛이 혀로만 느끼던가?
2008년부터 동해에서 명태가 사라진 후, 강원도 눈 덮인 산골 마을에
서 황태로 다시 태어난 내력을 알고 싶었다. 자정 무렵 출발해 새벽녘
에 도착하자 서기瑞氣 어린 덕장들이 보였다. 이른 새벽에 문을 연 식당
을 찾아 황태탕으로 허기를 달랬다. 맑은 국물이 몸속으로 들어오자
막 올라온 물고기처럼 부르르 떨리더니 추위가 가시면서 몸에 활기가

돌았다.

명태는 대구목 대구과에 속하는 한류성寒流性 어류다. 우리나라 동해 북부, 일본 북부, 오호츠크해, 베링해 등에 서식한다. 한때 동해를 대표하는 바닷물고기였다. 또 심심산골 어느 오일장에서나 어느 집 밥상에서나 만날 수 있을 만큼 친근했다. 수심 수십 미터에서 수백 미터까지 서식하며, 낮에는 1,000미터까지 내려간다.

명태는 한 마리가 20~200만 개의 알을 낳는다. 알을 낳을 때면 인근에 수많은 물고기가 모여 포식한다. 운이 좋아 알에서 깨어난 치어稚魚들은 자라면서 작은 새우와 오징어 등을 먹고 자란다. 한 해 15센티미터, 이듬해 23센티미터가 자라며, 4년이 지나면 40센티미터가 자라야 명태라고 할 수 있다.

명태는 지역, 잡는 방법과 시기, 크기, 가공 상태에 따라 다양한 이름을 갖고 있다. 함경도에서는 망태網太, 조태釣太, 왜태倭太, 애기태, 막물태, 은어銀魚바지, 동지冬至바지, 섣달바지라고 불렀다. 강원도에서는 선태鮮太, 강태江太, 간태杆太라고 했다. 서울에서는 동태凍太, 강태, 더덕북어라고 했다. 강원·경기 이남에서는 동건태凍乾太를 북어北魚라고 불렀다. 일본 홋카이도에서 들어오는 건명태乾明太를 북태北太라고 했다. 봄에 잡힌 명태를 춘태, 특히 4월에 잡히면 사태四太, 5월에 잡히면 오태五太라고 했고, 끝물에 잡힌 명태는 막물태라고 했다.

조선 후기 실학자 이규경李圭景, 1788~1856이 쓴 백과사전인 『오주연문장전산고五洲衍文長箋散稿』 「북어변증설北魚辨證說」에는 "봄에 잡는 것은

명태는 봄에 잡는 것은 춘태, 겨울에 잡는
것은 동태, 동짓달에 시장에 나오는 것은
동명태라고 했다. 찬바람이 일기 시작하면
어느 집이나 명태를 사다 내장을 제거하고
말렸다.

춘태春太, 겨울에 잡는 것은 동태凍太, 동짓달에 시장에 나오는 것은 동명태凍明太, 알젓魚卵醢은 명란明卵이라고 한다"고 했다.

또 크기별로 새끼 명태는 앵치, 산란하고 살이 없어 뼈만 있는 명태는 꺽태라고 했다. 흔히 노가리라고 하는 명태 새끼는 20센티미터 이하를 말한다. 그물로 잡으면 망태, 낚시로 잡으면 조태라고 했다. 소금에 절인 명태는 염태鹽太나 간명태라고 했다. 건조 상태에 따라 4~5개월 동안 잘 말리면 영태, 한 달 이내로 짧은 기간에 말린 것은 흑태黑太, 흑태를 코에 꿰어 엮은 것은 코다리, 몸통을 엮은 것은 엮걸이라고 했다.

이렇게 다양한 방언을 가질 수 있었던 것은 우선 가공과 유통, 보관에서 다른 생선과 비교할 수 없는 탁월함을 들 수 있다. 최근에는 강원도 대관령이나 미시령 등에서 겨울철에 명태를 말려서 '황태'라는 브랜드로 유통하고 있다. 심지어 황태 마을이 등장하기도 했다. 물론 이곳 명태들도 모두 러시아에서 수입해온 것들이다.

**명천의
태씨가 잡았으니
명태라고 하다**

명태는 명실공히 조선의 물고기다. 중국에서는 명태가 잡히지 않았고, 일본에서도 명란을 만들기 전까지 명태에 관심이 없었다. 중국어 밍타이 明太나 일본어 멘타이めんたい 모두 조선의 명태에서 비롯된 명칭이다. 명태라는 이름이 문헌에 등장한 것은 17세기에 이르러서다. 울산 출신

박계숙朴繼叔, 1569~1646·박취문朴就文, 1617~1690 부자가 함경도 회령에서 근무한 것을 정리한『부북일기赴北日記』의 1645년(인조 23) 4월 20일 일기에 '생명태生明太'가 등장하지만, 공식적인 것은『승정원일기承政院日記』1652년(효종 3) 9월 10일의 기록이다. 이 기록에는 "강원도에서 대구 알젓 대신 명태 알젓이 왔으니 관리에게 책임을 물어야 한다"는 내용으로 '명태'가 기록되어 있다. 조선 후기 문신 이유원李裕元, 1814~1888의『임하필기林下筆記』에는 명태의 이름과 관련해서 다음과 같은 전설이 소개되어 있다.

명천明川에 태씨太氏 성을 가진 어부가 있었다. 어느 날 낚시로 물고기 한 마리를 낚아 고을 관청의 주방廚房(조선시대에 궁궐 등에서 음식을 만들던 곳) 일을 보는 아전으로 하여금 도백道伯(관찰사)에게 드리게 했는데, 도백이 이를 맛있게 여겨 물고기 이름을 물으니 아무도 알지 못하고 단지 "태씨 어부가 잡은 것입니다"고만 대답했다. 이에 도백이 말하기를, "명천의 태씨가 잡았으니, 명태라고 이름을 붙이면 좋겠다"고 했다. 그래서 이 물고기가 해마다 수천 섬纖씩 잡혀 팔도에 두루 퍼지게 되었다.

명태라는 이름과 관련해서 함경도에서는 망태라고 부르는데, 이것이 명태의 이름과 가장 근접한 것이다. 또『임하필기』에는 "함경도 원산을 지나다 이 물고기가 쌓여 있는 것을 보았는데, 오강五江(서울 근처의 한강·용산·마포·현호·서강 등 주요 나루가 있던 다섯 군데 마을)에 땔나무를 쌓아놓은 것처럼 그 숫자가 많아 헤아릴 수조차 없었다"고 했다.

명천의 태씨 성을 가진 어부가 잡았기 때문에
'명태'라는 이름이 붙었다. 함경도에서는
명태를 망태라고 부른다. 얼리지 않는 생명태.

동해에서 잡힌 명태가 한강 나루에 쌓여 있었던 것은 그만큼 '명태 무역'이 활발했다는 것을 의미하기도 한다.

'변방의 생선'에서
'백성의 생선'으로

처음부터 명태가 조선의 백성들이 먹는 생선이 되었던 것은 아니다. 함경도 명천에서 잡히던 생선이 어떻게 남도 백성들의 밥상에 오를 수 있었을까? 그 내력에 아픈 사연이 있다. 17세기 이후 숙종과 영조 대에 함경도는 이상기후로 흉년과 가뭄 등 자연재해가 잦았다. 그러자 전세田稅·공물貢物·진상進上 등을 면해주고, 사정이 조금 나은 남도의 여러 고을에서 곡식을 보냈다. 하지만 계속된 재해로 무상 진휼賑恤도 한계에 이르렀다. 그 결과 남부 지방의 쌀과 함경도의 명태를 교환하는 '명태 무역'이 생겨난 것이다. 어쩌면 자연스러운 현상이었지만, 이것이 가능했던 것은 명태의 동건법凍乾法과 유통로가 있었기 때문이다.

이는 『비변사등록備邊司謄錄』1742년(영조 18) 10월 27일에 이렇게 기록되어 있다. 함경도에서 많이 잡히는 명태와 남도의 쌀을 교환하기 위해 국가가 직접 나서서 명태를 싸게 팔거나 뱃삯을 후하게 해주는 장려 정책을 추진했다. 이후 명태 무역은 함경도와 강원도에서 경상도와 전라도를 오가는 '흥리興利'와 '상판商販'을 목적으로 하는 사무역私貿易으로 확대되었다. 이때 교환되었던 품목은 쌀 외에 돈·포목·곡물·소

명태가 20번쯤 얼고 녹아 만들어진 것이
황태다. 강원도 대관령과 미시령 등에서는
명태를 수입해 황태로 가공한다. 강원도
인제군 용대리 황태 덕장.

금·패물 등이었다. 그리고 명태도 팔도로 팔려나갔다. 흉년이 심할수록 명태 무역도 활발했다.

조선시대 실학자 서유구徐有榘, 1764~1845의 『전어지佃漁志』에 "모두 원산에서 남으로 수송한다. 원산은 사방의 상인이 모두 모이는 곳이다. 배로 수송하는 것은 동해를 따라 내려오고, 말로 실어오는 것은 철령鐵嶺을 넘어온다. 밤낮으로 이어져 팔역八域(팔도)에도 흘러넘치게 된다. 우리나라 팔역에서 번성한 것은 오직 이 물고기와 청어가 최고인데, 이 물고기는 달고 따뜻하고 독이 없고, 온화한 중에 기를 보태주는 효험이 있어서 사람들이 더욱 중시한다"고 했다. 이 물고기가 바로 명태다. 명태를 실은 배가 동해를 돌아 남해와 서해로 올라와 팔도 곳곳에 닿게 되었다.

이렇게 명태가 팔도의 밥상에 오를 수 있었던 것은 동건법이라는 가공 기술 때문이었다. 명태의 몸통은 동건법으로 가공을 하고 알과 내장은 염장법으로 처리했다. 잡은 명태가 뭍에 오르면 아가미 밑에서 항문이 있는 꼬리 부분까지 절개했다. 이를 전문으로 하는 부녀자들이 있었다. 이들은 품삯으로 알을 가져가 명란젓을 만들었다.

강원도 인제군 용대리에서 하는 가공법이 동건법이다. 내장을 꺼낸 명태는 덕장에 널린다. 추위가 심하고 바람이나 눈이 많은 곳이 좋다. 날씨가 추워 명태 속의 수분이 얼고 다시 풀리면서 부풀어 푸석푸석해진 북어가 상품이다. 명태가 20번쯤 얼고 녹아 만들어진 것이 황태다. 황태에 이르지 못한 것을 먹태라고 했다.

집 나간

명태를

찾습니다

몇 년 전 동해 해안을 따라 여행을 하다 마을 창고에서 눈길을 사로잡은 포스터를 보았다. 2014년부터 알 밴 명태에 포상금을 걸고 '명태 살리기 프로젝트'를 시작했다. '동해의 살아 있는 명태를 찾습니다'라는 명태를 찾는 포스터는 알을 인공수정해 어족 자원을 복원해보려는 시도였다. 그리고 천신만고 끝에 2015년 1월 살아 있는 알 밴 명태 한 마리를 구하고, 2월 수정란 53만 개를 부화했다. 일부는 강원도 고성에 방류하고 200마리를 키워 2016년 9월 2세대 산란에 성공했다. 하지만 갈 길은 아직도 멀다. 명태가 치어에서 산란과 수정을 할 정도로 자랄 때까지 적정 수온과 먹이 등 서식 환경이 알려지지 않았고 질병 연구도 이루어져야 한다.

일본의 지리학자 요시다 게이치吉田敬一가 쓴 『조선수산개발사朝鮮水産開發史』에 따르면, 1901년경에 함경남도 북청군·이원군에서 단천군에 이르는 연안 약 30리가 명태의 주요 어장이었다. 그곳의 신포·신창·차호 세 지방이 중심지로, 어기漁期(물고기를 잡는 시기)가 되면 800~1,000척의 어선이 모여 1척당 50~200태駄(1태는 명태 2,000마리)를 잡았다. 명태 어획량은 남북한 합해서 1940년 27만 톤이 최고였다. 당시 총어획량의 약 16퍼센트를 차지했다.

대부분 일본인들은 기선機船 저인망底引網으로, 일부는 자망刺網(물고

2014년부터 해양수산부와 강원도는 명태 어족
자원을 회복하기 위해 '동해의 살아 있는
명태를 찾습니다'라는 포스터를 만들어 '명태
살리기 프로젝트'를 추진했다.

기가 다니는 길목에 기다란 그물을 설치해 그물코에 걸리도록 해서 포획하는 어법)으로 잡았다. 해방 후 분단으로 원산 등 명태의 중심 어장을 잃어 어획량은 1만여 톤으로 줄어들었다. 1970년 9,297톤, 1976년 5만 9,458톤, 1981년 10만 3,873톤으로 최고 어획량을 기록했다. 1970년 노가리잡이가 전면 허용되면서 이때 어획량의 90퍼센트 이상이 노가리였다.

이렇게 1980년대에 10만여 톤을 초과하며 정점을 기록했지만, 1992년 9,568톤 등 2007년까지는 1만 톤 이하의 어획량을 기록했다. 그 결과 정부에서는 명태 자원의 보호를 위해 1996년 10센티미터, 2003년 15센티미터, 2006년 27센티미터 이하는 잡지 못하게 했으며, 2019년 1월 21일부터 연중 어획이 금지되었다.

그렇다면 명태가 동해 어장에서 사라진 이유는 무엇일까? 가장 많이 언급되는 이유는 지구 온난화로 인한 수온 상승이다. 이를 입증하듯 2020년 해양수산부 국정감사에서 명태 어획량 감소는 개체수 감소가 아니라 해수의 표층表層 수온 상승으로 서식지가 북상했기 때문이라고 지적했다. 최근 50년 사이에 전 세계 표층수는 0.52도 올랐지만, 우리나라는 1.12도 상승했다. 즉, 치어를 방류해도 명태가 자라서 돌아오지 않는다는 것이다. 또 종묘 생산뿐만 아니라 명태 양식과 산업화도 시장성이 떨어져 정부도 사실상 지원을 포기한 상태다. 두 번째로 남획을 원인으로 꼽는다. 1980년대 명태를 대량으로 포획하던 시기에 100만 마리 중 90만 마리는 노가리였다. 명태 어획량의 90퍼센트가 다

1901년경 함경남도 신포·신창·차호 등이
명태의 주요 어장이었다. 1914년 조선총독부
치정 5주년 기념 엽서에는 명태 산지로 유명한
함경남도 신포의 '명태어어장明太魚漁場'이
나온다.

자리지 않은 노가리였다.

최근 러시아는 자국의 근해 명태 어장에서 우리나라의 총허용어획량Total Allowable Catch을 감소시키려고 하고 있다. 원양어업을 통한 어획량을 줄이고 자국의 어획량을 늘리려는 것이다. 일본 북부에서 명태를 잡아 명란젓을 만들어 수출하는 일본도 어획량을 조절하려고 움직이고 있다.

명태,
문설주에
걸리다

명태는 산 자뿐만 아니라 망자亡者에게도 올리는 제물이었다. 동태포를 떠서 육전과 함께 생선전을 만들어 준비하는 것은 물론이고 탕에도 마른 명태를 찢어 넣었다. 당제堂祭나 풍어제豐漁祭 등 마을굿이나 개인 고사에 명태는 꼭 준비해야 하는 제물이었다. 경남 통영 사량도 남해안별신굿에도, 부산 대변항 동해안별신굿에도 어김없이 명태가 올랐다. 또 조기의 신인 임경업林慶業, 1594~1646 장군을 모신 백령도의 충민사忠愍祠와 주문진의 여성황당(할매당)에도 명태를 올렸다.

경기도 옹진군 선재도 선창船艙에 정박한 배 위에 한 무리의 주민들이 만찬을 즐기고 있었다. 그런데 단순한 식사가 아니었다. 옆에는 고사떡이 떡 하니 자리를 잡았다. 그 옆에 잘생긴 북어 한 마리가 지폐를 물고 자리를 잡았다. 새로 지어온 배를 앞에 두고 배고사를 지내고 있

명태는 산 자뿐만 아니라 망자에게도 올리는
제물이었기 때문에 당제나 풍어제 등
마을굿에 꼭 준비해야 하는 제물이었다.
무녀가 든 명태에 돈을 꽂으며 소원을 비는
사람들과 흑산도 풍어제의 명태 제물.

었던 것이다. 즉, 진수식進水式을 하고 있었던 것이다.

그뿐이 아니었다. 전남 영광 법성포에 굴비 관련 조사를 갔다가 식당 문설주에 걸려 있는 북어도 만날 수 있었다. 부적 옆에 실타래로 묶여 걸려 있었다. 도대체 명태는 어떻게 신격을 부여받은 것일까?

집을 지을 터가 기가 세면 아무도 몰래 마당에 북어를 묻었다. 또 묏자리를 잡은 후 가묘假墓를 할 때 북어를 대신 묻기도 했다. 전염병이 돌 때는 북어 세 마리를 세 줄로 일곱 번 묶어 상가의 추녀 밑에 묻었다. 명태가 사람을 대신해 액을 받는다고 믿었기 때문이다. 이를 두고 '액땜했다'고 한다. 강원도 화천에서 그해 죽을 운이면 성명·생일·주소를 써서 허수아비 대신에 북어를 오색 천으로 묶어 태웠다고 한다. 서해나 남해 일부 지역에서는 액막이로 짚으로 허수아비를 만들어 태우거나 바다로 띄워 보냈다.

새로 차를 구입했을 때 돼지머리, 떡, 과일 등의 제물은 준비하지 못하더라도 북어를 놓고 안전운행을 빌기도 했다. 때로는 북어로 차를 두드리거나 바퀴로 북어를 밟았다. 인간을 대신한 사고를 막는 액막이 행위였다. 심지어 고사가 끝난 뒤에는 무명 실타래로 감아 차 안에 두기도 했다. 왜 액막이라는 주술에 북어를 사용했을까? 명태의 많은 알이 다산을 상징했던 것, 북어로 변신한 후 모습이 변치 않아 안녕을 염원한다는 것, 항상 두 눈을 뜨고 있어 귀신을 쫓아낸다는 것이 신성한 존재로 여기는 연유라고 한다.

명태 만진 손을

씻은 물로

강원도 주문진에서 만난

사흘 찌개를 끓인다

어부는 예전의 명태 맛은

지금의 명태 맛과 다르다

고 했다. 그리고 그때 명태는 '지방태地方太'라고 구분해서 불렀다. 지방

태는 강원도 고성 일대에서 잡힌 명태를 말한다. 아니 그때는 강원도

의 어부들이 원산까지 명태잡이에 나섰으니 무어라 해야 할까?

명태 고기는 말할 것도 없고 알은 명란으로, 내장은 창난젓으로 가공

해 소비했다. 그리고 간장은 어유魚油로 만들었다. 작은 새끼마저 술안

주인 노가리로 만들어 먹었다. 버릴 것이 하나도 없다는 것이 명태 씨

를 말린 이유가 되었던 것은 아닐까?

명태 요리로 으뜸은 생태탕이다. 옛날 우리 명태로 끓여주던 생태

탕, 겨울철 세찬歲饌으로 나누었던 꽁꽁 언 명태로 끓인 동태탕. 그 맛

은 찾을 수가 없다. 무엇보다 강원도 음식 중에 '명태식해'가 새롭다.

이러다 그 맛을 잃어버리지 않을까 걱정이다.

'명태 만진 손을 씻은 물로 사흘 찌개를 끓인다'는 말이 있다. 인색한

사람을 비꼬는 말이다. '북어 한 마리 부조한 놈이 제사상 엎는다'는 말

처럼 하찮은 것을 주고 지나치게 생색을 내는 사람을 칭하기도 한다.

'노가리 까지 마라'는 쓸데없는 말을 많이 하지 말라는 말이다. '명태 한

마리 물고 딴전 본다'는 말은 곁에 벌여 놓고 있는 일과는 전혀 상관없

는 엉뚱한 일에 치중하는 사람을 두고 핀잔주는 말이다.

가자미

한쪽 눈으로는 세상을 볼 수 없다

조선은

가자미의

나라

부산 충무동 뒷골목이다. '가자미가 너무 맛있다'고 극찬하자, 안주인이 '사람

손을 덜 타야 맛있다'며 반색을 했다. 그물로 건져오든 낚시로 잡아오든 가자미가 밥상에 올라올 때까지 몇 사람의 손을 거치느냐가 맛을 결정한다는 것이다. 이를 '푸드 마일리지Food Mileage(식품이 생산지에서 소비자의 식탁에 오르기까지 이동하는 거리로, 식재료가 생산·운송·소비되는 과정에서 발생하는 환경 부담의 정도를 나타내는 지표로 사용된다)'라고 한다.

부산의 유명한 선어집 안주인은 당일 경매가 끝나면 중매인에게 가자미를 직접 구입해 손질해서 물간을 하고 보관했다가 자신이 직접 구

워서 내주었다(생선에 간을 하는 방법에는 소금을 직접 뿌리는 '섭간'과 소금물로 간하는 '물간'이 있다). 손을 덜 타야 하기에 굽는 것도 자신이 직접 해서 내놓는다. 이렇게 내놓는 가자미가 맛이 없으면 이상하다. 노포의 주인공인 병어, 다금바리, 능성어 등 선어鮮魚를 밀쳐두고 늦게 나온 가자미구이에 젓가락이 멈추지 않는다. 물고기의 어종은 동해에서 많이 잡히는 기름가자미다.

가자미목은 넙칫과, 가자밋과, 납서댓과, 참서댓과 등으로 나뉜다. 이 중에서 가자밋과에 물가자미, 참가자미, 용가자미, 기름가자미, 문치가자미, 줄가자미, 범가자미, 돌가자미, 홍가자미, 도다리 등이 있다. 대부분 도다리를 가자미목을 총칭해 부르기에 헷갈리기 쉽다. 도다리와 비슷한 모습을 가지고 있는 넙치 역시 가자미목 넙칫과에 속하는 바닷물고기다.

이렇듯 가자미목에는 가자미나 넙치 외에 서대까지 자그마치 그 종류가 500여 종에 달한다. 도다리와 넙치는 사촌뻘이 되는 생선이다. 우리나라 연안에서 서식하는 가자미는 20여 종으로 알려져 있다. 이들 중 넙치와 도다리를 제외하고 대부분 자연산에 의존한다.

가자미는 『오주연문장전산고』에 '접어鰈魚'라고 했다. 중국에서는 조선을 접역鰈域, 즉 '가자미의 나라'라고 했다. 정약전丁若銓, 1758~1816이 지은 『자산어보玆山魚譜』에는 가자미를 '소접小鰈'이라고 했다. 조선 중기 문신 이수광李睟光, 1563~1628의 『지봉유설芝峯類說』에는 이 접을 '가좌어加佐魚'라고 했다. 이 가좌어는 가자미를 한자로 음차音借한 것이다. 가

부산 충무동 선어집에서 안주로 내놓은
가자미구이는 지금까지 먹어본 가자미구이
중에서 으뜸이다. 안주인은 사람 손을 타지
않는 것이 맛의 비결이라고 했다.

자미는 한쪽만 바라보기에 짝을 맞춰야 온전한 눈을 가질 수 있고, 서로 모자람을 채울 수 있다고 믿어 연인의 사랑을 이야기할 때 등장한다. 정호승 시인이 「비목어比目魚」에서 노래한 물고기다.

가자미는 어렸을 때 두 눈과 몸이 균형을 이룬 일반 어류와 같다. 하지만 몸의 한쪽은 바닥에 붙이고, 눈도 오른쪽이나 왼쪽으로 이동하면서 좌우 비대칭으로 성장한다. 눈이 모여 있는 쪽이 등이다. '좌광우도左廣右鮲'로 구별해서 눈이 왼쪽에 있으면 넙치(광어), 오른쪽에 있으면 가자미(도다리)라고 했다. 강도다리처럼 눈이 왼쪽에 있는 도다리도 있다. 넙치와 도다리는 먹이도 다르다. 넙치는 지렁이나 조개 등을 먹기 위해 제법 날카로운 이빨을 가지고 있고 입도 크지만, 도다리는 입도 작고 이빨도 없다.

도다리쑥국을 먹으면
여름에
병치레를 하지 않는다

봄철이면 꼭 먹어야 한다는 도다리쑥국의 주인공은 가자밋과 중에서도 문치가자미다. 경남 통영에서 시작된 도다리쑥국은 전남 여수에도 눈에 띄더니 봄철이면 전국에서 계절 음식으로 확산되는 분위기다. 문치가자미는 12월과 이듬해 1월까지 산란한다. 이 시기에는 문치가자미 금어기禁漁期로 잡을 수 없고, 2월부터 잡기 시작한다. 산란을 마쳤으니 얼마나 허기가 지겠는가? 봄이 시작되자 정신없이 먹이 활동을 하다가

어민들이 놓아둔 통발과 그물에 많이 잡힌다. 성어成魚는 성어대로 치어는 치어대로 봄철에 많이 잡힌다. 통영 중앙시장이나 활어시장에 봄철 어린 자연산 문치가자미를 쉽게 볼 수 있다. 흔히 뼈째 썰어 먹는 회인 세꼬시せごし라며 유혹한다.

수도권 횟집에 도다리 세꼬시로 많이 추천하는 것이 강도다리다. 눈이 튀어나왔으면 도다리지만 눈은 넙치와 같이 왼쪽에 쏠려 있다. 도다리 중에서 양식하는 도다리다. 가자밋과 중에서 도미회와 바꾸지 않을 만큼 맛이 좋다는 줄가자미도 있다. 횟집에서는 돌도다리(일명 이시가리)라고 한다.

조선 후기 학자 김려金鑢, 1766~1822가 지은 최초의 어류학서인 『우해이어보牛海異魚譜』에도 "도달어鮡達魚는 가을이 지나면 비로소 살이 찌기 시작해 큰 것은 3~4척이나 된다. 그래서 이곳 사람들은 가을 도다리秋魚禾라고 하고, 혹은 서리 도다리霜魚禾라고 한다"고 했다. 또 "맛은 달고 좋은데 구워 먹으면 더욱 좋다"고 했다. 일반적으로 알려진 '봄 도다리, 가을 전어'와 다른 의견이다.

가자미나 넙치 모두 살이 희고 식감이 쫄깃하다. 우리나라 사람들이 좋아하는 맛이다. 넙치는 회로 인기지만 가자미는 국, 조림, 구이, 식해食醢 등으로 이용한다. 봄 입맛을 돋우는 음식으로는 봄나물을 넘어설 것이 없다. 겨우내 파래, 매생이, 감태에 의존하다 봄이면 뭍에서 자란 달래, 냉이, 쑥이 움이 트기 시작한다. 이 무렵 남해에서 많이 잡히는 것이 문치가자미다.

봄철이면 통영, 남해, 사천 일대 위판장의
주인공은 가자미다. 특히 도다리쑥국을 찾는
여행객이 늘어나면서 문치가자미 몸값이 높다.
문치가자미와 도다리쑥국.

바다의 기운만으로는 나른한 봄을 맞이하기는 부족했던 탓일까? 도다리미역국도 도다리쑥국으로 바꾸었다. 상술이 더해 여행객들의 마음을 사로잡았으니 도다리쑥국은 성공이다. 도다리쑥국의 매력은 진한 생선 국물을 피하고 담백한 쑥향이 앞선다는 점이다. 강한 양념을 하지 않는다. 도다리의 내장과 지느러미를 제거하고, 섬 할머니들이 직접 캐서 파는 해쑥을 이용한다.

매화나 진달래꽃이 피기 전, 바람 끝이 부드러워질 무렵이면 통영의 섬에는 어김없이 마른풀과 잡목들 사이로 뽀얀 해쑥이 올라온다. 미기(물메기를 통영에서는 미기라고 한다)잡이를 끝낸 어머니들은 양지바른 곳에서 해쑥을 뜯는다. 통영여객선터미널로 가는 첫 배가 도착할 즈음에 어머니들은 어제 캔 해쑥을 담아 배에 실어 보낸다. 서로 얼굴을 보지도 않고 중매인도 없지만 이런 거래에 익숙하다. 통영의 중앙시장이나 서호시장 골목에 가면 봄철 내내 이렇게 섬에서 올라온 해쑥을 구경할 수 있다.

춘삼월에 쑥국을 세 번만 먹으면 여름에 병치레를 하지 않는다고 했다. 삼천포에서는 도다리쑥국과 함께 '황칠이쑥국'도 인기다. 황칠이는 '삼세기'라는 못생긴 바닷물고기를 말하는데 보통 '삼식이'라고 부른다. 전라도 섬마을에서는 바지락이나 쑥을 넣어 국을 끓인다. 남해에서는 물메기나 조개에 쑥을 넣어서 국을 끓여 먹기도 한다. 도다리, 삼세기, 물메기, 바지락은 조연이고 쑥이 주연이다.

예부터 쑥은 구황식물이었고 강인한 생명력을 상징했다. 해풍海風을 맞고 자란 쑥, 언 땅을 비집고 가장 먼저 올라오는 쑥은 그 자체로 약이었다. 맛이 들지 않는 도다리에 진한 쑥이 들어가 도다리쑥국으로 완성되는 것이다. 도다리국에 쑥을 넣는 것이 아니라 쑥국에 도다리를 넣었다고 해야 할 것 같다.

이제 도다리쑥국은 통영은 물론 동쪽으로 거제와 부산으로, 서쪽으로 남해와 여수를 넘나들고 전국으로 봄꽃처럼 확산되고 있다. 그 덕에 죽어나는 것은 문치가자미뿐만 아니라 어린 도다리들이다. 도다리회나 도다리탕을 원한다면 여름철이나 가을철이 더 좋다.

가자미식해는
실향민의
음식이다

동해의 가자미는 서해의 숭어만큼이나 친숙하고 다양하게 이용되는 생선이다. 고성에서 주문진, 삼척, 죽변, 후포, 구룡포에 이르기까지 가자미를 말리는 모습을 쉽게 볼 수 있다. 특히 가장 많이 잡히는 가자미는 기름가자미다. 남해에 문치가자미가 있다면 동해에는 기름가자미가 주인공이다. 주민들은 물가자미라고 부르고, 생선가게에는 '미주구리'라고 적혀 있다. 값도 싸서 구이와 탕과 식해는 말할 것도 없고, 겨울 김장을 할 때 깍두기나 무김치 등 오래 두지 않고 금방 먹을 김장 김치에 넣기도 한다.

가자미를 이용한 음식으로 널리 알려진 것이 식해다. 식해는 생선에

기름가자미는 가자미식해를 만들 때 많이
이용하는 가자미다. 값도 싸서 구이와 탕과
식해는 물론 겨울 김장을 할 때 넣기도 한다.
가자미식해.

양념을 해서 삭혔다가 먹는 젓갈의 일종이다. 경북 영덕 가자미식해는 슬로푸드 생물다양성재단Slow Food Foundation for Biodiversity의 '맛의 방주Ark of Taste'로 등재되었다(맛의 방주는 사라질 위기에 있는 품목이나 음식을 지키고 보존하는 국제슬로푸드 운동의 핵심 프로젝트다. 2013년 제주 푸른콩장을 시작으로 현재 105종이 등재되었다). 가자미식해를 할 때 많이 이용하는 가자미도 기름가자미다. 가자미식해는 함경도 음식이다. 6·25전쟁으로 그 지역 실향민들이 동해안에 정착하면서 속초, 강릉, 동해, 삼척 일대 음식이 되었다. 동해안 바닷가에서 머리와 내장을 제거한 가자미를 말리는 모습을 쉽게 볼 수 있다.

반쯤 말린 가자미를 손가락 2~3개 너비로 썰어 말린다. 조밥은 찰지지 않게 준비하고, 무는 썰어 소금에 절여 물기를 제거한다. 먼저 다진 마늘과 고춧가루와 엿기름가루를 잘 버무리고, 여기에 무와 조밥을 넣어 잘 버무린 후 파를 넣어 항아리에 담아 삭힌다. 가자미는 무와도 잘 어울린다. 뭇국을 끓일 때도 도다리를 넣으면 시원하다.

기름가자미는 동해의 수심 300미터 이상 모래와 펄이 발달한 깊은 곳 바닥에 서식하며, 갯지렁이·새우·동물성 플랑크톤을 먹고산다. 산란을 위해서 봄이면 연안으로 올라온다. 대부분 가자미가 그렇듯이 알에서 깨어난 어린 기름가자미는 바닥에서 생활하지 않고 수면에 한 달 이상 떠다니며 생활한다. 수명은 20년 정도이며 5~6년 정도 자라야 산란을 한다.

수심 깊은 곳에 살다 어부들이 쳐놓은 자망에 걸려 물 밖으로 나오면

통영 바다에서 잡은 문치가자미는 산양읍
삼덕리 위판장으로 모인다. 새벽에 통발을
건져온 부부가 위판을 하기 위해 어창에서
도다리를 옮기고 있다.

몸에서 끈적끈적한 점액을 다량 방출하며 죽는다. 지느러미가 검은색이라 쉽게 구별된다. 기름가자미라는 이름도 점액 때문에 붙여진 것이다. 이 점액을 제거하는 것도 번거롭고 살도 다른 가자미에 비해 많지 않아 외면했던 가자미다.

겨울로 가는 길목의 11월 새벽, 주문진항 위판장에서 기름가자미를 만났다. 상자에 담긴 기름가자미가 배출한 점액으로 번들거렸다. 그 옆 상자에 담긴 말끔한 홍가자미와 대조적이다. 상자에 담긴 모습도 다르다. 홍가자미는 10마리씩 가지런히 정리되어 있는 반면에 기름가자미는 마구 담겨 있다. 어부에게 물어보니 이유가 간단하다. 홍가자미는 비싸고 기름가자미는 싸기 때문이란다. 몸값이 다르니 대접도 다르다.

몸값은 차이가 나지만 쓰임새로는 기름가자미가 홍가자미보다 다양하다. 구멍가게에서부터 유명 셰프가 운영하는 레스토랑까지 주요한 식재료로 이용된다. 영덕에는 가자미백반으로 내놓는 곳도 있다. 구이, 회, 탕, 조림까지 기름가자미로 한 상을 차리는 밥상이다.

차가운 바람과
따뜻한 바람으로
말리다

'나 홀로 여행'을 할 때 가장 불편한 것이 식사다. 선택 폭이 매우 좁기 때문이다. 먹고 싶은 것은 늘 2인 이상인 경우가 많다. 그래서 지역 특성

찬바람이 불 때 가자미를 건조하기가 좋다.
차가운 바람과 따뜻한 바람이 교차되어
가자미가 꾸덕꾸덕 마르면서 숙성되어간다.
동해 바닷마을 곳곳의 덕장에 걸려 있는
가자미는 대부분 기름가자미다.

의 음식과 계절 음식을 먹기 어렵다. 울진 죽변항에서 새벽시장을 살피고 허기를 달래기 위해 식당을 기웃거리다 어제 저녁에 곰국을 맛있게 먹었던 식당을 다시 찾아 들어갔다. 곰국은 정말 맛이 있었다는 칭찬도 곁들였다.

동해에서는 미거지(물메기)를 곰치라고 하며, 곰치로 끓인 탕을 곰국이라고 한다. 메뉴판을 보니 가자미조림 2인 이상이라는 글씨가 눈에 먼저 들어왔다. 그래도 혹시나 해서 1인분이 안 되면 2인분을 달라고 주문했다. 주방에서 곰국을 끓이던 주인이 1인분을 해주겠다고 했다.

죽변항도 기름가자미가 많이 거래되는 곳이다. 죽변시장이나 포구에는 기름가자미를 말려서 파는 전문집이 많다. 찬바람이 불 때 오히려 생선을 건조하기가 좋다. 파리나 날벌레들이 달라붙지 않고, 차가운 바람과 따뜻한 바람이 교차하는 대류 현상으로 가자미가 꾸덕꾸덕 마르면서 숙성되어간다.

죽변항 오일장으로 들어가는 길목에 어머니 한 분이 집 앞에 건조대를 세우고 줄을 매어 기름가자미를 걸치고 있었다. 오징어도 몇 줄 걸려 있었다. 어머니는 가자미 머리를 잘라내고 내장을 꺼낸 후 세척해 줄에 꿰어 널었다. 기름가자미는 꼬리 부분을 꿰면 자연스레 물구나무를 선 채로 정렬이 된다. 채반으로 된 건조대에 널기도 하지만 이렇게 줄에 꿰어 말리는 것이 건조 상태가 좋다. 따로 뒤집어줄 필요도 없으며 빨래처럼 바람결을 따라 하늘하늘 시소를 타며 마른다.

청어 ≋

청어가 돌아왔다 ≋

청어는

죽방렴으로

잡는다

한반도가 남북으로 나누어지기 전까지 청어는 우리의 겨울 밥상을 풍성하게 하는 생선이었다. 한류성 어류인 탓에 함경북도 청진을 중심으로 한 북쪽과 강원도와 경북 연안에 어장이 형성되었다. 특히 경북 포항 영일만이 청어의 주요 산란장으로 주목을 받았다. 1930~1940년대 동해안에서 1년에 30~50만 톤까지 어획되기도 했다. 그 덕분에 식용뿐만 아니라 농사를 많이 짓는 전남 등에 북한에서 어획한 청어를 비료로 공급하기도 했다.

일본이 한반도의 수산 자원을 수탈할 목적으로 조사해 기록한 『한국수산지韓國水産志』에는 청어의 주요 어장으로 '영흥만, 통천만, 장전만(고성만), 영일만, 울산만, 부산만'을 꼽았다. 조선인들이 조업을 했지만 멸치를 잡던 일본인 어민들이 함경남도 신포 부근에서 청어를 잡기 시작했다. 영일만에서는 대부망大敷網(긴그물을 놓아 물고기를 유인해 통그물에 가두는 그물)이라는 정치망定置網(한곳에 쳐놓고 물고기 떼가 지나가다가 걸리도록 하는 그물)을 사용해 잡았고, 울산·부산 등 경상도에서는 방렴防簾(대나무나 갈대 따위로 엮은 발)을 이용해 청어를 잡았다. 특히 경상도 연안에서는 대구를 잡기 위해 설치한 방렴으로 청어를 잡기도 했다.

경상도 방렴으로 기록된 이 어법漁法은 오늘날 죽방렴竹防簾의 전신이라고 할 수 있다. 일제강점기 대나무를 쪼개서 발을 만들어 방렴을 설치해 멸치를 잡기 시작하면서 방렴은 죽방렴으로 불렸다. 청어는 조기가 어획되기 전인 2월부터 4월까지 소비가 가장 많았다.

그러나 6·25전쟁 이후 어장이 축소되었고, 청어 어획량도 1960년대 들어 수백 톤에서 1,000여 톤으로 축소되었다. 당시 시장에서 조기 한 마리는 200여 원, 청어 한 마리는 100여 원, 대구 한 마리는 200~300원에 거래되었다. 이렇게 청어 어장이 줄어들자 일본에서 수입하기도 했으며, 정부에서는 1960년대 후반 민간 수산회사에 출어出漁 비용을 지원하며 북태평양에서 청어를 어획하기도 했다.

당시 값이 좋은 연어는 미국·캐나다 등이 연어 방류를 이유로 조업을 막았고, 따라서 청어나 명태가 주요 포획 어종이 되었다. 하지만 북태평양 베링해의 거친 파도와 대양에서 조업 경험이 없는 탓에 원양

경상도 연안에서는 죽방렴이라고 불리는
방렴으로 청어를 잡는다. 최근 청어 어획량이
늘고 있다.

어선은 조난으로 20여 명이 목숨을 잃기도 했다. 청어가 사라진 후에
도 명태는 강원도나 경북 연안에서 잡히기도 했다. 최근에는 다시 청
어가 동해안에서 많이 잡히고 있다.

처음 청어가 사라졌을 때 전문가들은 남획을 가장 큰 이유로 꼽았지
만, 일부에서는 수온 상승과 서식 환경의 변화를 원인으로 꼽기도 했
다. 최근에 다시 청어가 잡히는 것은 수온의 영향일 것으로 추정된다.
그리고 서해에서 청어가 출몰하기도 한다.

청어의
눈을 꿰어
말리다

청어는 청어목 청어과에
속하는 바닷물고기다.
'눈 본 대구요, 비 본 청어

다'는 속담이 있듯이 대구는 눈이 오는 겨울에, 청어는 봄비가 온 후에
잡히기 시작한다는 말이다. 조기잡이 어민들만 진달래꽃을 기다렸던
것이 아니다. 청어잡이 어민들도 진달래꽃이 피면 청어 배에 돛을 달았
다. 초겨울부터 초봄까지 영일만으로 산란을 위해 들어온 청어를 많이
잡았다. 비 온 뒤 형산강을 타고 내려오는 풍부한 영양염류營養鹽類는 산
란을 앞둔 청어에게 더없이 좋은 환경이었다. 이곳에서 잡은 청어를 먼
저 나라에 진상한 후 고기잡이에 나섰다고 한다. 청어가 영일만이나 진
해만으로 내려오기 전, 『조선일보』(1925년 1월 17일)는 "북쪽에서는 일기
가 온화하고 눈이 오지 않아 청어 산출이 적어 강원도와 원산 근해 어

업자들이 비관 중"이라고 보도했다.

그런데 진해만으로도 청어가 많이 들었다. 그곳에 모자반 등 해조에 알을 낳았다. 그곳에 유배되어 기이한 물고기를 기록한 김려는 『우해 이어보』에서 청어는 "구워서 먹으면 무엇보다 맛이 있는 진귀한 물고 기로, 해주海州의 청어가 제일"이라고 꼽았다. 김려의 유배지인 진해의 진동만에서 청어를 잡고 모자반을 채취하는 것을 보았다(김려는 "우해牛 海는 진해의 별명"이라고 했다).

조선시대 실학자 서유구의 『난호어목지蘭湖漁牧志』를 보면, "청어를 겨 울이면 관북關北(함경북도)의 먼 바다에서 나고, 늦겨울에서 초봄에 동해 를 따라 남해로 돌아 영남의 먼 바다에 이르고 더욱 번성한다. 또 서해 를 돌아 황해도의 해주 앞바다에 이르면 더욱 살이 찌고 맛이 있다. 청 어는 조류를 따라 1,000마리, 1만 마리가 무리를 지어 다니는데 3월이 되어서야 그친다"고 했다. 청어의 생태적 습성을 잘 기록한 것이다.

『신증동국여지승람新增東國輿地勝覽』에는 충청, 경상, 전라, 황해, 함경 도 지역에서 청어가 잡힌다고 했다. 일제강점기는 물론 조선시대에도 영일만은 청어의 주산지였다. 한때 전국 어획량의 70퍼센트를 차지할 정도였다. 동해안은 소금이 귀해 식염食鹽으로도 부족할 판이니 그 많 은 청어를 염장할 소금이 어디 있겠는가?

그런데 다행스럽게 청어는 덕장에 말리면 얼고 녹기를 반복하면서 기름이 배어들고 숙성이 되었다. 이것이 포항의 특산물인 과메기다. 과메기는 말린 청어인 '관목청어貫目靑魚'에서 나온 말이다. 청어의 눈目

청어는 얼고 녹기를 반복하면서 말려지기 때문에
기름이 배어들고 숙성이 된다. 이때 청어의 눈을
꿰어 말렸다고 해서 관목청어라고 했다. 내장을
제거하지 않고 그대로 말린 통마리 청어 과메기.

을 꿰어貫 말렸다고 해서 '관목청어'라고 한 것이다. 경상도에서는 '목'을 '메기'나 '미기'라고 하는데, '관메기' 또는 '관미기'로 불리다가 훗날 받침 'ㄴ'이 탈락해 과메기로 되었다는 것이다. 『오주연문장전산고』에는 "청어는 연기에 그을려 부패를 방지하는데 이를 연관목燃貫目이라고 한다"고 했다. 일찍부터 연기에 그을린 훈제燻製 요리로 먹었다.

일본의 니신소바와
독일의 청어버거

일본에는 청어 음식으로 니신소바にしんそば가 있다. 사실 우리도 해산물을 넣어 국물을 만들거나 직접 해산물을 넣어 먹는 국수나 칼국수가 있기에 놀랄 일도 아니다. 생선은 비리다는 선입관에서 비롯된 오해다. 요즘 우리나라에서도 청어 국수를 맛볼 수 있을 만큼 널리 알려져 있다. 니신소바는 달콤하게 조린 청어와 메밀국수의 조합이다. 에도시대에 많이 잡은 청어를 말려서 다른 지역으로 보내는 것에서 비롯되었다. 우리의 과메기와 다르지 않다. 다만 일본을 대표하는 소바そば가 더해진 점이 흥미롭다.

일본 도쿄 곳곳에는 절인 청어와 생메밀 면을 파는 곳이 많다. 청어 조림, 청어알 스시, 청어 알젓도 시장에서 볼 수 있다. 새해 첫날 일본인들이 즐겨 먹는 오세치おせち 요리에도 청어알이 포함된다. 소금에 절이거나 말린 청어알数の子은 자손의 번영을 의미하며, 장수를 의미하는 새우·검은콩·흰살 생선·붉은 당근과 흰 무·토란·연근 등을 국물 없

일본의 니신소바는 달콤하게 조린 청어와
메밀국수의 조합이고, 독일의 청어버거는
섬에서 생산한 밀로 만든 빵과 채소와
염장한 청어로 만든다.

이 찬합에 담아 가족이나 가까운 이웃과 나누어 먹는다. 정진규 시인은 「청어구이」라는 시에서 "청어구이를 먹다가 청어의 알들이 청어의 대가리까지, 아가미 바로 밑까지 가득 차오른 것을 나는 보았다"고 했다.

일본의 니신소바보다 놀랐던 음식은 독일 함부르크에서 맛본 '청어버거'다. 독일 바덴해Wadden Sea의 작은 섬 랑어오그Langeoog에서 청어버거로 점심을 해결했다. 오후 일정도 있어 간단한 식사로 선택한 것이 청어버거와 음료였다. 그렇다고 청어버거가 절대 패스트푸드는 아니다. 섬에서 생산한 밀로 만든 빵과 채소, 염장한 청어로 만들었다.

연어와 대구와 새우를 넣은 버거를 독일과 네덜란드에서 쉽게 볼 수 있다. 맥주와 생선을 넣은 버거는 그들의 일상이지만, 여행자에게 독특한 맛과 즐거움을 제공한다. 이들 지역에 청어잡이를 기반으로 발트해와 북해를 장악하고 부를 축적했던 한자동맹Hanseatic League의 도시들이 있다. 한자동맹 이후에는 대서양 청어잡이의 주도권은 네덜란드가 장악했다. 발트해에 가득했던 청어가 사라지고 북해 남부의 네덜란드에 출현했기 때문이다.

당시 네덜란드는 해양업이 발달한 나라였다. 국가와 기업이 함께 청어잡이 어법과 염장법을 개발하고 금어기를 정해 어족 자원을 관리했다. 네덜란드로 모여든 청어잡이 자본과 그곳에 형성된 시장은 청어무역으로 발전해 주식회사와 은행이 태동하기도 했다. 이러한 변화는 중세시대의 봉건제도와 종교를 넘어서 새로운 사회체제로 옮겨가는 계기가 되었다.

과메기의

원조는

청어다

찬바람이 불면 구룡포 사람들은 집집마다 빈터에 덕장을 세우고 뼈와 내장을 제거한 청어를 내건다. 그 후에는 기다리기만 하면 된다. 다만 눈과 비를 조심해야 하고 반으로 갈라 등을 마주 대고 다닥다닥 걸어놓았기 때문에 붙지 않도록 하는 것이 일이다. 구룡포 시내에서 벗어나 삼정리해수욕장에는 긴 장대가 줄지어 세워져 오징어가 꾸덕꾸덕 말라가고 있었다. 나중에야 그곳이 과메기로 유명한 어촌인 삼정리라는 것을 알았다.

삼정리해수욕장과 맞닿은 민가 처마 옆으로 과메기가 걸려 있었다. 청어였다. 덕주(덕장의 주인)가 "이게 진짜 과메긴기라, 무거 봐라"며 한쪽을 쭉 찢어 건넸다. 꽁치 과메기는 가위나 칼로 잘라 먹지만, 청어 과메기는 쭉 찢어 먹어야 제맛이 난다고 한다. 배를 따거나 반으로 쪼개지도 않은 채 짚으로 엮어 말렸다. 굴비를 엮어 놓은 모양새다.

소설가 김동리金東里, 1913~1995는 『신동아』(1967년 6월)에 실린 「관메기와 육개장: 나의 식도락食道樂」에서 과메기는 "청어 온 마리를 배도 따지 않고 소금도 치지 않고 그냥 얼말린 것冷結乾燥을 가리키는 이름이다.……그 맛은 모든 표현을 다 갖다대어 보았자 다 쓸데없는 소리이다"고 했다.

진짜 과메기라며 주민이 건네준 과메기의 껍질을 벗기자 붉은 속살

배지기로 숙성되는 과메기는 배를 갈라
내장을 제거한 후 세척해서 대나무에 걸어서
말린다. 그리고 3~4일이면 상품으로
유통된다.

이 드러났다. 쭉 찢어 한 입 베어 물었다. 비릿할 것으로 알았는데 그냥 먹어도 맛이 괜찮았다. 달짝지근하고 씹히는 맛이 아주 좋았다. 국산 꽁치만 사용한다고 붙잡는 집도 있었다. 그렇다면 꽁치도 수입한다는 말인가? 사실이다. 과메기용 꽁치는 대부분 북태평양에서 포획된 것이다. 원양어업으로 잡은 꽁치도 있지만, 수입 꽁치가 구룡포에서 손질된다고 한다.

과메기는 '통마리'와 '배지기' 두 가지 방식으로 숙성된다. 통마리는 내장을 제거하지 않고 세척해서 굴비처럼 엮어 15일 정도 말려야 한다. 배지기는 배를 갈라 내장을 제거한 후 세척해서 대나무(꼬치)에 걸어서 말리는 것으로, 3~4일이면 상품으로 유통된다. 과메기는 온도가 중요하다. 영하 5도에서 영상 5도의 기온이 유지되어야 한다. 그리고 바람이 잘 부는 곳이 좋다. 구룡포 삼정리 바닷가에 과메기 덕장이 가득 찬 이유다. 그런데 요즘 날씨도 예전 같지 않지만 미세먼지라는 불청객 때문에 해풍에 의존하기 힘들어지고 있다. 그래서 자연 건조 대신에 인공건조기를 이용해 냉풍으로 말리기도 한다.

구룡포에서는 꽁치를 삶아 뼈를 발라내거나 갈아서 시래기와 함께 끓인 꽁치추어탕도 겨울 보양식으로 먹는다. 부산의 고등어추어탕처럼 지역에서 많이 나는 생선과 채소를 이용한 먹거리다.

청어와 꽁치의
뒤바뀐
운명

꽁치 어획량이 크게 줄고 있다. 일본의 『요미우리 신문讀賣新聞』(2019년 8월 21일)에 따르면, 2008년 35만 톤의 어획량이 2017년 8만 톤으로 줄었다고 한다. 그 원인을 웰빙 식문화의 보급으로 꽁치를 잡는 나라가 증가했기 때문이라고 밝혔다. 1958년 57만 5,000톤을 잡았던 것에 비하면 7분의 1 정도로 줄어든 수치다. 꽁치는 태평양 공해公海를 지나 일본 근해 배타적경제수역Exclusive Economic Zone으로 떼를 지어 이동한다. 그 중간에 중국과 대만 등이 공해에서 남획하면서 우리나라와 일본 연안으로 올라오는 꽁치가 줄어들었다. 여기에 수온 변화도 영향을 주고 있다.

우리나라도 원양산과 수입산을 더해도 생산량은 크게 감소했지만, 청어 어획량은 늘었다. 그 결과 꽁치 대신 청어 과메기의 비중이 늘고 있다. 국내 한 대형마트의 판매량을 보면 2016년 청어 과메기는 10퍼센트에 불과했지만, 2017년 30퍼센트, 2018년 46퍼센트, 2019년은 50퍼센트를 넘어섰다. 보통 125그램 정도의 꽁치로 과메기를 만들었던 것이 이제는 100그램 정도로 줄었다. 꽁치 어획량은 줄어들었지만 과메기 수요량은 늘고 있다. 그래서 꽁치를 대신한 것이 청어다.

사실 꽁치 자리는 원래 청어 자리였다. 1960년대까지 청어 과메기가 대세였다. 그런데 1970~1980년대 청어 어획량이 급격하게 줄었다. 국

청어가 돌아왔다

꽁치 어획량이 줄고 청어 어획량이 늘면서,
청어 과메기가 제자리를 찾았다. 빈센트 반 고흐의
〈훈제 청어Two Herrings〉(1889년).
(프랑스 오르세미술관 소장)

산 청어 어획량이 줄고 꽁치가 많이 잡히면서 그 자리가 바뀌었다. 최근 다시 역전되어 꽁치 어획량은 줄고 청어가 제자리를 되찾았다. 국내산 꽁치 대신 대만산이나 원양산으로 대체하기도 했지만, 어획량이 감소하면서 가격 경쟁력도 떨어져 청어가 제자리를 찾고 있다. 2020년 우리나라를 비롯해 중국, 일본, 대만, 러시아, 캐나다, 바누아투, 미국 등 8개국이 속한 북태평양수산위원회NPFC는 꽁치 어획량을 제한하자는 논의가 있었다.

과메기는 지천으로 잡히던 청어를 오래 두고 먹기 위해 바닷바람이 잘 드는 곳에 걸어둔 것이 효시였을 것이다. 단순한 발상이 지금은 수백억 원에 이르는 지역산업으로 성장했다. 포항 호미곶에서는 매년 과메기 축제가 열리고 있다. 구룡포에는 과메기 거리도 조성되었다. 구룡포읍과 동해면·장기면·호미곶면 등 3개 면이 과메기 특구로 지정되었다.

과메기를 가공하는 업체만 해도 수백 개소로 연간 3,500여 톤에 이르며 생산액은 600여 억 원으로 추정된다. 이제 포항의 특산물이 아니라 전국화에 성공했고, 겨울뿐만 아니라 사시사철 먹거리로 공급되고 있다. 더 나아가 의약품, 과자, 화장품 등으로 사업 아이템을 다각화하고 있다. 하지만 지속 가능한 어업이 이루어지지 않는다면, 청어도 신기루처럼 사라질지 모른다.

고등어

푸른 바다의 등 푸른 바닷물고기

등이

푸르고

무늬가 있다

어머니는 생일이면 소금 독에 묻어둔 고등어를 꺼내 구웠다. 지글지글 기름기가 불 위로 떨어질 때면 부뚜막의 굵은 소금을 집어 한 토막에는 살살 뿌렸고, 세 토막에는 팍팍 뿌렸다. 비릿하고 고소한 고등어 굽는 냄새는 연기와 함께 마당에 가득 퍼질 때쯤 한 토막은 할머니 밥상에 올렸고, 세 토막은 어머니와 아버지, 우리 차지였다. 그렇게 고등어 네 토막은 일곱 식구의 특별한 반찬이 되었다.

고등어는 농어목 고등엇과에 속하는 바닷물고기다. 동해·서해·남해·제주도에 분포하며, 일본·대만·필리핀과 아열대와 온대 바다에

고등어는 무리를 지어 이동하며 경계심이
강해 장애물에 부딪히면 아래로 피하는
습성이 있다. 그래서 낮보다는 밤에 움직인다.
자반고등어.

서식한다. 주로 작은 새우와 멸치 등을 잡아먹는다. 우리나라에서 유통되는 고등어는 고등어, 망치고등어, 노르웨이 고등어 등이 있다.

고등어는 등에 흐릿한 줄무늬가 있고 배의 색깔이 하얗다. 모든 해역에서 잡히며, 참고등어 혹은 고디라고도 부른다. 망치고등어는 배에 점이 많아 점고등어·점백이·점고디라고도 하며 남해에서 잡힌다. 노르웨이 고등어는 몸이 날씬하고 눈이 작으며 줄무늬가 진하다. 북대서양의 차가운 바다에서 잡히기 때문에 1년 내내 기름이 풍부한 육질을 가지고 있어 여름철 팍팍한 국산 고등어를 대체하기도 한다.

『자산어보』에 고등어는 "맛은 달고 시면서 탁하다. 국을 끓이거나 젓갈을 담을 수 있지만 회나 어포魚脯로는 먹을 수 없다"고 했다. 또 "등은 푸르고 무늬가 있"어 '벽문어碧紋魚'라고 했다. 『동국여지승람東國輿地勝覽』에는 고등어 모양이 칼과 같아 '고도어古刀魚'라고도 불렸다고 한다. 조선시대에는 우리나라의 모든 해역에서 고등어가 잡혔다. 허균許筠, 1569~1618이 지은 『성소부부고惺所覆瓿藁』의 「도문대작屠門大嚼」을 보면 "고도어古刀魚가 동해에서 나는데 내장으로 젓갈을 담근 고등어젓갈도 있는데 맛이 가장 좋다. 또 미어微魚라는 것이 있는데 가늘고 짧지만 기름져서 먹을 만하다"고 했다.

고등어는 쓰시마 난류의 영향을 받는 우리나라와 일본의 모든 해역, 오키나와, 동중국해에 분포한다. 난류성暖流性 어류로 7~25도의 수온에서 서식하며 최적 수온은 15~19도다. 어렸을 때는 갑각류, 어류, 연체동물의 어린 새끼 등 동물성 플랑크톤을 먹지만, 자라서는 멸치, 정어리, 전갱이 등을 먹는다. 양식 고등어의 먹이도 이들 어류로 만든 사료를 준다. 산란은 1년 정도 자라야 가능하며, 1~7월에 평균 50~70만 개의 알을 낳는다.

산란 시기도 지역에 따라 다르다. 동중국해에서는 1~3월, 일본 규슈 근해에서는 3~5월, 제주도와 쓰시마섬 주변에서는 5~8월 등 수온이 최적일 때 알을 낳는다. 수온이 올라가면 북쪽(동해·서해)으로 이동하고, 내려가면 남쪽(남해)으로 옮겨와 겨울을 난다. 고등어는 무리를 지어 이동하며 경계심이 강하다. 장애물에 부딪히면 아래로 피하는 습성이 있다. 그래서 낮보다는 밤에 활동한다. 또 빛을 따라 움직이는 주광성走光性 어류에 속한다.

『자산어보』에도 "낮에 놀 때 재빨리 오고 가기 때문에 사람이 쫓아갈 수가 없다. 또한 성질이 밝은 곳을 좋아하기 때문에 횃불을 밝혀 밤에 낚시를 한다"고 했다. 조선시대의 고등어 어장은 여수 거문도, 제주 추자도, 경남 울산, 강원도, 함경도 원산 지방에 형성되었다. 당시에는 대부분 낚시나 어살로 잡았고, 일제강점기에는 자망과 후릿그물(바다에 넓게 둘러치고 여러 사람이 두 끝을 끌어당겨 물고기를 잡는 큰 그물) 등으로 잡았다. 비록 명태, 조기, 대구처럼 제사상에 오르는 대접은 받지 못했지만 임금의 수라상에 올리는 어엿한 진상품이었다. 또 종갓집에서도 귀한 손님을 위한 소중한 식재료로 사용되었다.

일본의

고등어 공급 기지로

전락한 어장

쓰시마섬을 근거지로 고등어잡이를 하던 일본 어민들은 봄부터 여름 사이에 부산이나 거제도 바다에서 밤에 불을 밝히고 고등어를 잡았다. 이들 중에는 부산이나 마산 객주에게 고등어를 팔기도 했다. 마침내 일본이 부산에 '부산수산주식회사'를 설립해 이들을 지원하기 시작했고, 직접 고등어 염장을 하기도 했다.

일제강점기에는 경남 거제도 장승포, 울산 방어진, 경주 감포, 포항 구룡포, 전남 여수 거문도 등 조선의 연안에 일본인 어촌을 건설해 고등어를 잡아갔다. 이들 지역에 등대가 세워진 것도 이 무렵이다. 통영의 욕지도, 여수의 안도, 고흥의 나로도 등에도 건착망巾着網(자루그물 없는 긴 그물로 어군을 포위해 발 아래 조임줄을 조여서 물고기가 빠져나가지 못하게 가두어 잡는 어법)과 기선으로 무장한 일본 어민들이 들어와 정착을 했다.

특히 울산 방어진에는 고등어잡이 배의 건조와 철공소, 어구점漁具店, 저장과 가공을 위한 제빙소製氷所, 염장고鹽藏庫 등이 들어섰다. 그리고 목욕탕, 극장, 신사, 유곽 등 일상생활과 유흥을 위한 시설도 만들어졌다. 당시 일본인들은 대부분 고등어잡이 어민이었다. 이들은 손낚시로 고등어를 잡는 조선인과 달리 건착망과 기선 등 선진기술로 무장해 대량으로 포획한 고등어를 일본으로 운반했다. 이렇게 조선의 어장은 일

일본 어부들은 조선의 연안에 일본인 어촌을
건설하고, 선진기술로 무장해 대량으로
고등어를 포획했다. 1962년 전갱이, 고등어,
오징어를 표식標識 방류한다는 포스터.
(부산광역시립박물관 소장)

본의 고등어 공급 기지로 전락했다. 심지어 일본은 고등어를 중국과 미국으로 수출하기도 했다.

고등어는 1년만 지나도 30센티미터에 이를 만큼 빨리 자란다. 일제 강점기인 1920년대에는 어획량이 6~9만 톤, 1930년대 초반에는 25만 톤, 그 후 10만 톤 이하로 잡히다가 해방 후 1950년대에 2만 6,000톤, 1960년대에 1만 톤 미만으로 감소했다. 1970년대에는 최고 12만 톤까지 어획량이 증가하기도 했다. 그러고 나서 10여 만 톤이 어획되었으며, 1990년대 중반에는 20여 만 톤에서 40여 만 톤까지 증가했다. 그 후 계속 감소해 10만 톤 수준을 유지했으며, 2012년에 12만 5,000톤, 최근에는 10만 2,000여 톤이 잡혔다.

고등어의 주요 어장은 제주도와 거문도와 소흑산도 일대였다. 어로 장비의 현대화와 적극적인 어장 개척으로 쓰시마섬 주변, 동해안, 동 중국해까지 어장이 확대되었다. 과거에는 연안 유자망流刺網(그물을 닻으로 고정하지 않고 수면에 수직으로 펼친 후 조류를 따라 이동하면서 물고기를 그물코에 걸리게 해서 잡는 어법)·소형 정치망·근해 안강망鮟鱇網(조류가 빠른 해역에서 자루그물을 닻으로 고정시켜놓고 조류의 흐름을 따라 밀려들어 온 물고기를 잡는 어법)·기선 저인망 등으로 잡았지만, 최근에는 쓰시마 섬 인근 해역에서 대형 선망旋網으로 잡는 양이 어획량의 90퍼센트에 이른다. 1999년 1월 체결된 신한일어업협정新韓日漁業協定으로 한일 공 동어업 구역에서 많이 잡히기 때문이다.

바다의

금맥

고등어의 90퍼센트 이상

이 부산공동어시장을 통

해서 전국으로 유통된다(부산시는 고등어를 2011년 시어市魚로 지정했다).

이곳으로 들어오는 고등어는 선망선단어업으로 잡은 고등어들이다.

고등어잡이 선단船團은 선장과 어로장漁撈長이 타는 본선本船, 불을 밝혀

집어集魚를 맡는 등선燈船 2척, 운반선 2척으로 이루어지며 선단에 따라

활어배를 갖추기도 한다.

본선에는 그물이 실리며 20여 명의 선원이 타고, 등선에는 공중등과

수중 집어등을 갖춘 배에 각각 8명씩 승선한다. 5개의 어창魚艙으로 나

누어진 운반선은 30톤의 얼음이 실려 있으며 각각 10명씩 승선한다.

이렇게 고등어잡이 선단은 5척에 약 70명이 함께 조업을 한다. 한 번

조업을 나가면 25일 정도 바다에 있다가 5일 정도 귀향해 머무르다 다

시 바다로 나간다. 그들은 뭍에 있는 시간보다 바다에 있는 시간이 대

부분이다.

조업 과정을 보면 어로장이 어군탐지기에서 고등어 떼를 발견하면

집어등을 켜고 수중 집어등을 바다에 집어넣는다. 고등어 떼가 보이면

등선 2척이 가운데로 모여서 고등어를 한곳으로 모으고 등선 1척은 불

을 끄고 빠져나간다. 수중 집어등을 빼내고 본선과 빠져나간 등선이

그물을 줄로 연결하고 그물을 내려 고등어 떼를 에워싼다. 그물은 깊

이 100미터, 지름 500미터에 이른다. 그리고 바닷속에 있는 밑그물을

고등어는 한 번 조업에 수십 톤을 잡기도 해서
고등어 어장을 발견하는 것이 금광에서
금맥을 발견하는 것과 같다. 대형 선망으로
잡아온 고등어를 부산공동어시장에서
하역하고 있다.

조여서 고등어를 가두고 서서히 끌어올린다. 그사이 운반선은 본선 옆으로 다가와 대형 뜰그물로 고등어를 퍼 올려 어창에 얼음과 함께 집어넣는다. 이렇게 잡은 고등어가 15~16시간을 달려 부산공동어시장으로 운반된다. 이곳에서는 고등어를 크기별로 선별해 상자에 담아 전국으로 보내진다.

고등어잡이 선단이 조업을 하는 주요 어장은 흑산도, 제주도와 거문도 사이, 마라도와 차귀도 사이에 가을철에 형성된다. 『자산어보』에도 "추자도楸子島의 여러 섬에서는 5월에 비로소 낚시로 잡고 7월에 자취가 끊겼다가 8~9월에 다시 나온다. 흑산 바다에서는 6월에 비로소 낚시로 잡고 9월에 자취가 끊긴다"고 했다. 이 시기는 약간의 차이가 있지만 어군魚群이 형성되는 곳은 대체로 일치한다. 한 번 조업에 수십 톤의 고등어를 잡기도 하며, 금액으로는 7,000~8,000만 원에 이른다. 이렇다 보니 선주들은 고등어 어장을 발견하는 것이 금광에서 금맥金脈을 발견하는 것과 같다고 말한다.

가을 고등어는
며느리에게
주지 않는다

고등어 하면 제일 먼저 떠오르는 것이 '안동간고등어'다. 해 뜰 무렵 경북 영덕이나 울진에서 고등어를 지게에 지고 출발하면 어스름한 저녁 무렵에 도착하는 곳이 '챗거리'라는 안동 인근의 장이었다. 쉽게 부패하는 고등어를 더는 싱싱하게 가져갈 수 없어 고등어 배를 갈라 왕소금을 뿌렸다. 마침내 안동에 이르면 바람과 햇볕에 자연 숙성이 되고 물기도 빠져 육질이 단단하고 간이 잘 배어 있는 고등어로 변신을 했다. 그렇게 해서 탄생한 것이 안동간고등어다.

고등어를 찾는 사람은 크게 증가했지만, 어획량은 한때 40여 만 톤에서 10여 만 톤으로 크게 감소했다. 기후변화로 인한 수온 상승을 가장 큰 원인으로 꼽지만, 남획도 문제라는 의견도 있다. 국가가 정한 금어기뿐만 아니라 대형 선망업계는 2019년부터 휴어기休漁期를 갖기도 했다. 하지만 이후에도 어획량은 늘어나지 않았다. 최근에는 어획량이 호조세를 보여 단순하게 남획이 문제라기보다는 과학적인 연구에 기반한 대책 수립이 필요해지고 있다.

다행스럽게 최근에 통영의 욕지도와 연화도 등에서 고등어가 양식되고 있다. 그 덕분에 고등어를 수족관에서 만나고 싱싱한 회로 먹을 수 있으니, 고등어는 "회나 어포로는 먹을 수 없다"고 했던 정약전이 이것을 알면 뒤로 넘어질 일이다.

며느리를 사랑해서일까 미워해서일까? 가을 배와 가을 고등어는 며느리에게도 주지 않는다고 했다. 고등어 맛이 가장 좋은 가을이 무르익어가고 있다. 산란을 끝내고 겨울을 나기 위해 왕성한 먹이 활동을 해서 기름이 가득해 육질이 부드럽고 고소하다. 가을에 잡은 고등어는 값이 싸고 영양가가 높아 '바다의 보리'라고 불렀다. 서민들이 보리처럼 부담 없이 즐길 수 있는 생선이었기 때문이다. 그리고 고등어는 내

안동간고등어는 고등어의 배를 갈라 왕소금을
뿌린 후 바람과 햇볕에 자연 숙성이 되도록 한
것이다. 염장을 하고 있는 고등어.

장도 젓갈로 사용했다.

고등어는 냄새가 먼저다. 그리고 밥상을 지키는 국민 생선이다. 노인부터 숟가락을 들 줄 아는 아이들까지 즐긴다. 고소하고 달콤하고 부드러운 맛은 말할 것도 없고, 두뇌 발달, 성인병 예방, 노화 방지 효과가 있는 생선이다. 고등어를 비롯해 전갱이, 정어리 등 등 푸른 생선은 심장병, 동맥경화, 고혈압 같은 현대인의 사망 원인인 성인병을 억제시키는 효과가 있다.

고등어는
눈을 감는 법을
모른다

이제는 고등어 침술이 개발되면서 하루 정도 생존할 수 있었던 고등어가 활동량을 최소화해서 일주일까지 생존이 가능해졌다. 잡는 즉시 부패하기 시작한다던 고등어를 염장이 아닌 활어로 신선도를 유지할 수 있는 방법이 개발된 것이다.

단풍이 절정에 이르면서 주문진, 동해, 삼척 등 어시장이 북새통이다. 단풍철에 가장 맛이 좋은 고등어이기 때문이다. 울긋불긋 등산복을 입은 사람들이 주인과 흥정을 하더니 식당 안으로 들어갔다. 그들이 선택한 것은 고등어회다. 주인은 익숙한 솜씨로 고등어를 씻어 물기를 닦아낸 다음 머리를 자르고 내장을 꺼냈다. 그리고 가운데 뼈를 중심으로 양쪽으로 포를 뜬 후 남은 잔뼈와 지느러미를 정리한 후 껍질을 벗겼다. 그런 후에 다시 물기를 제거한 후 회를 떴다. 고등어회는 초장이나 겨자보다는 양념장과 함께 먹어야 맛이 있다. 제주도에서는 김에 밥과 고등어회, 양념장을 올려 싸서 먹기도 한다.

가장 즐겨 먹는 고등어 요리는 조림이다. 그 종류도 시래기를 넣은 고등어시래기조림, 무를 넣은 고등어무조림, 감자를 넣은 고등어감자 조림 등 다양하다. 이때 고등어를 후추나 소금으로 밑간을 하거나 쌀 뜨물에 담근 후 요리하면 비린내가 나지 않는다. 보통 조림이나 찜은 고춧가루와 고추장을 넣어 얼큰하게 끓이기 때문에 아이들이 쉽게 젓 가락을 내밀지 않는다.

담백하면서 맵지 않고 비린내도 나지 않는 고등어조림이나 고등어 찜을 원한다면 육수를 이용하기를 권한다. 다시마와 멸치로 육수를 만 들어 준비한다. 그리고 감자나 무를 깔고 손질이 된 고등어를 올린 후 자작하게 육수를 붓는다. 여기에 다진 마늘과 양파와 맛술을 넣고 끓 인다. 마지막으로 고추, 대파 등 채소를 올려 한소끔 더 끓이면 된다. 고등어자반구이를 할 때도 밀가루·녹말·카레를 섞어서 고등어에 묻 혀 구우면 바삭하고 부서지지 않아 아이들이 아주 좋아한다.

고등어는 쉽게 상하기 때문에 무엇보다 물 좋은 고등어를 고르는 일 이 중요하다. 고등어를 고를 때는 눈을 바라보자. 루시드 폴이 〈고등 어〉라는 노래에서 "나를 고를 때면 내 눈을 바라봐줘요. 난 눈을 감는 법도 몰라요"라고 하지 않았던가? 살이 단단하고 등의 푸른색이 선명 하고 광택이 나며 탄력이 있는 것이 좋다.

도루묵

모든 것이 말짱 도루묵이다

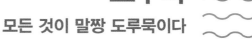

여름에

도루묵이 많이 잡히면

흉년이 든다

인공어초人工魚礁 위에서 자라는 해조 위로 수만 마리의 도루묵이 맴돌다가 한바탕 분탕질을 치더니 주렁주렁 포도송이처럼 알이 매달렸다. 잠시 후 또 한 무리가 그 위에서 싸움을 하듯 움직이더니 뿌연 물감을 뿌렸다. 이는 도루묵의 수정이 일어나는 과정이자 산란 과정이다.

　강원도 주문진항과 동명항 등 포구에서 보았던 모습이 떠올랐다. 수십 명에서 100여 명의 여행객이 자동차를 세워두고 심지어 캠핑카와 텐트를 쳐놓고 통발을 올리며 낚시를 하고 있었다. 이들은 모두 연안으로 몰려온 도루묵을 잡느라 정신이 없었다. 옆에는 통발과 낚시채비

를 파는 상인도 있었다. 한 사람이 통발을 한 개씩만 던지라는 현수막
도 보였다. 겨울철 동해안의 강원도 여행은 도루묵잡이가 필수가 되고
있다. 큰 바구니에 가득 도루묵을 잡은 이들은 십중팔구 통발을 바다
에 던져두고 떠났다. 바다에서 건져 뭍에 두고 간 이들은 그래도 낫다.

　죽은 채로 포장되어 냉장고에 진열된 것 말고 진짜 팔딱거리는 싱싱
한 도루묵을 보기 위해 새벽같이 주문진을 찾았다. 너무 이른 것일까,
늦은 것일까? 요즘은 수온 변화로 가늠하기 어렵다. 도루묵은 없고 오
징어 배만 연신 들어왔다. 한참을 기다려도 도루묵을 잡은 배는 들어
오지 않았다. 하릴없이 주문진항을 거닐다 햇볕에 말리고 있는 도루묵
을 보고 내 눈을 의심했다. 저것은 분명 망둑어인데, 갯벌이 없는 동해
안 그것도 주문진에 있을 리가 없는데……. 가까이 다가가 보니 머리
를 떼어낸 모습이 새만금 갯벌에서 보았던 망둑어와 흡사했다.

　도루묵은 농어목 도루묵과에 속하는 바닷물고기다. 동해 중부 이북
의 수심 200~350미터에 서식하며, 일본·러시아 캄차카반도·사할린·
미국 알래스카에서 볼 수 있다. 등은 어둡고 배는 하얗다. 비늘이 없고
입이 크며 위로 향해 있다. 바닥에 숨을 죽이고 있다가 위로 지나가는
작은 새우나 멸치를 잡아먹기 좋게 생겼다. 또 가슴지느러미가 넓적하
고 그것을 펼치면 둥글고 크다. 모래에 몸을 숨길 때나 수정을 할 때 요
긴하게 사용된다.

　도루묵 한 마리가 500~2,000개의 알을 낳아 해조류에 붙인다. 알이
은단 알보다 크며 부화할 즈음에는 단단하다. 이 시기에 파도에 해조

도루묵은 산란기인 11~12월에 가장 맛이 좋다.
도루묵의 알은 막이 두껍고 점액질이 있어
모자반 같은 해조류에 덩어리로 붙는다.

에서 떨어져 해안으로 올라온 도루묵 알은 자동차가 지나가도 터지지 않을 정도로 탄력이 좋다. 하지만 12월 이전에 잡은 도루묵의 알은 톡톡 터지고 식감이 좋아 먹는 것을 즐긴다. 알을 낳을 때가 되면 수심 100미터 내외의 연안으로 나와 산란을 하며, 항포구港浦口의 방파제에서 통발이나 낚시를 이용해 잡을 때는 12월쯤으로 수심 5~10미터까지 나온다. 어민들은 150미터 내외의 수심에서 자망을 이용해 잡는다.

여름에 도루묵이나 명태가 많이 잡히면 흉년이 든다는 말이 있는데, 한류성 어종이 여름에 많이 잡힌다는 것은 냉해 피해가 우려된다는 의미다. 우리나라에서는 강원도와 경북 지역의 동해안에서 잡힌다. 산란기인 11~12월에 가장 맛이 좋다. 알은 막이 두껍고 점액질이 있어 모자반 같은 해조류에 덩어리로 붙는다. 알 밴 도루묵을 '알도루묵', 수컷을 '수도루묵'이라고 부른다. 특히 모래를 좋아해 영어로는 '샌드 피시 sand fish'라고 한다. 강원도 동해에서 많이 잡히는 것도 같은 이유다.

도로 묵이라 불러라

도루묵이라는 이름을 처음 들은 것은 '아무 소득이 없이 헛된 일이나 헛수고를 속되게 이르는 말'이라는 '말짱 도루묵'에서다. 어렸을 때는 도루묵보다는 '도로목'이라는 말로 알았다. 그런데 도루묵이 도로묵이나 돌목에서 변환된 말이니 틀린 것도 아니다. 이 말이 물고기에서 비롯되었다는 것을 안 것도 최근의 일이며, 도루묵을 본 것도 오래되지 않았다.

옛날 수레로 도루묵을 실어 나르고 삽으로 퍼 담을 정도로 어획량이 많을 때, 값도 비싸지 않고 맛도 빼어나지 않아 겨울철 명태·곰치·양미리에게도 밀려났다. 그래서 이 물고기들을 잡으려고 쳐놓은 그물에 도루묵이 가득 걸리면 '말짱 도루묵'이라고 했다. 식물이나 동물 명칭 앞에 '개'나 '돌'이라는 말이 붙으면 긍정어가 아니다. 원래의 대상보다 부족하거나 유사품인 경우가 많다. 돌목에 '돌'이, 도로라는 말도 '헛수고'로 해석하기도 한다. 말짱 도루묵과 같은 의미로 '도로아미타불'이라는 말도 있다.

도루묵은 도루묵이, 도루맥이, 은어銀魚, 목어木魚, 환목어還木魚, 환맥어還麥魚라고도 불렸다. 『전어지』에는 "도루묵의 등은 엷은 흑색이다. 배는 운모雲母 가루를 바른 듯 빛이 나며 흰색이다. 그래서 토박이들은 은어라고 부른다"고 했다. 조선 정조 때 문신 이의봉李義鳳, 1733~1801이 편찬한 『고금석림古今釋林』에 기록된 도루묵의 유래는 다음과 같다.

고려시대 어느 임금이 난리를 피해 동해안을 지나고 있었다. 신하들은 전쟁 중이라 마땅히 수라상에 올릴 것을 찾지 못했다. 하는 수없이 그곳에서 많이 잡히는 생선을 올렸다. 맛을 본 임금은 이름을 물었지만, 신하들은 물론 어부들도 그 이름을 알지 못했다. 임금은 "맛도 뛰어나고, 은빛이니 은어로 부르라"고 명했다. 훗날 환궁한 임금은 그 맛을 잊지 못해 은어를 다시 찾았다.

하지만 배고픈 피란 시절과 산해진미를 먹는 시절의 도루묵 맛이 같을 리 없었다. 자신의 입맛이 변한 것은 모르고 "도로 물려라"고 호통을 쳤다. 그래서 환목어, 즉 도로목어가 되었다. 원래 목어라고 불리다가 임금이 은어라고 이름을 지어 주었고, 뒤에 다시 목어가 되었다는 이야기다. 함경도에서는 지금도 도루묵을 은어라고 부른다. 배가 은색 혹은 백색이기 때문이다.

비슷한 이야기지만 주인공이 고려시대 임금 대신 조선시대 선조인 이야기도 전한다. 임진왜란 당시 피란길에 오른 선조가 한 어부가 바친 '묵'이라는 물고기 맛을 보고 흡족해 은어라는 이름을 하사했다. 전쟁이 끝난 후 선조는 은어가 생각나 다시 찾았다. 하지만 옛날 맛을 느낄 리 없었다. 선조는 수라상을 물리며 "도로 묵이라 불러라"고 했다고한다. 그러나 도루묵은 한류성 어류로 선조가 피란했던 황해도 의주에서는 나지 않는 물고기다. 이런 연유로 계획대로 되지 않고 원래로 되돌아온 것을 '말짱 도루묵'이라고 한다.

조선시대 인조 대에서 대제학과 예조판서를 지낸 문신 이식李植, 1584~1647은 『택당집澤堂集』의 「환목어」라는 시에서 도루묵을 자신의 처지에 빗대어 이렇게 노래했다.

목어라고 부르는 물고기가 있었는데 有魚名曰目

해산물 가운데서 품질이 낮네. 海族題品卑

번지르르 기름진 고기도 아닌데다 膏腴不自潤

도루묵잡이는 새벽 3시에 시작된다. 어장에서
돌아오는 시간은 해가 뜨는 시간이니 보통
3시간 정도 조업을 한다.

그 모양새도 볼 만한 게 없었다네. 形質本非奇

그래도 풍미가 담박하여 終然風味淡

겨울철 술안주로 삼을 만하네. 亦足佐冬醽

지난날 임금님께서 피란하여 國君昔播越

황량한 이곳 바닷가에서 고생할 때 艱荒此海陲

목어가 마침 수라상에 올라와서 目也適登盤

허기진 배를 든든하게 해드렸지. 頓頓療晩飢

그래서 은어라는 이름을 하사하여 勅賜銀魚號

기어코 특산물로 바치게 했네. 永充壤奠儀

　　이식은 이어지는 시에서 삭탈당한 자신이 도로목어가 된 것을 비유
해 현명함과 어리석음이 귀하고 천함이 때에 달렸으며, 그것은 겉치레
일 뿐이라고 노래했다. 도루묵 떼가 몰려온 뒤에 명태가 뒤따라온다는
전설 같은 이야기도 있다. 그래서 함경도에서는 명태를 일컬어 '은어바
지'라고 불렀다. 『세종실록지리지』에는 도루묵이 함경도와 강원도의
특산품으로 기록되어 있다. 일본에서는 도루묵이 바람이 불고 천둥이
치는 겨울에 잘 잡혀서 뇌어雷魚(라이쿄らいぎょ)라고 이름을 붙였다. 거
친 바다에서 다른 물고기들이 바위 밑으로 숨을 때 연안에 알을 낳는
'지혜로운 물고기'라는 이야기도 전한다.

너무 많이 잡혀
개가
물고 다닌다

도루묵은 돈이 되는 고급 어종이 아니었다. 그래서 겨울 찬바람에 맞서 올린 그물에 도루묵만 가득하면 어민들은 한숨을 쉬며 '말짱 도루묵'이라고 푸념을 했다. 그러나 도루묵 알이 암에 좋고, 백혈병 치료제로 쓰인다고 알려지면서 한때 전량 일본으로 수출되기도 했다. 일본 북부 지방에서는 염장을 해두고 1년 내내 즐겨 먹으며, 정월에 알을 요리해 먹는 풍습이 있다.

살이 희고 지방질이 많아 부드럽고 고소한 도루묵을 찾는 사람이 늘어나 자망으로 잡은 도루묵은 그물을 건져와 포구에서 한 마리씩 떼어내야 했다. 귀가 시리고 장갑을 낀 손이 차가운데 깡통에 불이 꺼진 줄도 모르고 작업을 했다. 개도 물고 가지 않는 돌목이 금목이 되고 난 후 벌어지고 있는 진풍경이다. 돌목은 도루묵을 말하며, 금목은 값이 비싸지면서 붙여진 별칭이다. 너무 많이 잡혀 개가 물고 다닌다는 도루묵이다. 그런데 한동안 도루묵 어획량이 급격하게 줄었다. 잡히지 않던 때도 있었던 것이다.

도루묵 어획량은 2006년 900여 톤에서 2016년 7,497톤으로 증가한 후 2018년 4,185톤으로 감소했다. 동해안에서 도루묵 어획량이 급감한 이후 회복되는 데 10년이라는 시간이 걸렸다. 강원도의 도루묵 자원 회복을 위한 수정·방류 사업의 결과로 보인다. 어촌·어항법상 항

도루묵 알이 암에 좋고, 백혈병 치료제로
쓰인다고 알려지면서 한때 전량 일본으로
수출되기도 했다. 일본에서는 정월에 알을
요리해 먹는 풍습이 있다. 도루묵구이와
도루묵조림.

포구에서 낚시는 불법이다. 2018년 국립수산과학원이 조사한 자료를 보면 항포구에서 불법 통발로 잡은 어획량이 어민들이 잡은 어획량의 10퍼센트에 이른 것으로 나타났다.

이렇게 통발로 잡힌 도루묵은 모두 산란을 위해 깊은 바다에서 연안으로 나온 도루묵들이니 더욱 심각하다. 알이 가득 매달린 통발도 있다. 이런 추세가 확산되고, 어민들이 작은 도루묵까지 남획한다면, 그나마 인공어초와 바다 식목과 치어 방류로 회복되고 있는 도루묵도 위기에 처할 수 있다. 명태의 모습이 재현되지 않을까 우려된다.

겨울철 주문진 수산시장에 가면 도루묵을 비롯해 오징어, 양미리, 복어, 가자미가 가득하다. 도루묵이 많이 잡혔을 때 1만 원이면 바구니로 가득 담아주었다. 제철에 잡은 도루묵을 급랭시켜 1년 내내 요리를 만드는 전문집도 생겨났다. 도루묵은 조림, 구이, 탕, 식해 등으로 요리한다. 구이가 술안주용이라면 조림은 밥과 함께 먹는 것이 제맛이다.

도루묵조림은 무를 깔고 내장과 머리를 떼어낸 도루묵에 다진 마늘, 생강, 고춧가루, 대파, 간장 등으로 만든 양념장을 끼얹고 물을 약간 부어 조린다. 도루묵구이나 도루묵탕도 다른 생선을 요리할 때와 다르지 않다. 하지만 식해는 좀 각별하다. 함경도에서는 도루묵을 가자미, 명태, 횟대 등과 함께 식해로 만들어 겨울 저장 음식으로 먹었다.

내장과 머리를 제거한 도루묵을 잘 씻은 다음 소금을 뿌려 3일 정도 바람이 잘 통하는 곳에서 꾸덕꾸덕 말린다. 그리고 기장쌀로 밥을 해서 고춧가루, 다진 마늘, 생강, 소금과 함께 버무린 다음 항아리에 도루묵 한 줄에 밥 한 줄씩 켜켜이 담고 15~20일을 숙성시킨다. 엿기름물을 이용해서 삭히기도 한다. 그 후 무를 넓적하게 썰어 소금에 절여 물기를 짜낸 다음 삭힌 도루묵과 고춧가루, 다진 마늘, 생강을 넣고 버무려 다시 삭힌다. 빠르면 일주일이 지나면 먹을 수 있다. 아쉽게도 남쪽에서는 도루묵식해를 맛볼 수 없으니, 그 대신 오랫동안 도루묵 요리만 고집하는 삼척의 잘 알려진 전문집을 찾아 나섰다. 가게는 생각했던 것과 달리 한적했다. 양이 꽤 많아 보였지만 언제 다시 와 보겠나 싶어 도루묵구이와 도루묵조림을 주문했다.

겨드랑이에
넣었다 빼도
먹을 수 있다

도루묵이 통째로 구워져 나왔다. 도루묵은 살이 연하고 부드러워 살짝만 구워야 한다. 그래서 "도루묵은 겨드랑이에 넣었다 빼도 먹을 수 있다"고 했나 보다. 지느러미와 아가미를 제거하면 뼈째로 씹어 먹을 수 있다. 도루묵은 버릴 게 하나도 없다. 비린내가 나지 않고 담백해 그냥 먹어도 좋다. 무엇보다 구이의 진미는 알이다. 먹어보니 입안에서 알이 통통 터졌다. 다 자란 도루묵이 26센티미터 정도인데, 알은 3~4밀리미터다. 몸의 크기에 비해서 알이 크다. 명태나 대구의 알보다 훨씬 크다.

보통 알을 익히면 푸석거리는데, 도루묵 알은 두꺼운 껍질의 식감과 쫀득거리며 고소한 맛이 일품이다. 살아 있는 알도루묵은 회로는 맛이

도루묵은 잡는 것보다 그물을 걷어와
도루묵을 떼어내는 일이 시간이 많이 걸린다.
바다에서 돌아오면 포구에 불을 피우고 몸을
녹이면서 도루묵을 떼어낸다.

없지만 수도루묵은 맛이 좋다. 도루묵구이는 알도루묵을 사용하고, 도루묵탕은 수도루묵을 사용한다. 살아 있는 도루묵을 손질해 급랭시켜 보관하기 때문에 삼척이나 고성 등의 전문집에서는 1년 내내 맛볼 수 있다.

새해 아침 해를 보기 위해 다시 동해를 찾았다. 전라도에서 생활하는 나에게 동해안의 일출은 특별하다. 일출만 생각하면 단숨에 정동진으로 내려갔겠지만, 도루묵을 잡아 포구로 돌아오는 고깃배의 생생한 모습도 욕심이 났다. 그래서 새벽에 잠깐 열리는 삼척의 번개시장을 들르고 득달같이 장호항으로 내달렸다. 일출도 볼 수 있고 도루묵도 볼 수 있으니 일거양득이다 싶었다. 다행히 날씨도 도와주었다. 바다가 아닌 한 뼘 위 구름 속에서 붉은 혀를 쏙 내밀 듯 떠오르는 해를 맞았다.

해가 뜨자 도루묵과 오징어를 잡기 위해 나갔던 배들이 귀환을 서둘렀다. 갈매기가 가장 많이 따라오는 배를 기다렸다. 갈매기는 인심 좋은 선주의 만선을 기다렸다. 낯선 이의 황당한 질문도 너그럽게 대답해줄 것이다. 가까이 가서 보니 짼오징어(새끼 오징어)를 잡아온 배가 많았지만, 서운치 않게 도루묵도 꽤 올라왔다. 큰 깡통으로 만든 난로에 통나무가 들어가자 불길이 아침 해처럼 솟아올랐다. 따뜻한 물에 잠깐 손을 적신 어머니들의 손놀림도 바빠졌다. 새벽에 3시간 조업을 하지만 도루묵을 그물에서 떼어내는 시간은 많을 때는 그 2배의 시간이 걸린다.

아귀

가장 못생긴 바닷물고기

낚시를

잘하는

물고기

아귀의 실체를 본 것이 고등학생이었을 때로 기억된다. 광주 송정리 오일장 막내 고모를 따라 시장에 갔다가 어물전에서 희한하게 생긴 물고기를 보았다. 생긴 것도 그랬지만 몸의 색깔도 정말 비호감이었다. 그리고 대학에 들어가 무슨 행사를 하고 남광주의 한 식당에서 아귀찜을 먹었다. 그때도 오일장에서 본 못생긴 생선이 맛있는 아귀찜의 주인공이라는 사실을 몰랐다.

아귀는 아귀목 아귓과에 속하는 바닷물고기다. 이빨은 2~3줄로 날카롭고 아래턱이 위턱보다 앞으로 튀어나왔다. 한국과 일본에서부터 호주에 이르는 태평양 서부와 인도, 아프리카 동부를 포함한 인도양에 분포한다. 4~8월에 산란하며 어류와 오징어류를 먹는다. 비늘이 없고 아가미 구멍이 아주 작다. 아귀는 수심 50~250미터 깊은 바다의 모랫바닥에 납작 엎드려 몸을 숨기고 있다가 지나가는 물고기를 잡아먹는다.

그렇다고 감나무 밑에서 감이 떨어질 때까지 무작정 기다리지는 않는다. 아귀의 최대 무기인 '낚싯줄'을 이용한다. 아귀 머리 위에는 등지느러미 가시가 길게 나 있고 그 끝에 뭉툭한 것이 달려 있어 꼭 미끼를 끼워 놓은 낚싯줄 같다.

『자산어보』에 "조사어의 낚싯줄에 달린 미끼를 살랑거릴 때 다른 물고기가 이를 먹잇감이라 여기고 그쪽으로 다가오면 물고기를 낚아채서 먹는다"고 기록되어 있다. 또 아귀는 "큰 놈은 2척 정도다. 형상은 올챙이와 유사하다. 입이 매우 커서 입을 벌리면 남는 곳이 없다. 입술 끝에는 낚싯대 두 개가 있는데, 의료용 침만큼 커서 길이가 0.4~0.5척이다"고 했다. 그래서 아귀를 조사어釣絲魚, 즉 '낚시를 잘하는 물고기'라고 했다. 아귀는 영어로도 '앵글러 피시angler fish'라고 하는데, '낚시꾼 물고기'라는 뜻이다.

아귀는 동해, 서해, 남해, 제주도까지 모든 해역에서 서식한다. 아귀를 부르는 이름도 경북 포항, 경주, 영덕, 울진 등 동해 바닷가에서는 '식티이', 부산과 제주도에서는 '물꿩', 특히 제주도에서는 '마굴치'라고도 한다. 경남 거제, 통영, 고성과 전남 여수, 완도 등에서는 '아구' 혹은 '아꾸'라고 하며, 인천에서는 '물텀벙이'라고 한다.

그 생김새를 보면 몸에 비해 머리가 크고 위도 크다. 내장의 반은 위다. 큰 입에 큰 위를 가지고 있다. 배를 갈라보면 새우와 꼴뚜기는 말할 것도 없고 병어, 오징어, 도미 등도 나온다. 이것들을 통째로 삼킨 후 녹여 소화하는 특징을 가지고 있기 때문이다.

전남 진도 팽목항에서 본 일이다. 고기잡이배에 옮겨 실은 플라스틱 상자 안에 아귀가 가득했다. 가만히 보니 아귀 입마다 작은 물고기가 한 마리씩 들어 있었다. 물고기를 잡다가 그물에 걸린 것일까? 한두 마리가 아니라 대부분이 그랬기에 그런 상황은 아닌 것 같았다. 더 유심히 보니 그물에 갇힌 후에 자신과 같은 신세인 물고기를 잡아먹은 것이었다. 대담한 낚시꾼이라고 해야 할지, 어리석다고 해야 할지……. 그래서 아귀 배 속에 통째로 삼켜진 물고기가 들어 있어 일거양득이라는 뜻인 '아귀 먹고 가자미 먹고'라는 말이 생겼다.

유럽과 미국에서는 아귀를 '악마의 물고기devil fish'라고 부르며, 죽음의 사신邪神으로 인식한다. 여기에는 어떻게 봐도 비호감인 생김새도 한몫했으리라. 울퉁불퉁한 회갈색 몸에는 가시가 돋았고 입은 몸에 비해 엄청나게 크니 서양에서만 이런 평가를 받는 것이 아니다. 동양에서도 아귀에 대한 평가는 서양 못지않게 박하다.

동양에서는 사후 세계를 황천黃泉·명부冥府·유계幽界 등으로 표현하며, 우리는 이를 흔히 저승이라고 한다. 저승에서는 생명체가 지은 업에 따라 육도六道를 반복한다. 육도는 천天·인간人間·아수라阿修羅·축생畜生·아귀餓鬼·지옥地獄이다. 그러니 아귀는 지옥 직전에 있는 세계다.

아귀는 유럽과 미국에서 '악마의 물고기'라고
부르고, 동양에서 지옥 직전의 세계를 뜻한다.
중생들이 아귀에서 고통 당하는 것을
해탈시키는 의식을 그린 〈감로도甘露圖〉.
(국립중앙박물관 소장)

악마의 물고기든 지옥 직전의 세계에 있든 아귀가 들으면 꽤나 억울해 할 것 같다.

아귀에
물려 보지 않는
사람은 없다

『한국수산지』에는 근해 유용 수산 자원 104종 중 어류 60종이 기록되어 있는데, 아귀는 '안코鮟鱇'라고 했다. 일본어 안코ぁんこぅ에서 비롯된 용어가 '안강망鮟鱇網'이다. 한 일본인이 1898년 전남 칠산 바다에서 사용한 것이 시초라고 알려져 있다. 우리나라 재래식 어망인 중선망中船網과 유사해 일본의 중선이라고 해서 '일중선日中船'이라고 했다.

그물을 달고 다니는 중선망과 달리 안강망은 어장에 이르러 닻을 내리고 어망을 바다 밑바닥에 설치할 수 있어 이동이 편리했다. 조기잡이에 도입되어 갈치, 쥐치, 젓새우 등 조류를 따라 그물로 밀려오는 무리를 지어 회유하는 어류를 잡았다. 그물 모양은 원추형이고 입구가 아귀의 큰 입처럼 생겼다고 해서 안강망 혹은 안강망 어업이라고 했다. 지금 서해안은 물론 남해안 일부에서 널리 행해지고 있다.

서해에서 아귀잡이는 이렇게 아귀의 큰 입을 닮은 안강망을 이용한다. 시기도 동해와 달리 4~6월 봄철이다. 안강망은 조류를 이용해 자루그물을 펼쳐 잡는다. 그물 끝에 또 하나의 함정이 있다. 그 모양도 아귀와 똑같다. 아귀는 큰 입을 벌려 입안으로 들어오는 물고기를 안 아귀의 이빨은 날카롭고 아래턱이 위턱보다 앞으로 튀어나왔다. 아귀의 강한 이빨에 물리면 베테랑 선원이라도 눈물이 쏙 나올 정도로 아프다.

에 있는 또 하나의 입과 이빨을 이용해 위 안으로 끌어당겨 먹는다. 일단 그 안에 넣어두고 소화를 시킨다.

여수나 남해에서는 이각망二角網 등 정치망으로 잡고 목포, 군산, 홍원, 대천, 인천까지 봄철이면 안강망으로 잡는다. 수심과 조류 등을 고려한 어법이다. 남해에서는 12~15미터의 수심에 정치망을 설치하며, 서해는 7~8미터의 수심에 안강망을 넣는다. 이에 비해 동해와 남해에는 수심 160~200미터까지도 들어간다. 정치망이 아니라 자망을 넣을 수밖에 없다.

부산의 아귀잡이는 서해와 달리 겨울철에 한다. 11월부터 이듬해 2월까지가 제철이다. 특히 부산의 기장항, 다대포항, 밀락항에 아귀잡이 배가 많다. 새벽 2~3시에 출어를 해서 아침 해가 떠오르면 조업이 끝난다. 이때 조업하는 어법은 자망이다. 800여 미터에 이르는 그물을 수심 160미터까지 내려서 잡는다. 바다가 좀 거칠고 조류 흐름이 좋아야 자망 어업도 잘된다. 한 달에 15일 정도 조업을 하지만 실제로 날씨 등을 고려하면 10일 남짓이다.

깊은 바다에서 살던 아귀들은 겨울에 몸을 만들어 봄에 산란을 한다. 그리고 동해와 남해의 깊은 바다에서 서식하다가 먹이 활동과 산란을 위해 수온 10도 내외의 연안으로 들어온다. 그곳에 자망을 설치한다. 조업 시간은 10시간 정도이며 선원 5~6명이 탄다. 조업이 좋을 때는 600킬로그램 정도를 잡지만, 못 잡을 때는 200킬로그램 정도 잡는다.

아귀를 잡는 즉시 대중소로 구분해 가급적 활어로 유통한다. 아귀를 잡을 때는 그 무렵 연안으로 올라오는 물메기나 광어 등도 함께 잡힌다. 안강망으로 잡는 경우와 달리 자망은 그물에서 아귀를 한 마리씩 떼어내야 한다. 이때 간혹 아귀의 강한 이빨에 물리기도 한다. 눈물이 쏙 나올 정도로 아프다. 부산의 베테랑 선원치고 한때 아귀에 물려 보지 않는 사람은 없다. 온도가 좀 올라가면 아귀의 먹이 활동이 활발해진다. 산란이 가깝다는 이야기다. 이때 아귀는 큰 것은 15~17킬로그램까지 자라기도 한다. 먹을 만한 아귀는 5킬로그램 내외다.

'인천 물텀벙'과 '마산 아귀찜'

1978년 10월 17일 『경향신문』은 '아귀탕이 인기'라며, "손님들로 성업 중인 인천 식당들의 메뉴 중엔 아귀탕이 만만찮은 한몫"을 하고 있다고 보도했다. 이 기사의 내용은 다음과 같다.

"입이 크고 두꺼비에 꼬리 달린 듯한 모양을 한 이 '아귀'는 종래에는 어부들이 생김새가 흉하다고 '재수 없다'며 잡히면 버렸던 고기인데 일명 '물터미', '아구'라고도 불린다. 이제는 '잡히기만 하면 보내달라'는 프랑스의 요청으로 수프 원료로 수출까지 하고 있는 이 '아귀'는 양념가치가 있는 꼬리 부분만을 수출하고 남은 몸통 부분은 국내에서 소비한다."

그물에 딸려온 못생기고 덩치만 큰 물고기가 미끄덩거리고 맛이 없어 보여 버렸다고 한다. 육중한 물고기가 바닷물에 빠지면서 내는 소

아귀는 싸고 배불리 먹을 수 있어 노동자들이
즐겨 먹었다. 인천에는 아귀 전문집 중에
'물텀벙'이라는 상호가 많다.

리가 텀벙해서 '물텀벙이'라고 했다는데 근거가 없다. 아귀뿐만 아니라 곰치나 물메기 등도 같은 소리를 들어야 했다. 인천의 아귀 요리는 용현동이 중심이다. 아귀를 비롯해 수산물이 모여드는 곳이다. 그래서 생물을 싸게 구할 수 있는 곳이다.

1970년대에는 싸고 배불리 먹을 수 있어 노동자들이 모여들어 즐겨 먹었던 것이 아귀였다. 그 출발은 '성진 물텀벙'에서 시작되었다고 한다. 그 소문이 밖으로 알려지면서 용현동 사거리 부근에 '물텀벙거리'가 만들어졌다. 인천에는 아귀 전문집 중에 '물텀벙'이라는 상호가 많다. 아귀탕은 꽃게, 바지락, 다시마로 육수를 만드는 것이 특징이다.

아귀 요리로 '마산 아귀찜'을 빼놓을 수 없다. 마산 아귀찜의 탄생 비화는 이렇다. 한 할머니가 마산 해변에 굴러다니는 마른 아귀가 너무 아까워 고추장, 된장, 콩나물, 파, 미나리 등을 넣고 조리했더니 먹어본 사람이 좋아했고 이것이 입소문을 타서 알려졌다는 것이다. 사실 찜으로 먹을 때는 미끄덩한 아귀 살보다는 콩나물과 미더덕의 맛이 더 인상적이고 개중에는 밥을 비벼 먹으려고 아귀찜을 먹는 사람들도 있다.

마산

아구데이

축제

"마산쿠만 아구찜하고 아꾸찜쿠만 오동동아입니꺼(마산 하면 아구찜이고, 아구찜 하면 오동동이다)." 경남 창원에서는 아귀찜을 알리기 위해 매년

5월 9일 '마산 아구데이' 축제를 개최하기도 한다. 마산 합포구 오동동 아구찜거리 일대에는 15곳의 아귀찜 전문식당이 있다. 1980년대 초반에 이곳에는 모두 30여 곳의 아귀찜 식당이 있었다.

마산 아귀찜은 손질한 아귀를 바람이 잘 통하는 곳에서 말린 뒤 토막을 내서 3~4시간 물에 불린다. 그리고 된장을 푼 물에 담가 밑간을 한 후 콩나물 대가리와 꼬리를 따낸 뒤 넣고 찐다. 그리고 마늘, 고춧가루, 파, 미나리 등 양념을 넣고 마무리한다. 마산 아귀찜은 맵고 얼큰한 것이 특징이다. 원조 마산 아귀찜 재료는 겨울철 갯가 덕장에서 갯바람에 말린 것을 썼다. 1년 사용할 것을 겨울철에 다 말리는 것이다. 그렇게 말려서 냉동창고에 넣어두고 먹었다.

인천이 탕, 마산이 찜이라면 여수는 찜과 탕을 겸한다. 둘 다 잘하면 하나도 못하는 것과 같다. 브랜드 효과에서는 맞는 말이다. 그런데 맛으로 보면 둘 다 겸하는 곳이 여수다. 여수에서는 아귀탕으로 해장국을 많이 한다. 여수에서는 아귀로 아귀찜, 아귀탕, 아귀대창을 요리한다. 그중 해장국으로 즐겨 찾는 것이 아귀탕이다. 여수에서는 '애(간)'를 갈아 넣어서 요리한다. 전라도 탕의 특징이기도 하다. 홍어탕, 간재미탕, 짱뚱어탕 모두 맛의 핵심은 '애'다. 아귀탕에서 애는 화룡점정이라고 할 수 있다.

여수에서 아귀 요리는 탕과 찜에 더해 맛봐야 할 것이 '아귀대창'이다. 찜 요리다. 아귀 내장의 대부분은 위다. 대창은 위를 말한다. 사실 아귀찜에 응당 대창과 간이 들어가야 하는데 일부만 나오고 나머지는

마산 아귀찜은 겨울철 갯가 덕장에서
갯바람에 말린 아귀를 사용한다. 1년 사용할
것을 겨울철에 다 말리는 것이다.

따로 갈무리했다가 요리를 하니 불만이다. 식감이 쫄깃해 아귀찜보다 비싸고 맛도 좋다.

아귀는 살, 껍질, 내장이 각각 독특한 식감과 맛을 가지고 있다. 살은 보드랍고 달콤하며, 껍질은 찰지며 쫄깃하고, 내장은 담백하다. 그래서 간과 위를 떼어서 따로 팔기도 한다. 부산에서는 수육은 큰 아귀로, 아귀탕과 아귀찜은 중간 크기의 아귀로 요리한다. 독특하게도 아귀 꼬리 부분을 회로 내놓는 집도 있다. 아귀는 이빨과 지느러미와 쓸개를 제외하고 살, 간, 위, 껍질, 볼살 등 여러 부위별로 다 이용한다.

제 2 장

서해에서 인문학을 만나다

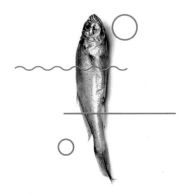

조기
쌀에 버금가다

뜻을

굽히지

않겠다

       "흥양興陽(현재 전남 고흥)의 바깥 섬들 주위에서는 춘분春分 뒤에 그물로 잡고, 칠산七山 바다에서는 한식寒食 뒤에 그물로 잡고, 해주 앞바다에서는 소만小滿 뒤에 그물로 잡으며, 흑산 바다에서는 6~7월에 비로소 밤에 낚시로 잡는다. 이미 산란을 마친 뒤라서 맛이 봄에 잡은 추수어에 미치지 못하니, 말려도 오래 보관할 수 없다. 가을이 되어야 조금 나아진다."

       『자산어보』에 나오는 추수어踏水魚, 즉 조기 이야기다. 제주도 남쪽에서 겨울을 지낸 조기는 봄이 되면 떼를 지어 3월 중하순에 북상을 해서

서·남해 섬들을 거쳐 4월 5일 무렵 법성포 앞 칠산 바다와 5월 중하순 해주 바다에 이른다. 조기가 지날 때마다 섬마을 산골에는 진달래가 피고, 마을 어귀에 심어놓은 멀구슬나무의 보랏빛 꽃들이 만발한다.

조기는 동해의 명태, 남해의 멸치와 함께 서해를 대표하는 농어목 민어과에 속하는 바닷물고기다. 우리나라 서해안, 동중국해, 대만, 일본 남부에 분포한다. 그 종류가 180여 종에 이르며 우리나라 연해에서는 참조기, 보구치, 수조기, 부세, 황석어 등 10여 종이 서식한다. 이 중 참조기를 염장해 말린 것을 '굴비'라고 한다.

참조기는 몸이 두툼하고 길이가 짧으며, 몸통 가운데 옆줄이 선명하다. 배는 황금색이며 꼬리는 부채꼴이다. 조기를 닮은 부세는 더 큰 생선으로 시장에서 '가짜 조기'로 푸대접을 받았지만, 황금색을 띤 생선을 선호하는 중국인들이 좋아하면서 귀한 대접을 받고 있다. 또 굴비백반에 올라오는 굴비는 대부분 부세, 즉 중국산 부세로 만든 것이다.

옛 문헌은 조기를 석수어石首魚로 표기했다. 조기든 석수어든 한자어에서 비롯되었다. 조기는 "중국의 '종어鯼魚'인데, 음을 빠르게 발음이 되다 보니 조기가 되었다"고 했다. 또 동이의 침략을 받은 오吳나라 왕이 쫓겨 섬으로 들어가 싸웠는데, 식량이 떨어지자 황금빛 물고기 떼가 몰려와 그것을 잡아 군량으로 삼고 동이를 물리쳤다고 한다. 그런데 그 이름을 알 수 없어 물고기 머리에 돌이 있었던 것을 기억해 '석수어'라고 했다고 한다. 그런데 석수어는 『조선왕조실록』, 『승정원일기』 등에 '석어石魚'라고도 기록되어 있다.

우리나라에서 굴비의 어원과 관련해서 가장 널리 알려진 것이 이자
겸李資謙, ?~1126 이야기다. 고려 인종 때 반역을 모의했다가 전남 영광
으로 유배된 이자겸은 굴비를 먹어보고 맛이 좋아 왕에게 진상하면서
뜻을 굽히지 않겠다며 '굴비屈非'라고 써서 보낸 데서 유래했다고 한다.
반면 조기를 엮어 염장을 한 후 말리면 그 모양이 굽는다. 그래서 굴비
라고 한 데서 유래한 것이라는 설도 있다. 어쨌든 굴비를 엮어 걸어놓
으면 굽기에 '굽다'에서 나왔다는 이야기가 더 친근하다. 서유구는『전
어지』에서 "석수어는 조기다"고 표기하고, 중국의 고문헌인 전여성田汝
成, ?~?의『서호유람지西湖遊覽志』를 인용해 이렇게 소개했다.

"매년 4월에 해양에서 오는데, 길게 이어지는 것이 소리이고, 그 소
리는 천둥과 같다. 바닷가 사람들은 대나무 통을 물속에 넣어서 그 소
리를 들으면 곧 그물을 내려서 그 조류를 막고 잡아내는데, 깊은 물속
에서 뛰어올라 모두 어질어질 기력이 없다. 맏물에 오는 것은 좋고, 두
물과 세 물에 오는 것은 크기가 점차 작아지고 맛도 점차 떨어진다."

봄이면 우두머리 조기를 앞세우고 무리 지어 갯골(갯고랑)을 따라 이
동한다는 조기의 특성을 잘 나타내고 있다. 또 부레를 이용해 '부욱부
욱' 소리를 내는 민어과의 생태적 습성을 이용한 고기잡이나 물 밖으로
나왔을 때 부레의 공기를 빼주지 않으면 배를 위로 둥둥 떠서 헤매는
모습도 잘 보여준다.

『자산어보』에는 대면大鮸·면어鮸魚·추수어를 석수어로 통칭하며, 이
중 추수어를 조기로 표기했다. 대면은 돗돔, 면어는 민어를 말한다. 조

조기는 머리에 돌이 있어 '석수어'라고 했다.
고려시대 이자겸은 왕에게 굴비를 진상하면서
뜻을 굽히지 않겠다며 '굴비'라고 써서 보냈다.

선시대에 한치윤韓致奫, 1765~1814이 엮은『해동역사海東繹史』「물산지物産志」에는 꼬리와 지느러미가 모두 황색이라 '황어黃魚'라고 했다. 명나라 풍시가馮時家의『우항잡록雨航雜錄』에는 석수어는 일반 물고기와 달리 피가 없어 승려들이 '보살어'라고 하여 먹는다고 했다. 또 조기는 사람에게 기운을 돋우는 생선이라고 해서 '조기助氣'라고 했다.

조기로
세금을
납부하다

『세종실록지리지』「나주목 영광군」에 "석수어石首魚는 군의 서쪽 파시평波市坪에서 난다. 봄·여름 사이에 여러 곳의 어선이 모두 이곳에 모여 그물로 잡는데, 관청에서 그 세금을 받아서 국용國用에 이바지한다"고 했다. 파시평은 칠산 바다를 말한다. 또『세종실록지리지』「황해도 해주목」에도 "토산土産(토산물)은 석수어가 주의 남쪽 연평평延平坪에서 나고"라고 되어 있어 장소만 '연평평(연평도)'이라고 바뀔 뿐 같은 내용이 소개되었다. 두 곳 모두 조기의 주산지였다.

조선시대에 조기는 제수용품, 진상품, 하사품, 약재, 장류, 조세 물품 등 다양한 쓰임새로 나타난다.『태조실록』1397년(태조 6) 4월 1일에 "새로 난 석수어를 종묘宗廟에 천신薦新했다"고 기록했다.『세종실록』1429년(세종 11) 8월 10일에 "조기石首魚 1천 마리尾를 명나라 진상품"으로 보냈고,『성종실록』1478년(성종 9) 12월 21일에 명나라 황제가 요

조기는 조선시대에 쌀에 버금갈 정도로
중요한 세원이었다. 또 일제강점기에는
상갓집에 가면서 조의품으로 조기(석어石魚)를
하기도 했다. 완도군 군외면 달도에서 발견된
부의금 문서.

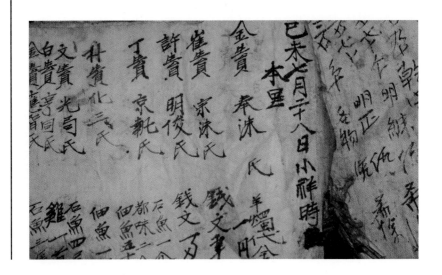

구하는 진상품에 "조기 알젓石首魚卵醢"을 포함시키기도 했다. 또 왕이 신하나 종친에게 선물로 주는 하사품으로 석수어 알젓과 석수어가 등장한다.

그뿐만 아니다. 조기가 유생들에게 제공하는 음식인 '공궤供饋'의 재원이었다. 『승정원일기』1627년(인조 5) 5월 27일의 기록을 보면, 파시평 석수어잡이 어선 20척을 비롯해 전라도 어장은 임금이 하사한 곳이자 조세가 면제된 곳으로 성균관에 납부해 공궤로 사용하도록 했다. 오늘날 칠산 어장이 그 중심이다. 이렇게 조기잡이 어세漁稅는 조선 초기부터 국가의 중요한 재원財源으로 농사를 짓는 땅의 세금이 쌀이라면, 바다의 세원稅源은 조기였다. 다시 말해 쌀에 버금가는 품목이었다. 실제로 세금을 조기로 납부하기도 했다. 조선시대 조기 어장은 경기도, 충청도, 전라도 일대의 서해와 남서해의 섬 지역을 둘러싼 바다다.

『한국수산지』는 "석수어는 경남도 마산 서북으로부터 평안도에 이르는 연해에서 나고, 조선인이 가장 즐겨 먹는 어류의 하나인데, 관혼상제에서 빠져서는 안 되는 물품이다"고 적었다. 완도군 군외면 달도 폐가에서 발견된 일제강점기의 부의금 문서에는 상갓집에 가면서 조의품으로 조기를 많이 한 것으로 기록되어 있다. 일제강점기에는 칠산도, 고군산군도, 녹도, 연평도, 용호도 등에 조기 어장이 형성되기도 했다.

조기가

머무는 곳마다

파시가 열렸다

옛날에 배를 좀 탔다 하는 사람들은 칠산 바다의 기억과 무용담을 하나쯤은 가지고 있다. 칠산 바다와 연평 바다는 조기잡이 어부들이 그리워하는 어장이다. 임자도 북쪽에서 위도 일대까지를 흔히 '칠산 어장'이라고 부른다. 그 칠산 바다에서 가까운 곳으로는 법성포가 있고 내륙으로는 영산포까지 오갔다. 조기 어장이 끝나면 낙월도와 임자도 일대를 중심으로 젓새우 어장이 형성되었다. 지금은 뱃길이 법성포로 이어지고 있지만, 옛날에는 신안군 지도읍의 작은 섬들을 거쳐 목포로 이어졌다. 사람보다 조기와 젓새우가 더 많이 오갔던 뱃길이다.

조기 어장이 형성되면 법성포 목냉기에 술집이 번성했다. 어부들은 조금 물때에 들어와 식고미(식자재)를 준비해 칠산 바다로 나가는 길목에 배를 정박해두고 허기진 마음을 달랬다. 물길을 잘 아는 섬 주민들은 외줄낚시로도 만선을 했지만, 외지배들은 닻자망과 중선망으로 조기를 싹쓸이했다. 이제 그런 조기는 칠산 바다에서 찾기 어렵다. 그 대신에 잡어로 취급했던 물고기를 탐하는 자망이나 안강망이 놓여 있다.

충남 보령 녹도 어장은 주목망柱木網(갯골에 기둥을 세우고 자루그물을 매어 조류를 따라 그물로 들어오는 물고기를 잡는 전통 어법)을 이용해 조기를 잡았다. 주목망은 7~8발에 이르는 참나무 기둥을 세우고 자루그물을 매달아 조기를 잡는 정치망이다. 녹도와 두 개의 화사도(무인도) 사

쌀에 버금가다

120

121

연평도 안목 어장은 '조기의 신'으로 불리는
임경업이 중국으로 가다 가시나무를 꽂아
조기를 잡았던 곳이다. 무속에서 모시는
신상神像을 표현한 〈무신도巫神圖: 임경업 장군〉.
(국립민속박물관 소장)

이에 주목망을 설치했다. 이때는 작은 섬에도 술집이 10여 개가 있을 정도로 성했다. 위도 치도리와 연평도에도 파시波市가 형성되었다. 파시는 조기, 고등어, 민어처럼 회유성回游性 어종이 많이 잡힐 때 어장 주변의 섬이나 해안에 어구점, 잡화점, 식당, 술집, 목욕탕 등 임시 점포가 형성되는 것을 말한다. 이후 마을이 형성된 곳도 있다.

연평도에는 '조기의 신'으로 불리는 임경업 장군을 모신 사당인 충민사가 있다. 임경업은 병자호란 때 활약했던 장군이다. 조선과 청나라에서 버림받고 명나라로 망명하던 중 연평도에 들러 식량을 구하기 위해 안목 어장에 가시나무를 꽂아 조기를 잡아 병사들의 주린 배를 채웠다고 한다. 연평도 어민들은 임경업 장군에게서 조기잡이 어살법을 배웠다고 한다. 지금도 안목 어장에는 주민 10여 명이 주목망을 운영하고 있다.

오래전에 그곳에서 그물을 걷는 어부를 따라 어장으로 들어간 적이 있었다. 운 좋게 그물에 걸린 조기 두 마리를 발견했다. 알 밴 황금색 조기였다. 하지만 크기는 생각보다 작았다. 알 밴 작은 조기, 자연의 순환이 아니라 인간의 간섭이 만들어낸 결과다.

황금색

조기의

전설

서해에서 조기가 사라진 것은 언제쯤일까? 여러 자료와 주민들의 이야기를 모아보면, 1970년대 초반으로 여겨진다. 1960년대 말까지 흑산도 일대에는 조기 어장도 형성되고 파시도 있었다. 당시 『경향신문』 (1969년 12월 13일) 기사를 보면, "섬 주민들의 한결같은 푸념은 고기가 없다는 것이다. 그 이유는 수온 변화, 어부의 치어 남획, 산이 벗겨져서 육수陸水가 없으니 조개나 굴도 되지 않는다. 여기에 저인선이 싹쓸이 어업을 한다. 그래서 조기잡이도 이제 흑산도가 주어장이 되었다"는 구절이 나온다. 그때나 지금이나 어족 자원이 고갈되는 것의 모든 책임은 '수온 변화'였다. 기후변화는 옛날에도 공공의 적이 되었다.

인간이 만들어낸 참혹한 현실을 직시하지 못하는 것은 예나 지금이나 변함이 없다. 2000년 이후에 제주도 가거도항과 한림항에서 유자망에 걸린 조기를 떼어내는 모습과 추자도와 한림항 위판장에서 조기를 경매하는 모습도 확인했다. 조기 철에는 상자에 담긴 조기들이 목포 어시장에서 팔리기도 한다.

서해에서 조기가 사라지고 가장 큰 타격을 받은 곳은 어디일까? 우리나라 3대 조기 파시로 꼽히는 흑산도, 위도, 연평도일 것이다. 그중에서도 위도가 아닐까? 흑산도는 홍어, 연평도는 꽃게가 그나마 지역을 대표하지만, 위도는 어장의 특색이 사라져버렸다. 결정적인 변화는 새만금 간척이다. 조류 흐름이 바뀌고 갯골이 사라지면서 바다풀도 사라져 그나마 형성되던 어장들도 사라지고 토착 어류들도 떠났다.

조기가 사라진 위도의 모습은 어땠을까? 위도 띠뱃놀이(중요무형문화재 제82-3호)로 유명한 대리마을의 이야기다. 1970년대 초반까지 모두 4척의 배가 있었다. 배 1척에 선원이 8~9명씩 타니, 약 30~40명의 선

조기가 사라지자 3대 조기 파시로 꼽히는
흑산도, 위도, 연평도 중에서 위도가 가장 큰
타격을 받았다. 위도 띠뱃놀이와
위도 대리마을 원당제.

원이 필요했다. 외지에서도 들어오지만 적어도 30여 명의 건장한 남자들이 배를 탔을 것이다. 그리고 선원들을 거두어 먹이는 일까지 생각하며 마을 전체가 조기로 살았다고 해도 과언이 아니다. 농사라고 해야 대부분 자급자족 밭농사였다. 조기잡이가 사라지고 일부는 멸치잡이에 뛰어들었지만, 대부분은 섬을 떠나 도시로 나갔다. 그중에는 잘 정착해 사는 사람도 있지만 다시 돌아온 사람도 적지 않았다. 조기가 돌아온 것은 아니지만 힘든 도시살이보다 섬살이가 의지할 곳이 많을 뿐이었다.

조기잡이 향수는 정월에 원당제願堂祭와 갯제(바다에서 지내는 제사)를 포함한 위도 띠뱃놀이로 달래고 있다. 조기잡이는 어법으로 낚시, 어살, 주목망, 중선中船(어군이 지나가는 길목에 닻을 놓고 배를 고정시킨 후 좌우현에 자루그물을 놓아 물고기를 잡는 배. 그물은 중선망이라고 한다), 닻배, 안강망 등이 있다. 역시 가장 오래된 어법은 낚시와 어살이다. 인류의 등장과 함께 시작된 어법이다. 낚시는 진화해 연승延繩(여러 개의 낚시를 거의 동시에 물속에 늘어뜨려 물고기를 잡는 어구)으로, 어살은 중선에서 안강망까지 이어졌다. 하지만 외줄낚시나 죽방렴처럼 여전히 그 맥을 이어가고 있다.

천금

같은

조기

조기는 산 자만을 위한 음식이 아니라 망자를 위한 음식이다. 집안 제사는 물론이고 마을 제사에도 빠뜨리지 않았다. 풍어굿인 '서해안배연신굿' 사설에 "술술 남풍에 어이여차, 궂은 비 오는데 어야디애, 천금 같은 조기를 퍼 싣자 어야디야"라는 표현이 나온다. 그냥 조기가 아니라 "천금 같은 조기"다. 칠산 바다나 연평 바다의 어로요漁撈謠에도 "돈 실러 가잔다"는 표현이 나온다.

조기는 청명과 입하 사이인 춘삼월 중순 곡우에 잡힌 것을 으뜸으로 여겼다. 이때 잡힌 조기가 알이 배고 통통하고 맛이 가장 좋아 '곡우사리 조기' 혹은 '오사리 조기'라고 했다. 전남 영광에서는 곡우사리에 잡은 조기 중 가장 크고 실한 조기를 조상과 집안을 지켜주는 성주신에게 올렸다. 이를 두고 '조구심리'라고 한다. 조구는 조기의 전라도 말이다. 조구심리를 한 후에야 조기를 먹을 수 있었다. 이때 잡은 조기로 만든 굴비를 '오가재비 굴비'라고 한다.

1897년 오횡묵吳宏默이 편찬한 전남 지도군(현재 신안군 지도읍)에 관한 기록인 『지도군총쇄록智島郡叢鎖錄』을 보면, "본래 칠산 어장은 바다 폭이 100여 리나 되어 팔도의 어선들이 몰려온다. 그물을 치고 고기를 잡는 배가 근 100여 척이 되며 상선 또한 왕래하여 거의 수천 척이 된다"고 했다. 또 "수천 척의 배가 이곳에 모여 고기를 사고팔며 오가는

서해에서 조기가 사라지자 노 젓는 소리나
그물을 넣고 올리는 소리도 사라졌다.
1960년대 흑산도 예리항은 전국에서 모여든
조기잡이 배로 가득했다.

거래액이 가히 수십만 냥에 이른다. 이때 가장 많이 잡히는 물고기는 조기로 팔도에서 모두 먹을 수 있었다"고 했다.

조기잡이 뱃사람들이 불렀던 어업요漁業謠인 〈배치기 소리〉도 주목할 필요가 있다. 연평도를 중심으로 북쪽으로 평안도까지 남쪽으로 전남 지역까지 널리 퍼져 있는 어업요다. 조기잡이와 관련된 지역으로 '연평 바다'와 '칠산 바다', 조기잡이 배와 관련된 '이물'과 '고물' 등이 모두 사설에 등장한다. 〈배치기 소리〉는 보통 출항할 때, 그물을 올릴 때, 마을굿을 할 때 부른다. '서도西道소리(황해도와 평안도 지방에서 불리는 긴 노래의 잡가)'라고 불리는 경기도 시흥시 포동 새우개마을에 전하는 〈배치기 소리〉 사설 중에는 "연평 바다에 깔린 칠량 양주만 남기고 다 잡아들여라"는 표현처럼 어부들의 해양 생태 지식도 돋보인다. 여기서 칠량은 조기를 '돈'으로 묘사한 것이고, 양주는 암수 조기 한 쌍을 말한다.

이렇듯 조기잡이는 단순한 어업이 아니라 서해안이 어촌 문화의 근간을 이루는 해양 문화의 아이콘이었다. 조기를 매개로 어로요, 파시, 산다이(파시에서 부르는 노래), 풍어제, 배고사, 음식, 어로 기술, 유통 구조 등이 씨줄과 날줄로 엮인 문화망인 것이다.

왜

법성포
굴비였을까?

입맛은 나이에 따라 다르다는 것을 실감한다. 봄이 되니 막 올라온 고사리순에 생조기를 올리고 자작하게 조린 조기조림이 그립다. 조기 사촌인 황석어를 올려서 조려도 맛이 좋다. 그것만이 아니다. 마른 부세를 쪄서 따뜻한 밥에 올려 먹어도 좋다. 어렸을 때는 이런 반찬을 먹을 기회도 없었지만, 어쩌다 잔치 뒤에 올라온 조기찜은 거들떠보지도 않았다. 달걀프라이나 소시지부침개가 더 좋았다. 봄에 담가놓은 황석어젓도 좋지만 조기젓은 더 말할 것도 없다. 전라도에서는 김치를 담글 때 조기를 통째로 넣기도 한다. 또 조기젓은 궁중에서 김치를 담글 때 새우젓과 함께 사용했다고 한다.

10여 년쯤 되었을 것이다. 늦가을 전남 신안군 흑산면 대둔도 어느 어부의 집에서 저녁을 얻어먹었다. 다물도로 넘어가는 길이었다. 배를 얻어 타려고 들렀다가 저녁 밥상에 마주 앉았다. 어부의 아내가 반찬이 없다며 따뜻한 밥 한 그릇에 국을 상에 올렸다. 그런데 정말 소금국에 조기가 달랑 한 마리 들어 있었다. "우리는 간국 없으면 밥이 안 넘가라. 간국 하나면 밥 먹는 데 지장이 없응께. 겨울철에는 동치미처럼 간국을 먹었어라."

국물을 떠서 맛을 보았다. 아무것도 넣지 않고 말린 조기만 넣고 끓여 간만 맞추었다는데, 맛을 의심했다. 그 깊은 맛은 이루 헤아릴 수 없었

봄과 여름, 낮에는 습도가 적고 밤에는 바람이
많이 불어 조기를 갯바람에 말려 만들어낸
법성포 굴비를 최고로 친다.
법성포 바닷가에서 조기를 말리고 있는 덕장.

다. 갖은 양념은 고사하고 마늘과 파도 구하기 힘들었던 외딴 섬에서 밥을 먹기 위해 만든 저장 음식이었다. 봄바람을 타고 흑산도 근해로 올라온 조기를 해풍에 말렸다가 반찬을 내기 어려운 겨울철에 끼니를 잇기 위해 간단하게 만들어 먹었던 요리다. 그것이 바로 '조기간국'이다.

법성포에서는 항아리에 오가재비 굴비와 겉보리를 넣어 숙성시킨 통보리 굴비, 고추장에 통째로 박아두었다가 찢어 먹는 고추장 굴비도 있다. 보리가 조기를 건조시키면서 기름기는 빠져나가지 못하게 막는 역할을 했기 때문에 오래 보관할 수 있었다. 칠산 바다에서 곡우사리 때 잡은 조기와 천일염을 번갈아가면서 쌓아두고 가마니로 덮었다. 이를 '섶간'이라고 했다. 그렇게 며칠을 두면 조기의 내장까지 소금이 배어든다. 이때 꺼내 찬물에 헹궈서 10마리씩 엮어 걸대에서 2~3개월을 말렸다. 그래서 건조 굴비는 딱딱해 요리를 하려면 물에 불려야 했다.

왜 법성포 굴비였을까? 법성포는 봄·여름에 낮에는 습도가 적고 밤에는 바람이 많이 분다. 갯벌이 발달해 인근 염산면과 백수읍은 소금으로 유명하다. 봄에 칠산 바다로 드는 조기를 잡아 그 바닷물로 만든 소금으로 간을 하고, 그 갯바람에 말려 만들어낸 것이 굴비였다.

칠산 바다에서 조기가 사라지자 가거도나 추자도 일대에서 잡은 조기로 굴비를 만들기도 한다. 심지어 원양어선들이 잡아오는 조기를 이용하기도 한다. 중국산이 아니라서 다행이라고 해야 할 형편이다.

웅어 〰〰

바다와 강은 통해야 한다 〰〰

웅어회는

막걸리에 빨아

고추장을 곁들이면 좋다

몇 년 전 유채꽃이 피기 시작하는 4월, 지인이 가까운 전남 나주에 맛있는 웅어횟집이 있다며 초대를 했다. 웅어라는 말을 듣는 순간부터 입안에 난리가 났다. 쉽게 멈추지 않고 분비되는 침샘이라니……. 그것도 목포가 아니라 나주란다. 영산강을 가로지르는 다리를 지나고 복암리 고분을 뒤로 하며 도착한 곳은 작은 면 소재지의 한 식당이었다. '봄의 진미 웅어, 웅어회 개시'라고 적힌 현수막이 가게 앞에 내걸렸다.

사람들이 북적대니 일단 안심이다. 그런데 오리탕집에 웅어회라니……. 이렇게 간판 옆에 천으로 임시 알림을 했지만 아는 사람은 다

안다. 40여 년이 되었다는 식당은 주인도 바뀌고 이름도 바뀌었지만 웅어회만은 이어지고 있었다. 찾는 사람이 입맛을 알고 기웃거리니 바뀐 주인도 뿌리칠 수 없었다고 한다. 주인은 목포에서 웅어를 가져온다고 했다.

웅어라고 국도를 타고 오고 싶을까? 목포를 지나 몽탄에서 숭어도 만나고 왕건 이야기도 듣고 나주 구진포 앙암바위(야망바위)의 연애담까지 듣고 영산포로 오고 싶었을 것이다. 영산강의 물길이 막히기 전에는 가까운 영산포와 구진포까지 웅어가 올라왔다. 그 길이 장어가 오던 길이고 삭힌 홍어를 실은 배가 냄새를 풍기며 오르던 뱃길이다. 지금은 영산강 하구 해남군 화원반도나 신안군 지도읍 일대에서 잡은 웅어를 가져온다.

영산강뿐일까? 낙동강 하구 하단마을은 웅어잡이로 유명하며 2006년부터 웅어 축제를 열고 있다. 명지마을과 함께 낙동강 하구의 큰 어촌이다. 하굿둑 준공으로 재첩도 사라지고 그 대신 웅어, 숭어, 장어 등이 낙동강 연안 어업으로 이어지고 있다. 녹산국가산업단지와 아파트 단지가 들어서면서 마을 어장은 잃었지만, 가덕도 동쪽 바다에서 김 양식은 계속하고 있다. 지금도 낙동강 자락에 있는 밀양에서도 웅어회를 내놓는 식당이 있다.

자리를 잡고 기다리기를 반 시간, 웅어회와 웅어구이가 올라왔다. 웅어회부터 맛을 보았다. 첫맛은 담백하고 밍밍하다. 여기서 멈추면 실망이다. 입안에 넣고 꼭꼭 씹으면 은근하게 달콤한 맛이 배어난다. 어

웅어회의 첫맛은 담백하고 밍밍하지만, 입안에
넣고 꼭꼭 씹으면 은근하게 달콤한 맛이
배어난다. 김포 대명포구나 강화도 외포항
등에서 봄철이면 싱싱한 웅어를 만날 수 있다.

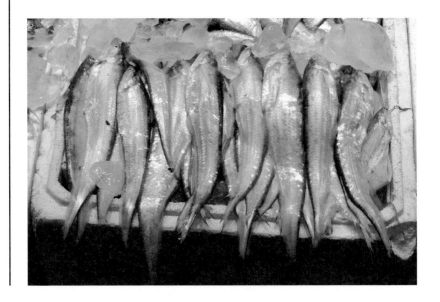

떤 이는 이 맛을 복숭아 맛이라고 하고 미나리향이라고도 했다. 첫맛에 혀를 감동시키는 것이 아니라 은근히 끌어들인다. 이 맛에 선비들이 반했던 것일까? 이 맛에 웅어를 엮어 선물을 하고 글을 쓰고 시를 지었던 것일까?

웅어는 회·무침·매운탕 외에 소금구이·젓갈·회덮밥으로도 먹는다. 한강 하구 지역에서는 박달나무를 태워 훈제품을 만들기도 했다고 한다. 『동아일보』(1931년 5월 21일) 기사를 보면, "웅어회는 막걸리에 빨아 고추장을 곁들이면 좋다"고 했다. 생선의 비린 맛을 없애기 위해 막걸리로 씻는 것이다.

물고기마저
의리를 지키려고
사라졌구나

웅어는 청어목 멸칫과에 속하는 바닷물고기다. 비늘이 잘고 몸은 은백색이다. 전남 신안, 무안, 영광 등에서는 웅에·우어, 충청도 바닷가에서는 우여·위어·우어 등으로 불린다. 강화도에서는 '깨나리', 해주에서는 '차나리'라고도 한다. 비슷한 어류 중에 '싱어'가 있어 이름이 헷갈린다. 가장 생소한 이름은 '충어忠魚'다. 당나라 소정방蘇定方, 592~667이 백제와 싸울 때 백마강에서 웅어를 찾았지만 한 마리도 잡지 못했다. 그러자 그는 "물고기마저 의리를 지키려고 모두 사라졌구나"라며 웅어를 충어라고 불렀다고 한다.

웅어는 바다에 살다가 봄이면 갈대가 많은 하구로 올라와 알을 낳고 가을이면 다시 바다로 내려가 겨울을 난다. 그리고 단오 무렵 강어귀로 올라오다가 잡힌 웅어는 뼈도 연하고 고소하며 맛이 좋다. 이 시기가 지나면 뼈가 억세고 독특한 향도 사라진다. 웅어는 30~40센티미터까지 자란다. 위턱이 길고 몸통은 뒤로 갈수록 가늘어져 칼끝처럼 날렵하다. 가슴지느러미에 실처럼 긴 줄이 몇 개 있다.

정약전은 『자산어보』에서 웅어를 "도어鱽魚라고 하고 속명은 위어葦魚"라고 했다. "크기는 1자 남짓이다. 소어蘇魚(밴댕이)와 유사하지만 꼬리가 소어보다 매우 길다. 색이 희다. 맛은 지극히 달고 진해 회 중에서도 윗길이다"고 했다. 혀에 감기는 부드러움과 달콤하며 진한 맛, 감히 회 중에서 최고라고 꼽은 이유다.

『전어지』에는 "웅어는 강과 호수가 바다 입구와 통하는 곳에서 나온다. 매년 4월에 강으로 거슬러 오르는데 한강의 행주杏洲, 임진강의 동파탄東坡灘 상하류, 평양의 대동강에서 가장 많다. 4월이 지나면 없어진다"고 했다.

웅어와 관련된 기록은 1469년(예종 1) 김겸광金謙光, 1419~1490이 편찬한 『경상도속찬지리지』에 나온다. 여기에 "김해부 남포의 '어량魚梁'에서 위어가 잡혔다"고 기록되어 있다. 어량은 물고기를 잡는 도구로 모양은 죽방렴과 비슷하다. 웅어는 옛 문헌에 위어葦魚로 표기되어 있다. 다만 중국 문헌에는 도어, 제어鮆魚, 멸도鱴刀, 열어鮤魚, 조어 등의 표기는 있지만 위어는 보이지 않는다. 위어란 강 하구에 자라는 갈대葦에

바다와 강은 통해야 한다

웅어는 조선 초기부터 임금의 수라상에
올랐던 물고기다. 한편 정조는 무신인
진방일陳邦一에게 웅어젓葦魚醢과
밴댕이젓蘇魚醢을 하사했다.
진방일 은사장恩賜狀.
(한국학호남진흥원 소장·고흥 여양 진씨 송계공파 무열사 문중 기탁)

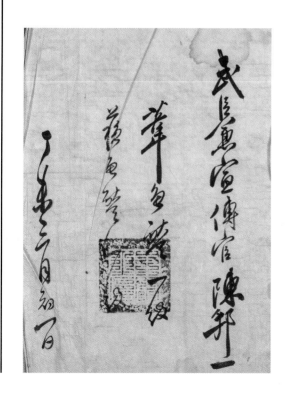

알을 낳는다고 해서 붙은 이름이다.

웅어는 조선 초기부터 임금의 수라상에 올랐고, 궁궐은 물론 종묘에 천신하는 물고기였다. 그만큼 수요가 많았으니 양반들의 필요에 충분한 양을 잡아서 바쳐야 할 위어소葦魚所를 한강 하류에 두루 설치했다. 『세종실록지리지』「부평도호부 양천현」에 "양화도楊花渡(서울 마포에 있었던 조선시대의 나루) 아래에서 주로 위어葦魚(웅어), 수어水魚(숭어), 면어鮸魚(민어)가 난다"고 했다.

궁궐의 음식을 담당하는 사옹원司饔院은 안산, 김포 등에 위어소를 두었다. 멸치류들이 그렇듯이 잡은 즉시 얼음에 재워 보관하거나 염장을 하지 않으면 오래 두고 먹기 어렵다. 낙동강, 영산강, 금강 하구에도 웅어가 잡히지만 위어소를 한강 하류 곳곳에 설치한 이유다. 그러니 웅어를 잡는 어부들은 얼마나 힘들었을까? 입맛은 같은데 궁궐을 핑계로 얼마나 많은 높은 사람들이 웅어를 탐했겠는가?

관리들이 웅어를 빼앗는다

광해군 때 사옹원이 위어소 어부가 올린 소장을 올렸다. 5개 읍을 통틀어 300호였는데, 난리를 겪은 뒤 현재 남아서 그 역에 응하는 집은 겨우 100호밖에 안 되는데도 온갖 잡역이 더해져 살기가 힘들다는 내용이었다. 어부가 직접 청원한 해당 지역은 한강 하류 고양, 교하, 김포, 통진, 양천 지역이다. 사옹원에는 어장이나 어살에서 물고기를 잡는 일을 감독하는 감착관監捉官(감찰관)이라는 벼슬아치가 있었다. 이들은 웅어가 회귀하기 전에 통진 현지 어장에 도착해 있었으니 어부들의 고단함은 이루 말로 할 수 없었다고 한다.

그래서 조정에서 오롯이 물고기를 잡아 진상하도록 위어소를 만들었다. 조세나 다른 역을 면제해주었지만, 어부의 호수는 감소하고 조세는 면제해주지 않으면서 각종 잡역을 일반 백성과 똑같이 부과해 어려움이 많았다. 이에 조정에서도 '복호復戶', 즉 조세를 법대로 한결같이 면제하지는 못할지라도 새로운 역은 일절 부과하지 말고 물고기만 진상하도록 했다.

『중종실록』 1515년(중종 10) 윤4월 17일에 왕비 장경왕후를 모신 영경전永慶殿에서 삼우제를 마치고 졸곡제卒哭祭를 지낼 때 대간臺諫이 "사옹원이 위어를 잡아 진상할 때에 승정원承政院이 졸곡 전에 편지를 보내서 그것을 구하여 젓갈을 담가두었다가 뒷날의 식용食用으로 제공했습니다. 이 사람들이 후설喉舌(승지)의 자리에 있으면서 그 소행이 이와 같으니 직에 둘 수 없습니다. 청컨대 모두 체임遞任하소서"라고 아뢰기도 했다. 이는 웅어의 위상을 가늠해볼 만한 내용이다.

또 조선 후기 문신 김재찬金載瓚, 1746~1827의 유고집인 『해석유고海石遺稿』 「어부사시사」에서 "물고기 잡고 위어소를 지나지 마오. 고생하여 얻은 물고기를 관리가 빼앗는다오"라고 했다. 왕실에 진상한 것뿐만 아니라 관리들의 횡포가 심했다는 것이다.

웅어는 왕실이나 관리들의 식탐에 빠지지
않았던 탓에 어부들의 고통은 날로 심해졌다.
또 한강 하류에 위어소를 두었다. 정선이 그린
〈행호관어〉.
(간송미술문화재단 소장)

특히 웅어가 한강에 올라올 때, 경기도 양천군 행주 일대 한강(행호 杏湖, 현재 행주대교 일대)에서 그물로 잡은 웅어를 회로 먹으며 하는 선유船遊 놀이를 즐기는 지체 높은 양반이 많았다. 행호의 웅어는 웅어 중에서도 으뜸이었다. 행호의 명승지에서 시와 그림을 그리며 웅어회와 복탕으로 복달임을 하며 식탐을 즐기는 '웅어회' 모임이 있었다. 복달임은 '삼복에 몸을 보하는 음식을 먹고 시원한 물가를 찾아가 더위를 이기는 일'이다. 조선 후기 화가 겸재鄭敾 정선鄭敾, 1676~1759의 〈행호관어杏湖觀漁〉가 이를 잘 보여준다. 이 그림은 정선이 양천 군수로 있을 때 그렸다. 왕실이나 관리들의 여름 식탐에 빠지지 않았던 탓에 웅어를 잡는 어부들의 고통은 날로 심해졌다.

바다로 드는 강

웅어를 처음 본 곳이 전남 영광 염산이던가 부안 곰소던가? 기억이 가물가물하다. 가장 최근에 본 곳은 김포 대명포구다. 인천 소래포구에서도 웅어를 만났다. 웅어 맛을 본 곳은 영광이다. 영광이 고향인 장모님 덕분이다. 장모님은 낙월도와 송이도, 멀리 염산에서 생선을 가져다 포구에서 장사를 했다. 처가에서는 봄에는 빈지럭(송어, 밴댕이)과 웅어, 겨울에는 숭어 새끼인 모치, 여름에는 백합, 밥맛이 없을 때는 잡젓을 곧잘 내놓았다.

봄에는 웅어와 밴댕이를, 가을에는 젓새우를
잡는 꽁댕이배다. 배의 꽁무니(고물)에
자루그물을 달고 조류를 따라 들어오는
웅어를 잡는다.

웅어는 귀해서 운이 좋을 때만 간혹 상에 올랐다. 현지에서도 귀하니 시장에 잘 나오지도 않는다. 양이 적고 어획 기간도 짧다. 그래서 더 귀하다. 경기도 김포시 양촌읍 전류리 어장은 대명포구와 지척에 있다. 접경 지역이자 남방 어로한계선과 접해 있어 10여 년 전까지 동력선을 사용할 수도 없어 노를 저어 그물의 상태를 확인했다. 그동안 잡은 수산물을 경매했지만, 2011년부터 직판장을 만들고 판매장 다섯 곳과 공동식당 한 곳을 마련해두었다. 그 덕에 어민들의 소득이 크게 증가했다.

강에 떠 있는 어선에도 고기잡이를 허가하는 깃발이 달려 있는데, 이 깃발은 '조강祖江'의 시작점을 의미한다. 조강은 한강 1,000리의 대장정을 마무리하고 바다로 드는 강이다. 김포반도 하성면 연화산과 경기도 파주의 교하 오두산 사이에서 할아버지강이 시작된다. 북한강과 남한강이 만나고 다시 한탄강을 끌고 온 임진강이 합해지는 두물머리다.

조강은 다시 한숨을 돌리다가 개성을 지나온 예성강을 받아 서해 5도(백령도·대청도·소청도·연평도·우도)를 스치며 서해로 흘러든다. 이곳을 거슬러 웅어가 온다. 전류리포구의 어민들은 안강망으로 웅어를 잡는다. 강화도에서는 새우를 잡는 닻배나 꽁댕이배로 잡기도 한다. 전류리는 한때 배 21척에 어부 100여 명이 조업을 하는 어촌이었지만, 지금은 배 5척에 어부 20여 명만 남았다.

철조망에
가로막힌
포구

전류리포구는 생각보다 을씨년스럽고 신산했다. 철조망 탓일까? 허름한 작업장 같은 식당에 딸린 수족관에 귀한 황복이 있고 옆에는 웅어가 누워 손님을 기다리고 있었다. 강과 마주한 도로를 따라 철조망이 가로막혀 있었다. 강변에 배 2~3척이 정박해 있었다. 포구로 가는 지름길 입구는 철문으로 굳게 닫혀 있었다. 가족 나들이객, 자전거 동호회 회원 등이 자리를 잡고 웅어를 주문한다.

한강에도 물고기를 잡는 어부들이 살고 있다. 한강 상류 양평 일대 어부들은 장어·쏘가리·자라·다슬기·붕어, 외래종으로 배스·블루길·강준치 등을 잡는다. 한강 하류 김포 전류리, 고양, 행주 등은 바닷물의 영향을 받기 때문에 웅어, 황복, 숭어, 장어, 새우, 참게 등이 잡힌다.

그런데 전류리에서는 웅어가 잡히는데 행주 쪽에서는 요즘 웅어가 잘 잡히지 않는다. 왜 그럴까 궁금했다. 답은 의외로 간단하다. 수중보水中洑 때문이다. 1988년 서울올림픽 때 북한의 간첩이 수중으로 침투해 생길 수 있는 테러를 방지하자는 차원에서 신곡 수중보를 만들었다. 결국 웅어가 오가는 물길이 끊기게 된 것이다.

그나마 열린 물길이었던 한강은 강과 바다를 완전히 단절시켰다. 물이 많이 빠지는 조금 물때는 수중보 바닥까지 드러난다. 기수역汽水域 (민물과 바닷물이 서로 섞이는 구역) 생물의 인큐베이터 구실을 했던 고양

바다와 강은 통해야 한다

144

144
145

김포시 전류리 어촌은 한강 하류에 있는
마을로 철조망 안에 배를 정박해두고
자루그물을 설치해 웅어나 황복을 잡아
포구로 운반한다.

장항습지는 버드나무가 자라면서 육상화陸上化가 빠르게 진행되고 있다. 다행인 것은 2006년 4월 이곳이 습지보호지역으로 지정되었고, 2021년 5월 람사르Ramsar 습지에 등재되었다. 2021년 6월 발목 지뢰가 발견되어 출입이 통제되었지만, 말똥게·재두루미·저어새 등 환경부가 지정한 보호 해양생물과 보호 철새가 관찰되고 있다.

영산강의 구진포나 영산포, 금강의 강경포나 성당포도 마찬가지다. 한강 행주나루가 그렇듯 말이다. 이제는 낙동강 하구 하단마을 어촌, 영산강 하구 해남군 화원이나 신안군 지도 어촌, 금강 하구 서천, 한강 하구 김포 일대에서만 드물게 잡히고 있다.

『신증동국여지승람』에는 경상도, 전라도, 충청도, 황해도, 평안도의 수십 곳에서 웅어가 특산물로 올라왔다고 기록되어 있다. 웅어를 즐겨 먹는 지역 역시 바다와 강이 만나는 고양·김포·강화 등 한강 하구 지역, 군산·서천 등 금강 하구 지역, 목포·해남·신안·무안 등 영산강 하구 지역, 밀양·창녕·진해·부산 등 낙동강 하구 지역이다. 한강을 제외하고 웅어가 즐겨 찾던 물길은 모두 막혔다.

여기에 더해 4대강 사업으로 그나마 작은 물길도 거의 작살나버렸다. 샛강마저 온전치 않다. 피해를 본 것은 사람들만이 아니다. 한강종합개발사업이 추진되기 전에는 한강 행주나루 일대의 어민들은 웅어를 잡아 아이들을 공부시켰다고 한다. 웅어 반 물 반 시절이었다. 하지만 이제는 웅어의 시절이 아니다. 웅어가 살아야 할 서식지가 훼손되어버렸는데, 맛있는 웅어만 탐하는 내 꼴을 생각하니 애처롭다.

민어

양반은 민어탕을 먹고 상놈은 개장국을 먹는다

연하고 무름한

민어를

보내시오

집밥보다 맛있는 밥이 있
으랴. 그런데 나이가 들
고 철이 들어야 집밥의
맛을 아는 것이 문제인가 보다. 추사秋史 김정희金正喜, 1786~1856가 유
배지 제주도에서 아내가 보내준 민어와 어란魚卵을 다시 보내달라고
했다. 상했다는 것이 그 이유다. 아내가 보낸 식재료가 상하기도 했겠
지만, 아마도 마음이 더 상했을 것이다. 상한 마음에 집밥보다 큰 힘이
되는 것이 어디 있겠는가? 유배지에서 하나둘 가족을 잃었다는 소식을
접하면서 상한 마음에 어머니나 아내가 해준 밥이 얼마나 그리웠겠는
가? 금수저로 태어나 민어와 어란의 맛을 알았으니 절해고도絕海孤島 제

주도에서 그 맛을 어디에서 찾는다는 말인가?

민어가 잡히지 않는 유배지 제주도에서 민어를 기다리는 추사의 심정은 오죽했을까? 큼지막한 민어가 도마 위에 누워 있는 것을 상 앞에 앉아 상상했을 그다. 추사의 입은 짧고 까다로웠다. 추사의 고향은 충남 예산이다. 『택리지擇里志』에서 이중환이 극찬을 했던 '내포內浦'가 그곳이다. 홍성·당진·서산을 포함하고 있어 땅이 기름지고, 자염煮鹽을 구울 수 있는 갯벌이 있고, 바다가 풍요로우니 산해진미가 가득한 곳이다. 맛 좋고 몸에 좋은 제철 음식만 먹고 자랐을 양반 중의 상양반이었을 추사에게 집밥이 얼마나 그리웠겠는가? 더구나 바다도 땅도 설은 제주도가 아니던가. 음식은 오죽했을까?

"민어를 연하고 무름한 것을 가려 사서 보내게 하시오. 내려온 것은 살이 썩어 먹을 길이 없더이다. 겨자는 맛난 것이 있을 것이니 넉넉하게 얻어 보내주시오."

김정희가 1841년 6월 22일에 아내에게 보낸 편지의 일부이다. 김정희는 유배 기간 중에 가족과 친척, 지인들에게 많은 편지를 보냈다. 그중 아내에게 보낸 편지에는 음식물 주문이 많았다.

민어는 농어목 민어과에 속하는 바닷물고기다. 우리나라 서해와 남해, 동중국해를 비롯해 중국 보하이만渤海灣에서 서식한다. 찬바람이 불면 제주도 남쪽에서 월동하다가 봄이 되면 서북쪽으로 올라와 7~9월에 임자도 인근 재원도와 허사도 일대에서 알을 낳는다. 임자도뿐만 아니라 굴업도와 덕적도 일대에 깊은 바다의 모래펄에 산란을 한

신안군 지도읍 송도포구와 임자면 하우리포구에는
여름철이면 민어잡이 배가 물때를 기다리며
출어 준비를 한다. 요즘은 낚시보다는
자망을 이용해서 많이 잡는다.

다. 조기와 서식 환경이 비슷하다. 이들 지역은 모두 바닥이 펄갯벌이다. 젓새우가 많이 서식하는 곳으로 민어가 좋아하는 먹이다.

수심도 깊은 곳은 100미터 내외, 얕은 곳은 40미터 정도다. 『한국수산지』에 목포 근해 태이도, 금강, 군산 근해, 압록강 입구가 주요 어장이라고 했다. 특히 신안군 태이도는 민어 파시가 섰던 임자면 하우리 앞 섬이다. 인천 굴업도와 덕적도 인근에도 민어 어장이 형성되어 파시가 열렸다.

민어는 경기도, 충청도, 전라도, 황해도, 평안도 등 서해에서 두루 잡혔다. 『자산어보』에는 "면어鮸魚라고 하고 속명은 민어民魚"라고 했다. 또 "나주의 여러 섬 북쪽에서 5~6월에는 그물로 잡고, 6~7월에는 낚시로 잡는다"고 했다. 『난호어목지』에는 "민어가 서해와 남해에서 나며 동해에 없고 조기와 비슷하나 크기가 4~5배에 이른다"고 했다. 허준許浚, 1539~1615의 『동의보감』에는 민어를 '회어鮰魚'라고 했다.

전라도에서는 민어보다 '민애'라고 해야 친숙하다. 민어는 지역에 따라 부르는 이름도 다양하다. 법성포는 홍치, 완도는 불둥거리라고 했다. 서울 상인들은 크기에 따라 민어, 상민어, 어스래기, 가리, 보굴치(보구치) 등으로 구분했다. 민어의 고장 임자도에서는 큰 놈은 '돗돔', 중간은 '민어', 작은 것은 '통치'라고 불렀다.

경남 통영이나 삼천포의 건어물 가게에서도 마른 민어를 곧잘 볼 수 있다. '수입산 아니냐'는 말을 했다가 핀잔만 당했다. 나중에 안 일이지만 겨울에 제주도와 남해 사이에서 민어가 많이 잡힌다. '월동 민어'라

양반은 민어탕을 먹고 상놈은 개장국을 먹는다

150

151

고 해야 할까? 진짜 보양식 여름 민어는 갯벌에 산란을 하기 위해 올라온 민어가 으뜸이다.

무더위가 시작될 무렵 법성포 목냉기(항월마을)에 갔다가 손가락만큼 굵은 새우를 산 채로 신주를 모시듯 가져오는 부부를 만났다. 햇볕을 가리고 상자에 얼음까지 담아서 트럭도 아니고 자동차 뒷좌석에 실었다. 이렇게 고이 모셔온 새우는 사람을 위한 것이 아니라 민어를 유인하는 잇감(미끼)이었다. 민어는 죽은 새우는 거들떠보지도 않는다는 것이다. 정말 몸값 제대로 하는 바닷물고기다.

살아서 먹지 못하면
죽어서라도
먹어야 한다

생선이 다 그렇지만 특히 민어는 큰 놈이 맛이 있다. 이왕이면 수컷이 좋다. 육질 타령을 하지만 제아무리 미각을 갖고 있는 식객이라도 암치(소금에 절여 말린 민어의 암컷)와 수치(소금에 절여 말린 민어의 수컷)의 육질을 구별하기 어렵다. 그냥 큰 민어라면 좋다. 『자산어보』에는 "큰 놈은 길이가 4~5척이다"고 했다. 또 "맛은 담담하고 달다. 생으로 먹거나 익혀 먹는 일 모두 좋지만, 말린 것이 더욱 사람을 보익補益해준다"고 했다.

몇 년 전 암태도의 한 식당에서 주인이 직접 낚시로 잡았다는 1미터 이상 되는 민어를 본 적이 있다. 수십 명이 복달임하기에 부족함이 없을 것 같았다. 꾸덕꾸덕 말린 민어를 넣고 푹 삶은 민어탕은 가족이나 벗들과 복달임으로 으뜸이다. 온 백성의 사랑을 받는 '민'자 반열에 당당히 이름을 올린 속칭 '국민 물고기'다. 『신증동국여지승람』에도 '민어民魚'라고 기록되어 있다.

민어를 좋아하는 사람들은 활어보다는 선어를 선호한다. 민어를 잡아 활어로 가져오는 것이 어려운 탓에 만들어진 음식 문화다. 민어는 큰 부레를 가지고 있다. '부욱부욱' 소리를 내는 것은 짝을 부르는 소리라고 한다. 그 부레를 이용해 바닥이나 수면 가까이 오르내린다. 산 채로 배 안 물간에 넣어두어도 뒤집어져 오래 버티지를 못한다. 그래서 잡자마자 아가미에 칼을 꽂아 피를 빼낸 다음 얼음에 묻어 보관한다. 신선도가 좋을 때 피를 빼야 선어를 내놓을 때 깨끗하고 숙성이 되어 식감도 좋다.

민어잡이 배에 있는 냉장고는 민어 숙성 창고다. 낚시나 그물로 잡은 민어는 즉시 피를 빼고 냉장고 안에 있는 얼음에 묻어둔다. 민어는 그물로 잡은 것보다 낚시로 잡은 것이 비싸다. 그물에 걸려 몸부림치며 스트레스를 받는 것보다 낚시로 바로 잡아 갈무리해 보관한 것이 육질도 쫄깃하다.

민어는 내장은 젓갈로, 알은 어란이나 찜으로, 쫄깃하고 고소한 부레는 횟감으로 사용한다. 그리고 등살, 꼬리살, 뱃살, 늑간살 등 부위별로 해체한다. 무엇보다 담백하고 고소한 뱃살과 다져서 나오는 갈빗살이 먼저 안주로 나온다. 물론 큰 민어일 때 가능하다. 이때 꼭 챙겨야 할

민어는 잡은 즉시 피를 빼서 얼음에 보관해야
한다. 깊은 바다에 서식하다 수면 위로
올라오면 수압 차이 때문에 수족관에
넣더라도 정상적인 활동이 불가능하기
때문이다.

것이 붉은 살을 살살 걷어내고 나면 남는 껍질이다. 민어 껍질은 '밥 싸 먹다 논 판다'는 말이 있을 정도로 맛이 있다. 남은 뼈는 푹푹 고아서 맑은탕을 끓인다. 홍엇국에 애(간)가 들어가지 않으면 맛이 없듯 민어 탕에도 애가 들어가야 한다. 민어는 비늘 말고 버릴 것이 하나도 없다.

여름철이 지나 잡힌 민어는 말려서 보관한다. 이렇게 말린 생선을 건정이라고 한다. 이때 염장을 잘해야 한다. 마른 민어를 찔 것인지, 구울 것인지, 국(간국)을 끓일 것인지에 따라 소금의 양이 다르다. 일반 건정을 만들 때는 등을 따지만, 제사상에 올릴 민어는 배를 따서 말린다. 바싹 말린 민어를 요리할 때는 물에 불리고, 반건조 민어는 그냥 찐다. 여름철 산란 직전에 잡은 민어(암치)가 귀한 대접을 받았다. 혼례상, 잔칫상, 제사상에 두루 오른 생선이 민어였다.

고려시대의 중국 교역품인 합죽선合竹扇인 '고려선高麗扇'을 만들 때 민어의 부레로 만든 풀을 사용했다. 접착력이 뛰어나 1,000년이 지나도 떨어지지 않는다고 한다. 그래서 '옻칠 간 데 민어 부레 간다'고 했다. 〈강강술래〉에 '이 풀 저 풀 다 둘러도 민애 풀 따로 없네'라는 매김소리도 있다. 부레의 교질 단백질인 '젤라틴' 성분은 끈끈하다. 이를 끓이면 강력 접착제가 따로 없다. 소반을 만들 때도 민어 부레를 사용했다. 그래서 '민어가 천 냥이면 부레가 구백 냥'이라고 했다. 이래저래 민어의 인기는 하늘을 찔렀다. 지금도 여름철이면 민어의 인기가 식을 줄 모른다.

여름 보양식으로 일품은 민어탕이요, 이품은 도미탕이요, 삼품은 개장국이라는 말이 있다. 삼복더위에 양반은 민어탕을 먹고 상놈은 개장국을 먹었다던가. 정조의 어머니 혜경궁 홍씨의 회갑연에 올랐던 생선이 민어자반이다. 숙종이 80세 생일을 맞은 우암尤庵 송시열宋時烈, 1607~1689에게 하사한 것도 민어 20마리였다. 민어는 백성들이 먹을 수 있는 생선이 아니었다. 그래서 살아서 먹지 못하면 죽어서라도 먹어야 한다는 것이 민어 복달임이었다.

백성들이
쉽게 먹을 수 없는
'국민 물고기'

물때도 물때지만 태풍까지 오락가락하면서 조업이 어려워져 신안군 송도 위판장의 민어 값이 천정부지다. 큰 것은 한 마리에 도맷값이 40~50만 원에 이른다. 같은 무게의 흑산도 참홍어 값에 비해도 부족함이 없다. 일제강점기에도 민어 값은 싸지 않았다. 당시 한국인들이 사시사철 즐겨 먹었던 조기가 10마리에 20전이었다. 그런데 민어가 한 마리에 20전이었다. 이름과 달리 백성들이 쉽게 먹을 수 없었던 음식임이 틀림없다. 일제강점기 민어가 많이 잡혔던 어장으로는 신안군 임자도 어장과 옹진군 굴업도 어장을 꼽는다. 굴업도는 일찍 민어가 사라졌지만, 임자도는 지금도 주민들의 민어잡이가 이어지고 있다.

임자면 하우리에서 작은 배를 타고 태의도로 향했다. 주민들이 '타리섬'이라고 부르는 곳이다. 특히 '뭍타리'는 우리나라에 가장 긴 해수욕

임자도 남쪽 하우리에 속했던 타리섬은
섬타리(왼쪽)와 뭍타리(오른쪽)로 나누어져 있다.
한때 섬타리에는 8가구가 살고 초등학교
분교가 있었지만, 지금은 무인도로 바뀌었다.

장으로 알려진 임자도의 대광해수욕장과 이어진다. 타리섬은 섬타리와 물타리로 나누어져 있다. 모두 임자도 남쪽 하우리에 속했던 섬이다. 한때 섬타리에는 8가구가 살았고, 초등학교 분교가 있었다. 그리고 물타리에도 1가구가 살았다. 마지막까지 섬타리를 지키던 주민이 하우리로 이사를 하면서 무인도로 바뀌었다. 섬타리에서 민어를 염장했다는 '간독(물고기를 염장해 보관하는 창고)'은 찾지 못했지만 부서진 흔적은 확인할 수 있었다. 최근까지 어장을 하는 주민이 머물렀던 흔적으로 임시 건물과 우물이 남아 있었다.

물타리섬은 임자도 하우리 '아래섬이'와 연결되었다. 아래섬이도 대광해수욕장과 연결되어 있다. 하우리에는 선창이 있는 독우와 물타리와 연결된 아래섬이라는 마을이 있다. 지금도 10여 가구가 살고 있다. 이곳은 바닷물이 빠지면 너른 바다의 모래밭이 모습을 드러냈고, 걸어서 섬타리를 오갈 정도였다고 한다. 지금은 돌로 방조제를 쌓았지만 당시에는 솔밭과 모래밭, 섬타리로 이어지는 해안이 있었다. 민어잡이 철이면 물이 들지 않는 모래밭에 음식점, 요릿집, 선구점船具店(배에서 쓰는 노, 닻, 키 따위의 기구를 파는 가게), 병원, 이발소, 세탁소, 잡화상 등 100여 개의 임시 점포가 만들어졌다.

일본인이 운영하는 요릿집 4곳, 잡화상 8곳 등 16곳이 있었고 주재소駐在所도 생겨났다. 요릿집에는 조선인과 일본인 기생이 130여 명에 이르렀다. 남사당패들이 난장을 펼치기도 했다. 임자도는 민어 파시로 널리 알려진 곳이다. 하지만 옹진군 굴업도 주변이 민어 파시가 형성되었다는 사실은 잘 모른다. 이곳에서 잡은 민어는 얼음에 보관되어 일본인이 운영하는 운반선으로 일본과 조선의 각처로 보내졌다.

굴업도
민어 파시의
비극

옹진군 굴업도 주변 바다는 수심이 깊고 모래밭이 펼쳐져 있다. 신안군 임자도 주변과 비슷하다. '부욱부욱' 울어대는 민어 소리가 물 밖으로 들릴 정도였다. 1920년대 초반까지 굴업도는 무인도였다. 그러나 민어와 새우 어장이 형성되면서 어선들이 모여들었다. 당시 신문을 보면 어부들이 1,000여 명, 어부들을 상대로 하는 음식점과 잡화점 등에 4,000~5,000여 명이 모여들었다. 사람이 많이 모여들자 인천에서 경관警官 주재소를 설치하고 의사도 파견했다.

굴업도는 두 개의 섬이 모래언덕으로 연결되어 하나의 섬이 되었다. 서섬은 캠핑족들이 즐겨 찾는 개머리언덕과 마을이 있고, 동섬은 연평산과 덕물산이 좌우에 있다. 동섬으로 가는 모래언덕에는 전봇대, 기둥, 건물 등 사람이 살았던 흔적이 곳곳에 남아 있다. 바닷가에 그물을 놓았던 닻들도 흩어져 있다. 10여 가구의 20여 명이 사는 섬에 한 해에 들어오는 사람이 1만여 명에 이른다.

1923년 8월 엄청난 폭풍우와 해일이 굴업도 인근 바다를 덮쳤다. 당시 모래언덕에는 130여 채의 집이 있었고, 바다에 200여 척의 배가 머

굴업도는 1920년대 초반까지 무인도였지만,
민어와 새우 어장이 형성되면서 어선들이
모여들었다. 한때 4,000~5,000여 명이
살기도 했다. 파시가 형성되었던 옹진군
굴업도 모래밭.

물고 있었다. 그런데 모두 수마水魔가 집어삼켰다. 아비규환이 따로 없었다. 인명 피해만 1,157명이었다. 이곳은 1920년대 여름이면 1,000여 척의 배가 모여들어 민어를 잡던 황금 어장이었다. 선원과 상인, 잡화상이 모여들어 2,000여 명이 북적댔다. 당시 『동아일보』 (1923년 8월 16일) 기사는 "어기漁期 중의 굴업도 전멸, 선박 파괴 200여 척, 바람에 날린 가옥이 130호, 산 같은 격랑 중 행위 불명이 2,000여 명"이라며 끔찍했던 내용을 전했다.

당시 굴업도는 민어가 많이 나는 곳으로, 300여 척 중에 200여 척의 배가 변을 당했다. 배 1척에 5~6명이 탔으니 행방불명된 어부가 1,000명이 넘었다. 섬 안 선창에 있던 배 100여 척도 파손되었다. 굴업도에 민어 어장이 형성되면서 동섬 모래언덕에 임시 가옥이 마련되었다. 조선인의 집 120호, 일본인의 집 6호, 중국인의 집 2호가 수마로 자취도 없이 사라졌다. 게다가 전신전화망도 없어 이틀이 지난 후 인천에 보고될 정도였다.

굴업도에 민어 파시가 형성될 수 있었던 비밀은 모래와 새우였다. 굴업도 남쪽으로 울도 인근 어장에서 젓새우가 많이 잡혔다. 1960년대 민어 어장은 사라졌다. 그리고 10여 가구가 모래땅에 땅콩을 심어 생활하고 있었다. 바다가 무너진 뒤인 1990년대에는 섬을 핵폐기장으로 사용하려고도 했다. 또 한 기업은 땅을 대부분 사들여 대규모 골프장을 지으려고 했다. 인천에 섬을 사랑하는 사람들이 나서면서 우여곡절 끝에 섬 개발은 수면 아래로 가라앉았다. 최근에는 백패킹back-

굴업도에 민어 파시가 형성될 수 있었던
비밀은 모래와 새우였다. 그러나 1960년대에
민어 어장은 사라졌다. 민어회와 민어 껍질.

packing을 즐기는 사람들에게 성지로 꼽히고 있다.

광복 후 임자도에서 민어를 가져가던 일본인들도 사라졌다. 그 후 민어도 조금씩 사라지기 시작했다. 하우리와 섬타리에 가득했던 사막 같은 모래를 유리회사에서 가져가면서 사라졌다. 임자도뿐만 아니라 굴업도를 비롯한 옹진군의 섬과 태안군의 모래 해안, 서·남해안의 모래언덕들이 팔리거나 파괴되었다. 서·남해안에서는 임자도의 타리섬뿐만 아니라 신안군 자은도의 사월포, 비금도의 원평, 무안군의 조금나루가 그렇다.

모두 민어나 조기 등 회유성 어류들의 산란장이자 서식지였다. 한편으로 어류의 남획을, 한편으로 서식지의 파괴라는 폭력을 휘둘렀으니 그 대가를 인간은 밥상에서 톡톡히 치르고 있다. 그런데 그 폭력을 우리 세대가 되풀이하고 있는 것은 아닌지 되돌아봐야 할 때다. 바다는 인간의 고향이면서 바닷물고기의 최후의 보루라는 것도 되새겨야 한다.

홍어
찰진 맛과 삭힌 맛의 비밀

암컷은 식탐 때문에 죽었고,
수컷은 색욕 때문에 죽었다

배에서 막 내린 여행객들이 비틀거린다. 배를 타다 뭍에 내리면 땅이 흔들리는 느낌이다. 이런 멀미를 '간멀미'라고 한다. 이 멀미를 딱 잡아주는 것이 바로 홍어다. 특히 제대로 삭힌 홍어 아가미 한 점이면 배멀미든 간멀미든 뚝 떨어진다고 한다. 목포에서 흑산도로 가는 배를 같이 타고 온 주민에게서 들은 이야기다. 그 주민은 흑산도항 할매집으로 들어갔다. 걸쭉한 막걸리 생각이 났던 것이다.

찬바람이 불면 홍어는 흑산도 태도 서남쪽 바다로 온다. 산란을 위해서다. 이때 잡은 홍어가 찰지고 부드럽고 맛이 좋아 으뜸으로 쳤다. 홍어는 살은 말할 것도 없고, 뼈부터 내장까지 버릴 것이 하나도 없다.

이렇게 알뜰한 생선이 또 있을까?

홍어는 홍어목 가오릿과에 속하는 바닷물고기로, 수심이 깊은 저층底層에서 생활한다. 모양은 마름모꼴로 가오리보다 더 각져 있다. 봄에 산란을 하며 서·남해 바다와 서해 5도의 수심 80미터 내외의 깊은 곳에 산다. 가장 많이 헷갈리는 가오리와 홍어는 주둥이의 모양으로 구분한다. 가오릿과에 속하는 어종으로 가오리, 간재미, 참홍어 등이 있다. 흑산도 홍어는 참홍어로 코(주둥이)가 튀어나와 뾰족하고 몸은 마름모꼴이지만, 가오리는 주둥이가 둥글다.

『자산어보』에는 홍어를 "분어鱝魚라고 하고 속명은 홍어洪魚"라고 했다. 또 분어를 분어(참홍어) 외에 소분小鱝(참홍어 새끼 또는 간재미), 수분瘦鱝(간재미), 청분靑鱝(색가오리), 흑분黑鱝(흑가오리), 황분黃鱝(노랑가오리), 나분螺鱝(쥐가오리), 응분鷹鱝(매가오리)으로 구분했다. 홍어의 본고장 흑산도에서는 '홍애'라는 말을 사용한다. 『전어지』에는 홍어는 '무럼'이라고 하고, 가오리는 '해요어海鷂魚'라고 했다. 또 조선시대의 이익李瀷, 1681~1763이 지은 『성호사설星湖僿說』에는 분어를 '가올어加兀魚(가오리)'라고 하기도 했다.

'따뜻하면 굴비 생각, 찬바람 나면 홍애 생각'이라는 말이 있다. 겨울철 동해 깊은 바다에서 잡는 것이 대게라면 서해에서는 홍어다. 장옥관 시인은 「흑산도집」이라는 시에서 "홍어회는 흑산도산産이 제격, 얼치기 홍어회에 속아 본 사람들은 모두 흑산도집을 찾는다"고 했다. 하늬바람이 불면 홍어가 흑산도 바다를 찾는다. 산란하기 최적지인 까닭

홍어는 수컷(왼쪽)보다 암컷(오른쪽)이 더 맛이
좋아 비싸다. 수컷은 꼬리와 두 개의 음경이
있고, 암컷은 꼬리만 있다. 상인들은 종종
수컷의 음경을 잘라내서 암컷으로 팔기도 한다.

이다. 늦가을부터 초봄까지 산란을 하지만, 특히 11~12월에 최고조에 달한다. 한번에 4~5개의 알을 낳으며, 수명은 5~6년이다.

『자산어보』에는 홍어의 생태적 특징을 자세하게 설명해놓았다. 홍어 잡이는 "동지 뒤에야 분어를 비로소 잡기 시작한다. 입춘 전후가 되어 살지고 커져서 맛이 좋다가, 3~4월이 되면 몸통이 야위어져서 맛이 떨어진다"고 했다. 또 수컷은 "날개 양쪽에는 잔가시들이 있는데, 암컷과 교미할 때는 날개에 있는 가시들로 암컷을 움직이지 못하게 잡고 짝짓기를 한다. 더러는 암컷이 낚시를 물고서 엎드려 있으면 수컷이 암컷에게 다가가 교미한다. 이때 낚시를 들어 올리면 수컷도 함께 따라 올라온다"고 했다. 그래서 "암컷은 식탐 때문에 죽었고 수컷은 색욕色慾 때문에 죽었으니, 색욕을 탐하는 자의 경계로 삼을 만하다"고 적었다.

홍어는 수컷보다는 암컷이 대우를 받는다. 흑산도 홍어 위판장에는 보란 듯이 뒤집어 암컷과 수컷의 음경을 내놓고 경매를 한다. 홍어가 귀할 때는 8킬로그램에 최상품 암컷은 100만 원이 훌쩍 넘었다. 지금은 어획량이 늘어 50~60만 원에 거래된다. 암수 구별은 생각보다 쉽다. 수컷은 꼬리 양쪽에 두 개의 생식기가 있지만 암컷은 없다. 그래서 값도 나가지 않는 것을 두 개나 달고 있으니 입살에 오르기 딱 좋아 '만만한 게 홍어 거시기'라고 했다. 홍어가 비쌀 때는 종종 수컷의 음경을 싹둑 잘라 암컷으로 둔갑해 팔기도 했다.

걸낚으로

잡는

홍어

홍어는 걸낚을 이용해서 잡는다. 걸낚은 미끼를 끼우지 않은 여러 개의 낚시를 줄에 매달아 홍어가 다니는 바닷속 바닥에 놓아 걸리게 해서 잡는 어구다. 낚시 모양이 각진 7자 모양이며 특이하게 미늘이 없다. 한 가닥의 기다란 줄에 일정한 간격으로 낚시를 단 가짓줄을 매달아 물고기를 잡는 것을 '연승 어업'이라고 한다. 걸낚도 연승 어업의 일종이다.

처음에는 노래미, 볼락, 황석어 등을 미끼로 사용하는 일반 연승 어업과 같았다. 1970년대 중반 이후 대청도 어민들이 걸낚이라는 어구를 가지고 흑산도로 들어와 홍어잡이를 시작하면서 보급된 것이다. 걸낚은 북한에서 노랑가오리를 잡는 어구였다고 한다. 이 어구를 대청도 사람들이 홍어를 잡는 도구로 사용해 재미를 보면서 옹진군과 인천 지역에 확산되었다.

홍어잡이 어법이 개선되면서 어장 확대가 불가피했지만, 군사분계선이 있어 마음대로 홍어잡이를 할 수 없었다. 자연스럽게 홍어가 많이 잡히는 흑산도로 걸낚을 가지고 진출한 것이다. 이를 계기로 흑산도의 홍어잡이도 미끼를 이용한 주낙에서 미끼가 없는 걸낚으로 바뀐 것이다.

참홍어는 전남 못지않게 인천에서도 많이 어획되고 있다. 참홍어는 겨울과 봄에 흑산도 서북쪽에서 서식하다가 수온이 올라가면 북쪽으

홍어잡이가 끝나면 헝클어진 걸낚 고리를
마을 주민들이 모여 하나씩 추려서 조업을
준비한다. 흑산도 홍도나 다물도에서는 이 일로
용돈을 버는 노인이 많다.

로 이동해 서해 5도에서 서식한다. 『신증동국여지승람』에는 경기도, 충청도, 경상도, 전라도, 황해도, 함경도, 평안도의 여러 지역에서 홍어가 잡혔다고 기록되어 있다.

오래전 대청도에 갔다가 옥죽동에서 숙박을 하고, 새벽 일찍 일어나 마을을 돌아보다 어구를 손질하는 노인을 만났다. 아주 낯익은 낚싯바늘을 보고 깜짝 놀랐다. 홍어 걸낚이었다. 대청도에서 홍어 걸낚을 볼 줄은 몰랐다. 나중에 흑산도에 걸낚 기술을 전해준 곳이 인천이라는 것을 알았다. 대청도에 홍어잡이 배가 많을 때는 80여 척에 이르렀지만, 지금은 10척에도 이르지 못한다.

서해 5도에서 잡히는 홍어 중 상당량이 목포에서 소비된다. 값도 후하게 쳐주고 소비도 잘되기 때문이다. 이렇게 다른 지역에서 잡힌 홍어가 흑산도산으로 둔갑하자 급기야 진짜 흑산도산을 구별하기 위해 '바코드'를 도입했다. 바코드에는 조업 선박, 날짜, 크기(무게) 등이 기록되어 있다.

홍어
어획량이
감소하다

홍어를 잡는 걸낚의 규모는 '고리(광주리)'라는 단위로 헤아린다. 80여 미터의 줄에 미늘이 없는 낚시를 15센티미터 간격으로 450개를 매단 것을 '1고리'라고 하며, 20고리를 연결한 것을 '1조'라고 한다. 1조의 길이는 1,600미터에 이른다. 1조에는 5개 정도 닻을 놓고 양쪽에 부표를 달아 표식을 한다. 그리고 저층에서 활동하는 홍어를 잡기 위해 주먹만 한 돌을 줄에 묶어 바다에 깔아 놓는다. 홍어가 지나가다 걸리면 옆에 있는 낚시에도 엉켜 잡힌다.

보통 한 곳에 10조 정도 넣어두고, 4~5곳에 투승投縄을 하기 때문에 한 번 조업을 나가면 수백 고리를 가지고 나간다. 투척한 후 5~7일 사이에 건져낸다. 홍어는 저층에서 생활하기 때문에 어군탐지기로 식별할 수 없다. 오직 홍어잡이 어선의 경험과 감각에 의존한다. 많은 걸낚을 바다에 넣는 것도 이런 이유 때문이다. 미끼를 넣을 수도 없고, 그 많은 양을 감당하기도 어렵다. 옛날에는 다물도, 태도, 흑산도 주변에 노를 젓는 작은 배를 이용해 미끼를 넣은 주낙으로 잡아도 충분할 만큼 홍어가 많았다. 기계배가 생기기 전 이야기다.

홍어는 상어와 함께 일찍부터 흑산도 어민들의 소득원이었다. 한때 흑산도 본섬은 물론 다물도, 홍도, 장도 등 주변 섬의 수백 척 무동력선이 홍어를 잡았다. 그러나 홍어 자원이 고갈되어 어획량이 급감하고 출어 비용도 건지기 어려워 홍어잡이가 중단될 위기에 처한 적이 있었다. 결국 1997년에는 흑산도 홍어잡이 배가 1척으로 줄어들었다. 그래서 홍어 어족 자원을 보전하기 위해 총허용어획량 제도를 실시했다. 배의 규모 등을 고려해 매년 일정한 총어획량을 정해준 것이다.

신안군에서는 조업 비용을 지원하는 방안을 내놓았다. 그 결과 홍어 어획량이 크게 늘었고, 조업하는 선박도 늘었다. 1999년에 2척으로 늘

홍어는 흑산도 어민들의 소득원이었지만,
지금은 어획량이 급감해 줄어 비용도 건지기
힘들어졌다. 2007년 제1회 흑산도 홍어 축제 모습.

어났고, 2000년에 4척, 2001년에 5척으로 늘어났다. 홍어 어획량이 늘어나면서 2007년부터 9척이 홍어잡이를 했지만, 10여 년 만에 다시 1척(2019년)과 4척(2020년)으로 줄더니, 홍어 자원이 회복되면서 16척(2021년)으로 늘어났다.

홍어 어획량 증가로 가장 좋아해야 할 사람들인 흑산도 선주들의 반응은 기대와 달리 오히려 불만이 많다. 이들은 총허용어획량 제도가 오히려 홍어 가격 하락의 주범이라고 한다. 이 제도가 홍어의 주산지인 전남과 인천에는 적용되지만, 경기·충남·전북 등 다른 지역에는 적용되지 않는다. 또 근해 연승 어업이나 연안 복합어업에 한정하고 있어 자망·안강망·저인망에는 적용되지 않는다.

따라서 여기에 적용되지 않는 허가 어업이나 어법은 홍어 금어기로 설정된 6월 1일부터 7월 15일까지도 조업을 하고 있어 가격이 하락한다고 주장한다. 즉, 총허용어획량 제도로 흑산도 어민들은 크기, 어획량, 기간 등의 규제를 받지만 다른 지역에서는 홍어를 자유롭게 잡고 있어 가격이 떨어지고 있다는 것이다. 그래서 늘어났던 홍어잡이 어선이 다시 줄어든 것이다. 신안군은 홍어잡이 어업을 국가중요어업유산으로 등재하기 위해 노력했는데, 2021년 9월 제11호로 지정되었다(제1호 제주 해녀 어업, 제2호 보성 뻘배 어업, 제3호 남해 죽방렴 어업, 제4호 신안 갯벌 천일염업, 제5호 완도 지주식 김 양식업, 제6호 무안·신안 갯벌낙지 맨손 어업, 제7호 하동·광양 재첩잡이 손틀 어업, 제8호 통영·거제 견내량 돌미역 채취 어업, 제9호 울진·울릉 돌미역 떼배 채취 어업, 제10호 부안 곰소 천일염업).

명주옷 입고도

홍어 칸에

들어가 앉는다

깊은 바다에서 적응해 살기 위한 홍어의 생존법을 남도 사람들은 음식 문화로 승화시켰다. 모든 생물은 현미경으로 살펴야 볼 수 있는 작은 세포로 구성되어 있다. 인간은 60조 개의 세포로 이루어져 있다. 이 세포와 세포 사이에는 세포막이 있다. 세포막을 통해 물은 염분 농도가 낮은 곳에서 높은 곳으로 이동한다. 홍어는 자신의 몸에 염도를 높이는 생존 전략을 택했다. 수심 80미터에서 살아남기 위한 적응이다. 싱싱한 홍어에 톡 쏘는 맛이 없는 것은 요소가 아직 암모니아로 바뀌지 않았기 때문이다. 썩었다는 것은 홍어 몸속의 요소가 암모니아로 분해되는 현상이다. 맛있는 홍어를 앞에 두고 할 이야기는 아니지만, 화장실에서 비슷한 냄새를 경험할 수 있는 것도 같은 이유다.

흑산도에서는 막 잡아서 경매로 받아온 홍어를 손질해 썰어 놓는다. 정말 홍어회가 맑은 선홍빛이다. 어떤 바닷물고기의 속살이 이렇게 아름다울 수 있을까? 은근히 유혹하는 색감 못지않게 맛도 독특하다. 삭힌 홍어 맛은 코를 뻥 뚫리게 하는 강한 암모니아, 심하면 재채기를 하고 입천장을 벗겨낸다. 싱싱한 홍어의 찰지면서 입에 착 감기는 맛은 상상하지 못했을 것이다. 씹으면 입안에서 양이 2배로 늘어나는 독특한 식감을 직접 경험해보지 않으며 상상하기 어렵다.

흑산도 홍어잡이는 예리마을이 아닌 다물도나 심리마을이나 사리마

1796년(정조 20, 병진년) 3월 초 8일, 정조가
퇴임한 좌의정 채제공蔡濟恭에게 대홍어 한
마리를 하사했다는 사실이 기록되어 있는
은사문恩賜文이다. 정조가 신하에게 홍어를
하사했다는 것은 상당히 흥미롭다.
(국립고궁박물관 소장)

을 주민들이 중심이었다. 당시에는 홍어를 잡으면 잡는 대로 어창에 넣어두었다가 가득 차면 영산포나 함평으로 팔러 나갔다. 홍어 맛을 아는 사람들은 어창에서 새어나오는 홍어 썩는 냄새만 맡고도 환장을 했다. 오죽했으면 '명주옷 입고도 홍어 칸에 들어가 앉는다'고 했겠는가? 1번 국도와 호남선 철도가 만들어지기 전까지는 영산포가 흑산도의 섬과 뭍을 연결하는 중심 포구였다. 그 중심 포구가 목포로 옮겨진 것은 일제강점기 이후다. 홍어가 많이 서식하는 흑산도 태도 서쪽바다(어민들은 '서바닥'이라고 한다)에서 잡힌 홍어가 영산포에 다다르면 독안에서 썩어 자연 발효가 되어 만들어진 음식 문화였다.

'삭힌 것으로 드릴까요, 회로 드릴까요?' 홍어를 달라고 하면, 주인이 되묻는다. 삭힌 것을 달라고 하면, 다시 많이 삭힌 것과 중간 삭힌 것, 조금 삭힌 것 등 삭힌 정도를 묻는다. 삭힌 홍어에 익숙한 여행객들의 입맛을 고려해서 준비한 것이다. 흑산도 사람들은 삭힌 것을 거의 먹지 않는다. 회로 먹어도 부족할 판인데 왜 삭혀서 먹느냐고 한다. 정약전은 『자산어보』에서 "나주羅州와 가까운 고을 사람들은 삭힌 홍어를 즐겨 먹으니, 보통 사람들과는 기호가 같지 않다"고 했다. 지금도 나주 영산포의 '홍어거리'에 들어서면 삭힌 홍어 냄새가 진동한다.

목포의 한 홍어 전문집에 홍어를 맛있게 먹는 법이라고 적어놓은 글이 흥미롭다. 홍어를 씹으면서 입을 살짝 벌리고 공기를 깊이 들이마신 다음 코로 숨을 내쉰다. 입안에서 홍어를 탁주와 희석하면서 코로 숨을 내쉰다. '홍탁'의 맛이다. 전라도에서 홍탁은 삭힌 홍어에 탁주 한

사발을 마시는 것을 말한다. 막걸리 뒷맛에 따라오는 홍어 맛은 더욱 알싸하고 이어지는 막걸리 맛은 달달하다.

검게 타버린
흑산도 어머니들의
애간장

전라도에서 홍어는 잔칫 상뿐만 아니라 장례식에 도 필수로 준비하는 음식

이다. 사람이 모인 곳이면 으레 제일 먼저 찾는 것이 홍어였다. 값비싼 홍어를 대사大事에 어울리게 준비하다 보면 기둥뿌리가 남아나지 않았다. 오죽했으면 1970년대 가정의례준칙을 제정했을 때 허례허식 금지의 첫 번째 음식이 홍어였을까? 그러나 제도와 법으로 막을 수 없는 것이 음식 문화다. 그래서 대사를 앞두고 홍어부터 구했다.

전라도 음식으로 주목을 받았던 홍어지만, 어획량이 감소하면서 일상으로 먹는 음식이 아니라 특별한 날 먹는 고가의 음식으로 바뀌었다. 그 특별한 날이 결혼식과 장례식이다. 그리고 흑산도 홍어 대신에 1990년대부터 본격적으로 중국, 아르헨티나, 칠레, 러시아, 우루과이 등 여러 나라에서 수입되었다. 이 무렵 흑산도 홍어는 전라도 음식이 아니라 전국 음식으로 부상했다. 당시 전남 신안군이 고향인 김대중 전 대통령의 영향도 있었지만, 지방자치제도의 등장과 함께 지역의 상품이 브랜드화되기 시작한 것과도 무관하지 않다.

알싸하고 톡 쏘며, 눈물과 재채기까지 동반해야 겨우 한 점을 넘길

수 있다는 삭힌 홍어 맛에는 검게 타버린 흑산도 어머니들의 애간장도 녹아 있다. 흑산도에서 잡은 홍어는 독에 넣고 풍선배(돛을 달아 바람을 이용하거나 노를 저어 이동하는 무동력선)로 영산강을 거슬러 영산포까지 올라와 팔아서 생필품을 구입했다. 정약전이 그 바다를 건너 흑산도 유배지로 들어오면서 살아서 돌아갈 수 없을 것을 예상했던 거칠고 검푸른 바다다. 얼마나 많은 사람의 목숨을 거두어 갔겠는가? 홍어잡이도 힘들었지만 영산포까지 홍어를 팔러간 남편을 기다리는 아내의 마음은 오죽했을까?

흑산도 사람들이 쌀과 소금과 옷 등 생필품을 구할 수 있었던 맛이다. 검은 바다에 기대어 살던 섬사람들의 제삿날이 유독 겨울에 많은 것도 이와 무관치 않을 것이다. 삭힌 홍어의 '남도의 맛'이 이렇게 만들어졌다. 그 맛이 영산포 홍어 맛이다. 영산포에서는 1년이면 1,500여 톤의 홍어가 거래된다. 칠레나 아르헨티나에서 수입된 홍어가 영산포에서 숙성을 거쳐 만들어지는 것이 삭힌 홍어다.

수입 홍어를 맛있는 국산급 홍어로 바꾸는 숙성 기술은 영산포에서 완성된 홍어 맛이다. 정약전이 『자산어보』에서 말한 "나주와 가까운 고을 사람들은 삭힌 홍어를 즐겨 먹"은 이유가 있었다. 그 나주 사람들은 흑산군도黑山群島에 속한 영산도永山島 사람들이 조선시대의 공도정책空島政策(섬을 비워서 변방 주민을 보호하는 정책)으로 나주로 이주한 사람들이다. 이들이 흑산도에서 잡은 홍어를 독 안에 넣어 가지고 오가면서 삭힌 영산포의 홍어 맛이 만들어진 것이다. 그 맛이 전승되어 영산포

사람이 모인 곳이면 제일 먼저 찾는 것이
홍어였지만, 홍어는 값이 비쌌다. 오죽했으면
1970년대 허례허식 금지의 첫 번째 음식이 홍어였을까?
위쪽 왼쪽부터 홍어의 코, 애, 볼살이고, 아래는 홍어의
날개살과 몸통살이다.

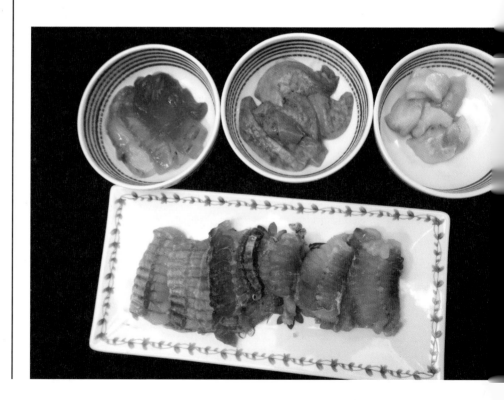

음식이 되었고, 수입 홍어마저 그 삭힌 기술을 접목해 토속 음식으로 자리를 잡은 것이다.

큰일을 치를 때 내놓는 제주도의 몸국과 같은 것이 전라도의 홍엇국이다. 홍어 애와 뼈를 넣고 끓인 탕은 추위에 떨던 사람들의 속을 풀어주고 온 몸에 생기를 불어 넣어준다. 홍엇국은 잔칫집에 제격이다. 짭짤하니 다른 반찬이 필요 없다. 잘 익은 김치를 썰어 얹어 먹는 홍엇국은 달고 시원하다. 귀한 흑산도 홍어로 배를 채우기 어려웠으니 김치와 돼지고기를 올려 만들어낸 음식이 '홍어삼합'일 것이다. 한겨울에는 홍어 내장을 넣어 끓인 보릿국을 세 번만 먹으면 더위를 먹지 않는다고 했다. 추운 겨울에 염분을 충분히 섭취했으니 더위를 잘 이길 수밖에 없는 것이다.

그다음으로 즐겨 먹는 것이 홍어찜이다. 그렇지만 홍어 본래의 맛을 즐기는 사람들에게 홍어찜은 싱싱한 회를 익혀 먹는 꼴과 같다. 탕, 전, 조림 등도 마찬가지다. 남도 사람들은 잔칫집 주인이 내놓는 홍어를 보고 상차림을 평한다. 소를 잡고 돼지를 잡아도 홍어를 잘 삭혀 내놓지 않으면 좋은 평을 받기 어렵다. 찬바람이 분다. 걸쭉한 흑산도 막걸리에 찰진 홍어를 썰어 팔던 예리 선창의 막걸릿집이 그립다.

숭어

바다를 건너온 봄의 전령

숭어가

눈을

부릅뜨다

숭어를 맑은탕으로 끓여
내는 집은 더는 물어볼
것도 없다. 연안이 깨끗
하지 않으면 숭어 맑은탕은 불가능하기 때문이다. 개흙을 먹고 자라는
숭어의 습성을 생각하면, 숭어 맛은 곧 펄 맛인 탓이다. 숭어를 매운탕
으로 먹어야 한다고 권하는 이유가 있다. 그만큼 숭어는 탕으로 끓이
기 힘들다.

큼직한 숭어로 푹 끓여낸 맑은탕은 대구탕 못지않다. 전남 무안군
도리포의 한 식당에서 쫄깃하고 탱탱한 숭어회를 먹고 나자 맑은탕을
끓여내왔다. 그만큼 자신이 있다는 말이다. 주인은 "이곳이 정부가 보

바다를 건너온 봄의 전령

중하는 갯벌습지보호지역 1호 아닙니까?"라며 숭어가 먹는 펄도 황토 갯벌이라고 너스레를 떨었다.

숭어는 숭어목 숭엇과에 속하는 바닷물고기로, 온대와 열대 해역에 70여 종이 서식한다. 우리나라에는 숭엇과에 숭어, 가숭어, 등줄숭어가 서식한다. 우리나라 모든 연안에 서식하지만, 가숭어는 서해에 많으며 양식을 하기도 한다. 숭어는 정치망, 자망, 뜰채, 후릿그물, 홀치기낚시, 육소장망六艘張網(배 6척으로 진을 치듯 타원형으로 넓은 그물을 펼쳐놓고 잡는 전통 어법으로, 그물을 숭어가 지나가는 길 아래에 펼쳐놓았다가 들어 올려 잡는다), 건간망建干網(바닷가에 말뚝을 박고 둘러치는 그물. 물고기가 밀물 때 그 속으로 들어갔다가 썰물 때 걸려 잡힌다)까지 다양한 어법으로 잡는다. 그리고 횟감이나 말려서 찜으로 많이 이용한다. 추운 겨울에는 깊은 바다로 내려갔다가 봄이 되면 떼를 지어 강 하구나 연안으로 몰려와 산란을 한다. 개흙을 긁어 새우나 갯지렁이 등을 먹는다. 봄이면 알에서 깨어난 어린 숭어(몽어)들이 강어귀에서 무리 지어 오가는 것을 볼 수 있다.

숭어는 '출세어出世魚'다. 자라면서 그 크기에 따라 다양한 이름이 붙여진다. 이는 '성장과 함께 출세하는 것처럼 명칭이 바뀌는 물고기'를 말한다. 제일 작은 숭어 새끼를 '모치'라고 한다. 그냥 통째로 묵은 김치에 싸먹거나 구워 먹는다. 지금은 좀처럼 구경하기 힘들지만 옛날에는 포장마차에서 간혹 볼 수 있었다. 또 젓갈을 담기도 했다. 더 크면 '참동어', 조금 더 크면 '손톱배기', 4년 정도 자라면 '댕가리', 5년은 '딩

무안군 도리포에서는 숭어를 잡았더니 작아서
'너도 숭어냐?'라고 했다가 화가 난 숭어가
눈을 부릅떴다고 해서 '눈부릅떼기'라고
부른다. 무안군 건간망.

기리', 6년은 '무구럭', 7년은 자라야 '숭어'라고 했다.

또 지역에 따라 모치, 동어, 글거지, 애정이, 무근정어, 무근사슬, 미패, 미렁이, 덜미, 나무래미, 살모치, 뚝다리, 모쟁이, 모그래기, 수어 등 다양하게 불렸다. 얼마나 많은 지역에서 사랑을 받았으면 이렇게 다양한 이름이 붙었겠는가? 재미있는 이름으로 무안군 도리포에서는 큰 것은 숭어, 작은 것은 '눈부럽떼기'라고 부른다. 숭어를 잡았더니 조금 작아 '너도 숭어냐?'라고 했다가 화가 난 숭어가 눈을 부릅떴다는 것이다.

숭어 눈에는 투명한 보호막인 일종의 눈꺼풀이 있다. 이 보호막은 늦여름부터 자라 겨울이면 완전히 눈을 덮는다. 그래서 겨울에는 연안에서 숭어가 그물에 잘 걸린다. 눈꺼풀이 없고 바닷물이 맑을 때는 그물을 보고 뛰어넘는다고 한다. 겨울에 숭어가 많이 잡히는 이유이기도 하다.

여름철 숭어는
개도 쳐다보지
않는다

숭어를 이르는 말로 전라도에서는 참숭어·보리숭어·개숭어·가숭어 등이 있고, 경남이나 부산에서는 '밀치'라는 말도 사용한다. 삼면의 바다 어디에서나 잡히는 것이 숭어다. 표준명은 숭어와 가숭어, 두 종이다. 눈을 보면 확실히 구분된다. 숭어는 크고 검은 눈동자를 금테가 감싸고 있고, 가숭어는 작고 검은 눈동자 주변으로 노란 굵은 줄이 감쌌다. 모

숭어(위)는 검은 눈동자를 금테가 감싸고 있고,
가숭어(아래)는 검은 눈동자 주변으로 노란
굵은 줄이 감쌌다. 또 숭어는 머리가 크고
통통한 유선형이며, 가숭어는 머리가 납작하며
선이 살아 있는 날렵한 유선형이다.

양새는 숭어는 머리가 크고 통통한 유선형이며, 가숭어는 머리가 납작하며 선이 살아 있는 날렵한 유선형이다.

『자산어보』에는 "가숭어는 치어鯔魚(속명 수어秀魚), 숭어는 가치어假鯔魚(속명 사룽斯陵)"라고 했다. "가숭어는 몸통은 둥글고 검은색이다. 눈은 작고 누런색이며, 머리는 납작하고 배는 희다"고 했고, "숭어는 형상은 치어와 같다. 다만 머리가 치어보다 조금 크고 눈은 검고 크며, 치어보다 더욱 빠르다. 흑산에서 나는 놈은 이 종뿐이다"고 했다. 숭어와 가숭어를 두고 지금도 일반인들이 헷갈리는데, 이렇게 명확하게 구분했다는 것이 놀랍다.

갯마을마다 우리 갯벌 낙지가 제일 맛있다고 하듯이 숭어도 우리 바다 숭어가 제일 맛있다고 한다. 동해나 부산에서 잡힌 숭어는 맛이 밍밍하다고 평하고, 반대로 갯벌이 발달한 서해에서 잡힌 숭어는 '해감내'가 난다고 한다. 펄 냄새가 나서 싫다는 것이다. 그 지역 사람들에게는 익숙한 맛이며 그 맛에 고향을 찾기도 한다. 지역에 따라 가숭어를 참숭어라고 하고, 숭어를 참숭어라고 하기도 한다. '참'은 최고이자 으뜸이라는 의미다.

숭어는 늦가을에 먼 바다로 나가 산란을 하고, 가숭어는 봄철에 알을 낳는다. 그래서 가숭어는 산란 전인 겨울부터 초봄까지 맛이 좋다. 반대로 숭어는 알을 낳고 난 후인 겨울에는 맛이 없어 '개숭어'라고도 했다. 그 대신에 숭어는 왕성한 먹이 활동을 한 후 보리가 익어갈 무렵에 맛이 좋다고 해서 '보리숭어'라고도 불렀다. 그러나 여름철에는 어느 숭어나 맛이 없다. 그래서 개도 쳐다보지 않는다고 했다.

　겨울철 수족관에 있는 숭어를 살펴보면, 눈이 노란 가숭어가 대부분이다. 경남 하동에서는 가숭어를 양식할 때 녹차를 사료에 섞어 먹여 '녹차 숭어'로 유통하기도 한다. 숭어는 대부분 날씨가 추워지면 깊은 바다로 자리를 옮긴다. 변온동물이라 살만 한 곳을 찾아야 하기 때문에 수온의 변화가 적은 곳을 택한다. 가숭어는 고맙게도 자리를 지킨다. 무안이나 신안 등 수심이 얕은 연안에서 겨울철 가숭어가 잡히는 것도 이런 이유 때문이다. 가을철 연안에서 잡힌 통통한 숭어는 소금 간을 해서 햇볕에 말린다. 조리거나 쪄서 먹으면 좋다. 무안이나 신안에서는 겨울 반찬용으로 먹는다.

이승과 저승을
오가는
바닷물고기

『해동역사』를 보면, 발해에서 당나라에 사신을 파견할 때 외교 선물로 숭어를 준비했다고 한다. 또 숭어는 조선시대에 임금에게 진상했다는 이유로 숭어崇漁라고도 불렸다. 조선시대에 숭어 중에서 평양의 대동강에서 잡은 동숭어를 으뜸으로 쳤다. 『승정원일기』1886년(고종 23) 10월 22일에는 고종 때 대왕대비의 생일잔치에 동숭어회를 올렸다고 기록되어 있다. 지금도 평양을 대표하는 음식으로 냉면과 함께 대동강 숭엇국이 꼽힌다고 한다. 이뿐만 아니라 기대승奇大升, 1527~1572이 퇴

조선시대에는 평양 대동강에서 잡은 동숭어를
으뜸으로 여겼고, 고종 때 대왕대비의
생일잔치에 동숭어회를 올리기도 했다. 일본의
판화가 안도 히로시게安藤広重의
물고기 연작 중 〈숭어〉.

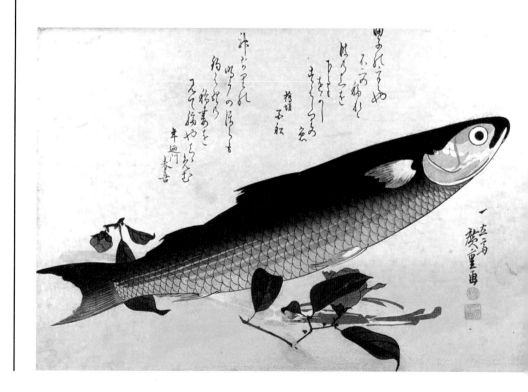

계退溪 이황李滉, 1501~1570에게 보낸 편지에도 동숭어를 선물로 보내니 기쁜 마음으로 받아 달라고 기록되어 있다.

허균이 지은 『성소부부고』의 「도문대작」에는 "수어는 서해에 모두 서식한다. 경강의 것이 가장 좋고, 나주에서 잡은 것은 지극히 크다. 평양의 것은 언 것이 좋다"고 했다. 역시 평양의 동숭어를 꼽았다. 아마도 겨울철 얼어붙은 대동강에서 잡은 숭어가 아닐까 싶다. 경강京江은 양화도 인근, 나주는 영산강을 말한다.

숭어는 강과 바다를 오가는 어류지만 바닷물고기다. 그래서 『난호어목지』에는 숭어를 민물고기로 분류하기도 했다. 한강, 금강, 영산강 등 상류까지 숭어가 올라왔던 것도 이런 숭어의 생태적 특징 때문이다. 영산강 하구댐이 만들어지기 전에는 나주 영산포 사람 중에 구진포 앙암바위까지 올라온 숭어와 장어를 잡아 생계를 잇는 사람도 있었다. 산 사람뿐만 아니라 귀신들도 숭어를 좋아하는지 제사상에 숭어가 오르기도 했다.

숭어는 민물과 바닷물을 오가는 어류다. 이를 두고 민속학에서는 이승과 저승을 오가는 영물로 여겼다. 그래서 큰 굿이나 제사에 제물로 올렸다. 서울 진오귀굿에서는 숭어가 망자를 상징하기도 했다. 숭어는 영산강이나 한강이나 낙동강이나 강어귀의 터줏대감이었다.

허준의 『동의보감』에는 "숭어는 개흙을 먹으므로 백약百藥에 어울린다"고 했다. 연안이 깨끗하고 갯벌이 오염되지 않았던 시절에 맞는 말이다. 또 『난호어목지』에는 "숭어는 성질이 진흙을 먹기를 좋아하므로

바다를 건너온 봄의 전령

숭어를 먹으면 비장脾臟에 좋다"고 기록되어 있다. 예나 지금이나 숭어는 갯벌에 사는 유기물을 먹고 자란다. 숭어가 앉은 자리는 개흙도 고소하다고 했지만 이제는 아니다.

숭어가 뛰니까
망둑어도
뛴다

부산 가덕도 대항마을에는 200여 년을 이어온 독특한 숭어잡이가 있다. 통영·거제·부산 일대에 성행했던 '숭어들이'로, 육소장망 어법으로 등록된 들망 어업의 일종이다. 따뜻한 봄바람이 불기 시작하는 3월부터 5월까지 봄 한철 대항마을 주민 20여 명이 숭어잡이에 나선다. 배 6척에 나누어 탄 주민들이 그물을 펼쳐 잡는 어법이다. 주민들은 배를 타고 숭어가 지나는 길목에 기다렸다가 잡는다.

이때 무엇보다 중요한 역할을 하는 사람은 어로장이다. 숭어 떼가 오는 것을 물빛과 그림자로 판단해 산 위에서 배에서 기다리는 주민들에게 신호를 보낸다. 어로장은 40~50년의 경험을 갖고 있는 사람이 맡는다. 한 번 그물질에 3만여 마리까지 잡기도 했다고 한다. 지금은 다리가 놓여 쉽게 차를 이용해 시내로 운반이 가능하지만 당시에는 배로 옮겨야 했다. 그래서 소비할 양이 넘치면 살려주었다가 다음 날에 잡기도 했다. 주민들은 봄철 몇 달은 새벽부터 오후 늦게까지 배 위에서 생활한다. 바람이 불거나 파도가 있어 어로장이 숭어를 볼 수 없다고 판단해 철수를 결정하기 전까지 숭어잡이는 계속된다.

그런데 어쩌랴. 그물을 지킬 주민들은 나이가 들고, 숭어는 갈수록 줄었다. 여기에 인건비도 올라 더는 전통 방식으로 숭어를 잡기가 어렵게 되었다. 고육지책으로 자동화를 시도했다. 망대望臺에서는 어로장과 부어로장이, 배에서는 선장 1명이 지킨다. 사람의 힘으로 들어 올리던 그물은 이제 기계에 의존하고 있다. 애초 28명에서 19명으로, 2014년부터는 기계식으로 바꾸어 3명이 맡고 있다.

이마저도 숭어가 들어야 가능하다. 첫 '숭어들이'를 시작할 때 망루 뒤에 있는 역대 어로장을 모신 서낭에서 풍어제를 지낸다. 어로장이 되려면 물때는 기본이고 물빛, 바람, 숭어의 특성과 이동에 따라 그물을 조이는 순서 등 다양한 전통 어법을 익혀야 한다. 모두 도제식으로 경험을 통해서만 가능하다.

진도 울돌목에서도 숭어를 기다렸다가 잡는다. 이를 '뜰채 숭어잡이'라고 한다. 조류가 거칠고 빠르기로 소문나 '명량'이라고 불렸다. 1597년(선조 30) 9월 16일 이순신李舜臣, 1545~1598 장군이 일본을 물리친 명량해전이 벌어졌던 곳이다. 봄철이면 웅웅 하며 흐르는 명량을 거슬러 오르는 숭어를 잡는다. 거친 조류를 헤치고 지나다 힘에 부친 숭어들이 해안으로 거슬러 올라갈 때 뜰채로 낚아채는 어법이다. 뜰채가 허공을 가르니 자루에 숭어가 퍼덕거린다. 구경꾼들이 탄성을 지른다. 진도대교를 만들던 인부들이 시작했다는 설과 해남 우수영에서 김씨가 뜰채를 이용해 숭어를 잡았다는 이야기 등이 전한다.

숭어를 잡는 가덕도의 전통 어법인
육소장망은 배 6척이 그물을 드리웠다가
숭어가 지나면 들어 올리는 들망 어업의
일종이다. 바다가 잘 보이는 망루에 있는
어로장의 지시에 따라 조업을 한다.

바다를 건너온 봄의 전령傳令들이 다도해를 지나 갯벌을 찾아 서해로 올라온다. 그중 우두머리 격인 놈들이 강으로 오르면 영산강에 기대어 사는 어부들은 발을 엮었다. 갈대로 만든 발을 강에 띄우고 그 앞에 떼 줄을 놓았다. 그리고 몽둥이를 들고 수면을 치면 숭어가 놀라서 깊은 곳으로 몰려든다. 눈이 밝은 숭어가 떼줄을 보고 놀라 뛰어넘다가 떼 발에 떨어지면 두들겨서 잡는 방법이다.

'숭어가 뛰니까 망둑어도 뛴다'는 말처럼, 그 습성을 이용해 영산강 하류에서는 떼발로 숭어를 잡았다. 그물 체험이나 개막이 체험에 곧잘 드는 어류도 숭어다. 패총에서도 숭어 뼈가 종종 발견되기도 하니 숭어와 인간의 인연은 오래되고 깊다.

숭어 껍질에
밥 싸먹다
논 판다

영산강 물길이 막히기 전에는 '몽탄 숭어'가 유명했다. 숭어뿐만 아니라 그 알로 만든 어란도 유명했다. 알배기 숭어가 영산강을 거슬러 몽탄강 기름진 감탕(갯가나 냇가 따위에 깔려 있는 진흙)에 머리를 박고 산란을 위해 몸을 만들었다. 이렇게 펄을 먹고 자란 숭어를 '펄거리'라고 했다.

펄거리 숭어를 잡아 알집이 터지지 않게 조심스럽게 꺼내 소금물에 담가 핏물을 제거한 후 묽은 간장에 담가 색깔을 내고 간을 맞춘다. 그리고 나무판자를 올리고 돌로 눌러 납작하게 모양을 잡는다. 이후 바람이 잘 통하는 그늘에 놓고 하루에 2~3번씩 뒤집어가며 참기름을 바른다. 한 달 동안 정성을 드리면 호박빛을 띤 어란이 된다.

숭어는 회로 먹고 말려서 찜으로 해먹고 탕으로 먹는 서민 음식이지만 어란은 양반들이 즐겼다. 『전어지』에는 "4~5월이면 알이 배에 가득 차는데, 두 개 알집을 함께 꼭지에 매달린다. 낱알이 작으면서 차지며 부드럽고, 햇볕에 말리면 색이 호박(호박琥珀)과 같은데 부유하고 권세 있는 사람들이 진귀한 반찬으로 여긴다"고 했다. 영산강의 감탕에서 잡힌 숭어의 알로 만든 어란을 으뜸으로 쳤다.

어란을 얇게 썰어 혀 위에 올려놓으면, 눈 녹듯 고소한 향기와 함께 사라진다. 야박할 만큼 얇게 썰어 입천장에 붙이고 술 한 모금 머금고 혀로 살살 굴리면서 먹는다. 고급 술안주였다. 이것이 진상품 '영암 어란'이다. 이제는 전설이 되었다. 더는 몽탄 숭어로 만든 어란을 맛볼 수가 없다. 다행히 최근에 영산강의 막힌 수문을 여는 프로젝트가 추진되고 있다.

숭어는 겨울철 회로 즐겨 먹는다. 겨울철 숭어 맛을 모르고 봄을 맞는 것은 이율배반이다. 특히 정월에 먹는 숭어회는 도미회가 울고 갈 만큼 찰지고 식감이 뛰어나다. 하지만 어디서 잡아온 숭어인지를 꼭 확인해야 한다. 깨끗한 섬이나 연안에서 잡은 숭어, 특히 겨울철 숭어가 으뜸이다.

『자산어보』에 "맛은 달고 농후한데, 어족魚族 중에서 제일이다"고 했다. 성현成俔, 1439~1504이 지은 『용재총화慵齋叢話』에는 중국의 사신이

전남 무안이나 신안에서는 숭어를 말려
두고두고 먹는다. 이를 '숭어 건정'이라고
한다. 전남 신안군 증도의 숭어 건정.

조선의 숭어 맛을 보고 감탄해 이름을 물어서 수어秀魚라고 알려주었으나 '수어水魚'로 알아들어 어리둥절했다는 기록이 있다. 그 사신은 물水 속에 사는 물고기魚는 모두 수어水魚인데, 어찌하여 이것만 수어라고 했냐면서 웃었다고 한다.

무안군 도리포에서는 숭어회와 함께 내놓는 것이 숭어 껍질이다. 살짝 데쳐 내놓는 숭어 껍질은 엘라스틴과 콜라겐으로 되어 있어 식감도 좋지만 피부에는 더 좋다. 민어 껍질처럼 '숭어 껍질에 밥 싸먹다 논 판다'는 말이 괜히 나온 말이 아니다. 무안이나 신안에서 숭어가 많이 잡힐 때는 숭어를 말려 두고두고 먹는다. 이를 '숭어 건정'이라고 한다. 철이 지나 맛이 떨어진 숭어도 아이들이 좋아하는 전, 튀김, 생선가스 등으로 만들어주면 별미다. 해마다 우리 곁을 떠나는 바닷물고기가 늘어간다. 그래도 변함없이 우리 곁을 지키며 겨울철 식객들에게 행복을 안겨주는 숭어가 있어 얼마나 다행인가?

병어 〰️

정약용이 예찬한 바닷물고기

회수율과

가성비가

좋다

나지막한 곳에 알 듯 모를 듯 피던 봄꽃들이 지고 여름으로 가는 길목이다. 녹음에 가려 봄꽃을 피우던 녀석들은 존재감이 사라졌다. 이 무렵 바닷마을로 가는 발걸음이 부산해진다. 6월을 정말 기다리는 이유는 따로 있다. 이 계절에 이만큼 맛있는 생선이 있을까? 병어는 아무리 먹어도 질리지 않는다.

광주 남광주시장에서 먹고, 신안군 지도읍 오일장에서 먹고, 목포 항동시장에서 또 먹었다. 회로 먹고, 찜으로 먹고, 탕으로 먹고, 구이로도 먹었다. 만나는 사람과 장소에 따라 어느 쪽을 선택해도 후회하지 않는 생선이다. 머리가 작고 살이 통통하니 회수율이 좋고, 뼈마저 연하고 부드럽다. 맛이 아니라 가성비로 따져도 병어를 덮을 생선이 없다. 게다가 조리는 또 얼마나 간편한가?

병어는 농어목 병엇과에 속하는 바닷물고기다. 병어의 체형體形은 높이가 높고 좌우로 납작한 마름모꼴이다. 등지느러미와 뒷지느러미는 낫 모양이며 꼬리지느러미는 두 가닥으로 갈라져 있다. 몸은 은백색이며 비늘은 아주 작고 반짝인다. 몸에 비해서 입이 아주 작아 모래나 갯벌 등 저층에서 서식하는 작은 새우나 갑각류, 갯지렁이를 좋아하며 작은 동물성 플랑크톤과 해파리 등도 먹고 자란다.

우리나라 서·남해와 동중국해, 오사카 등 일본 남쪽 깊은 바다에 서식하지만, 5~8월에 내해內海나 강 하구로 들어와 산란을 하고 가을이면 바다로 돌아간다. 이때 그물을 이용해 어획한다. 조선시대에는 어전魚箭(어살)이나 중선망으로, 일제강점기에는 유자망·안강망·정치망 등으로 잡았다. 요즘에도 어법은 큰 차이는 없지만, 대부분 안강망과 대형 기선 저인망 등으로 깊은 바다에 가서 많이 잡는다.

개인적으로 좋아하는 병어는 멸치를 잡는 낭장망囊長網(긴 자루그물의 날개와 자루 끝을 닻으로 고정시키고 조류를 따라 들어간 물고기를 잡는 그물) 에 들어온 병어다. 연안으로 드는 작은 멸치를 잡아먹기 위해 따라 들어와 그물에 걸린 운 나쁜 녀석들이다. 낭장망은 섬과 연안에서 몇십 분 이내에 돌아올 수 있는 거리에 설치하니, 냉장이나 냉동 전에 신선한 병어를 만날 수 있다.

병어는 신안에서 닻자망(위)을, 목포나 보령
등에서 안강망(아래)을 이용해서 잡는다.
닻자망이나 안강망은 조류가 빠른 사리
물때에 많이 사용한다.

병어를 둘러싸고 덕자, 덕대 심지어 덕자병어라는 헷갈리는 이름이 있다. 법성포 어시장에서 만난 어물전 주인이 이 정도 크기면 덕자라며 크기로 구분한다. 맞는 것일까? 전라도에서는 큰 병어를 곧잘 덕자 또는 덕자병어라고 한다. 그 대신에 덕대는 '참병어'라고 한다. 『어류도감』에는 병어와 덕대로만 구분한다. 병어와 덕대는 병엇과에 속하지만 종이 다르다. 병어와 덕대는 병엇과에 속하지만 종이 다르다. 국립수산과학원도 두 종의 DNA 바코드가 88퍼센트라며 다른 종이라고 규정했다.

이들은 최대 60센티미터까지 자란다. 크기로 구분하는 것은 무의미하다. 다만 덕대가 성장 속도가 빨라 큰 것을 잡을 확률이 많다. 모양새로는 병어는 꼬리 두 갈래의 크기가 같지만 덕대는 아래 꼬리가 길다. 그리고 아가미 위의 파상波狀(파도형) 주름으로 구분할 수 있다. 병어는 파상 주름이 넓게 퍼져 있지만, 덕대는 부분적으로만 나타나 있다. 하지만 어시장에서 실물을 보고 구분하는 것이 쉽지 않다.

정약전은 병어를 기록하고, 정약용은 병어 맛을 보다

병어는 부산에서 인천까지 연근해에서 잡히며, 즉시 냉동해서 유통된다. 부산 자갈치시장, 여수 중앙동 선어시장, 목포 수산시장, 영광 법성포, 인천 소래포구에 이르기까지 서해와 남해 어느 어시장에서도 만날 수 있다. 포장마차에서부터 고급스러운 일식

집까지 어디서든 환영을 받는다. 비린내도 심하지 않고 어떤 조리도 가능하고 잔가시도 없다. 거기에 뼈가 부드럽고 고소해 남녀노소 모두 좋아한다. 또 보관은 얼마나 간단한가?

값비싼 수족관도 필요 없고, 냉동과 냉장이 되는 시설만 갖추고 있으면 식당이건 가정이건 심지어 일터에서도 보관해둘 수 있다. 무엇보다 큰 장점은 뼈가 부드러워 회를 뜨지 않고 쉽게 썰어 상에 올릴 수 있다는 점이다. 내장만 꺼내고 머리를 잘라낸 후 깨끗하게 씻은 후 냉동 보관하면 두고두고 필요할 때 맛볼 수 있다.

고려시대나 조선시대의 문헌에는 병어를 축항어縮項魚 혹은 축경편縮頸鯿이라고 했다. 머리가 작아 목덜미가 없거나 움츠린 모양이니 그렇게 불렸던 것 같다. 『신증동국여지승람』에 경기도와 전라도 연안의 몇몇 지방의 토산으로 '병어兵魚'가 기록되어 있다. 『난호어목지』에도 "서·남해, 특히 호서의 도리해桃里海(현재 전남 무안군 해제반도 앞바다)에서 많이 난다"고 했다. 『자산어보』에는 "편어扁魚라고 하고 속명은 병어瓶魚"라고 했다. 병어는 "색은 청백이고 맛은 달다. 뼈가 물러서 회나 구이 및 국에 모두 좋다. 흑산에 간혹 있다"고 소개했다.

정약전이 병어를 요리조리 살피고 어민들의 이야기를 듣고 기록을 남겼다면, 동생 다산茶山 정약용丁若鏞, 1762~1836은 병어의 맛을 알았던 것 같다. 그가 남긴 「여름에 읍청루에서 목 정자 조영 등 제공을 모시고 술을 마시며夏日挹清樓陪睦正字 祖永 諸公淸」라는 시에서 병어를 이렇게 예찬했다.

정약전은 병어를 요리조리 살피고 어민들의
이야기를 듣고 기록으로 남겼고, 정약용은
병어의 맛을 알아 시까지 지어 예찬했다.

물가의 누각에서 눈을 들어 바라보니 臨水紅樓縱目初

푸른 물결 띠처럼 도성을 감고 도네. 綠波如帶繞王居

저 뱃길로 옛적에는 장요미(쌀)를 바쳤는데 湖漕舊貢長腰米

갯가 저자 오늘날 축항어를 사온다오. 浦市新賒縮項魚

『우해이어보』에는 병어를 '석편자石鯿子'라고 했다. '편鯿'은 방어를 말하는데, "석편자는 편의 머리에 석수어처럼 돌이 들어 있는 것이다. 맛은 고등어와 비슷하나, 시큼하지 않고, 회나 구이를 해도 모두 다 맛이 좋다. 이곳 사람들은 이것을 '석방어'라고 부른다"고 했다.

조선시대에는 병어보다는 민어·조기·밴댕이·낙지·준치 등이 환영을 받았다. 허균은 『성소부부고』의 「설부說部」에서 "병어甁魚는 맛이 좋은 것도 있고 좋지 않는 것도 있다"며, 민어나 조기나 준치처럼 주목하지 않았다.

생선 요리의 팔방미인

입맛은 나이와 시대에 따라 변한다. 혀로만 느끼고 인식하는 것뿐만 아니라, 기억하고 맛보고 느끼기도 한다. 나에게 병어는 절기節氣 음식이다. 일부러 찾아 먹고 사서 집에 두고 먹는다. 병어를 처음 만난 것은 광주에 있는 남광주시장의 허름한 막걸릿집에서다. 여수, 고흥, 벌교,

임자도 밖 먼 바다에서 잡은 병어는 운반선이
가져온다. 보통 병어잡이는 짧게는 일주일
길게는 보름 정도 조업을 하기 때문이다.
병어는 즉시 냉동해서 유통된다.

순천 등에서 올라오는 생선들이 모이는 곳이다. 그 집 이름도 '녹동집'이다. 주인은 바뀌었지만 지금도 가끔 반가운 사람을 만나면 들르는 곳이다. 주로 병어나 준치 등 선어를 회나 무침으로 하는 식당이다.

안주인의 횟감을 고르는 눈썰미와 손맛에 반해 광주에서 술맛 좀 아는 사람들은 너나 할 것 없이 단골집이 되었다. 병어를 잡은 즉시 얼음으로 갈무리를 해두면 오래 두고 먹을 수 있다. 따뜻한 밥에 얹고 마늘과 고추와 집된장을 상추와 깻잎에 싸서 한 입에 몰아넣고 씹으면 달고 고소함이 입안 가득하다.

가장 대중적인 병어 요리는 뼈째 썰어 된장에 찍어 먹는 병어회다. 이때 초장보다는 된장이 좋다. 특별하게 준비할 필요도 없이 막된장이면 최고다. 병어는 지방이 적어 맛이 담백하다. 병어회 외에도 조림, 구이, 찜, 튀김, 탕 등이 있다. 병어조림은 냄비에 무를 깔고 물을 부은 후 간장, 다진 마늘, 생강, 청주, 설탕, 고춧가루, 후춧가루 등으로 만든 양념장을 약간 풀어 끓인다. 무가 반쯤 익으면 소금에 절인 병어를 넣고 양념장을 끼얹으며 끓인다. 그 후 대파 등을 넣고 국물을 끼얹어가며 조린다.

병어 매운탕도 권할 만하다. 냄비에 물을 붓고 고추장과 고춧가루를 푼 뒤 무를 넣고 끓인다. 무가 반쯤 익으면 손질한 병어를 넣고 마늘, 생강즙, 대파, 고추를 넣고 소금으로 간을 한다. 병어는 살이 연해 쉽게 부스러지기 때문에 국물이나 육수가 팔팔 끓을 때 넣는 것이 좋다.

병어찜은 제사상에도 오른다. 영광 바닷가가 고향인 장모님도, 지리

정약용이 예찬한 바닷물고기

204
205

산 산골이 고향인 어머니도 병어 철이 돌아오면 물 좋은 병어를 소금물에 갈무리를 해서 햇볕에 말려 잘 보관한 후 제삿날에 쪄서 내놓았다. 정월에 지내는 당산제堂山祭나 갯제 혹은 풍어제에도 빠지지 않고 올리는 것이 병어다.

남도 사람들의
끼니를
해결해주다

막 잡아 올린 병어는 푸른색이 돌며 은빛으로 반짝인다. 신선도가 좋은 상태다. 그런 색이 어떤 색인지 궁금하거든 전남 신안군 지도읍 송도 어판장에 가보시라. 또 5~6월이면 위판장에는 병어가 가득하다. 물 좋은 병어를 실컷 구경할 수 있다. 신안·진도 등 서·남해의 수많은 유인도와 무인도 사이 바다에서 건져온 병어들이 모인다.

병어 철에 지도읍에서 출발하는 버스에는 승객보다 병어가 더 많이 실린다. 언젠가 평일에 버스를 탔다가 승객이 거의 없는 것을 보고 버스 기사에게 장사가 되냐고 물었다. 기사가 웃으며 눈짓을 했다. "화물 칸에도 가득해요. 전부 운임을 받아요." 병어가 담긴 택배 상자다.

병어는 보리가 익어가고, 녹음이 짙어질 무렵 남도 사람들의 끼니를 해결해주던 고마운 생선이었다. 싸고 쉽게 먹을 수 있어서 바쁜 철에 감자를 넣고 새우젓으로 간을 해서 푹 끓이면 반찬이 따로 없어도 훌륭한 식사가 되었다. 어려운 손님이 와도 술안주로도 뚝딱 가능했다.

병어는 보리가 익어가고, 녹음이 짙어질 무렵
남도 사람들의 끼니를 해결해주던 고마운
생선이었다.

그런데 사정이 바뀌었다. 예전처럼 많이 잡히지도 않는데, 병어가 소문이 나서 전국에서 주문이 쇄도하고 있다. 더 기가 막힌 것은 중국에서도 이곳 병어를 주문해서 가져간다는 것이다. 주말이면 송도 어판장 주차장은 빈자리를 찾기 어렵다.

수산물은 공산품과 달리 물때에 따라 가격이 달라진다. 왜 지난번보다 비싸게 받느냐고 따질 일이 아니다. 낚시질하기 좋은 물때가 있고, 그물질하기 좋은 물때가 있다. 병어는 그물로 잡는다. 조류가 세지 않는 조금보다 강한 사리에 잘 걸린다. 이런 날은 아무래도 값이 헐하지만 조금에는 비쌀 수밖에 없다. 그래서 제철 생선은 특히 물때가 중요하다. 교통이 편리해지고 여행과 맛이 보편화되면서 남도 밥상에 곧잘 올랐던 병어는 국민 생선으로 자리를 잡았다.

그런데 요즘 병어 맛 보기가 한우보다 어렵다. 2000년대 초반 30마리 한 상자에 20여 만 원 하던 것이 60여 만 원에 이른다. 찾는 사람은 많은데 어획량이 부족하기 때문이다. 병어 어장이 형성되는 임자도 등 칠산 바다에 병어가 좋아하는 젓새우가 줄어들면서 어획량도 줄었다.

바다 오염도 병어의 서식 환경을 위협하고 있다. 수요가 늘면 양식으로 대체할 만하지만, 아직 병어 양식은 이루어지지 않고 있다. 반면에 남획은 늘고 있다. 과하게 찾다보면 우리 바다에서 병어도 귀한 생선이 될 수 있다. 조기처럼 칠산 바다에서 사라지지 않도록 병어 자원 보존과 증식을 위한 대책이 필요하다.

정약용이 예찬한 바닷물고기

제 3 장

남해에서 인문학을 만나다

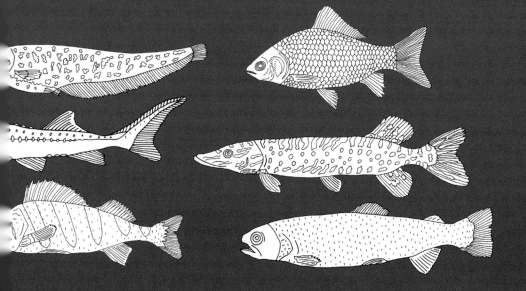

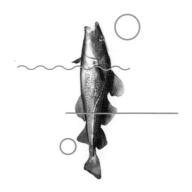

대구
바다에 경계를 긋다

**대구는
화어, 대두어,
설어라고 불린다**

연말이 다가오면 시원하면서 따뜻한 국물이 그립다. 이럴 때 어김없이 경남 거제로 향한다. 그곳에서 시원한 바다와 섬을 돌아보고, 포구마을 식당에서 끓여주는 대구탕으로 한 해 동안 쓰린 속과 고생한 몸을 위로한다. 대구가 좋아하는 진해만에 대구를 잡아 살아가는 포구마을 외포와 관포가 있다. 이곳에는 겨울철에 대구를 맛볼 수 있는 식당들이 있고, 새벽 어시장과 대구 축제도 열린다.

대구는 대구목 대구과에 속하는 바닷물고기다. 머리가 크고 위턱이 아래턱보다 길고 아래턱에 수염이 있다. 서유구의 『난호어명고蘭湖魚名

考』에는 입이 크다고 해서 화어鰝魚라고 했다. 『신증동국여지승람』이나 『세종실록지리지』에도 '입이 큰 생선'이라는 뜻으로 대구어大口魚라고 했다. 부산에서는 머리가 커서 '대두어大頭魚'라고도 부른다. 일본에서는 설어鱈魚라고 했다.

북태평양 오호츠크해에서 베링해 사이 바다에서 서식하며 겨울철 냉수대冷水帶가 확대되면서 해류를 타고 울산만과 진해만까지 내려온다. 명태·청어와 함께 한류성 어종을 대표하지만, 서해에서도 작은 대구들이 서식한다. 허균은 『성소부부고』의 「도문대작」에서 "대구는 동·남·서해안에서 모두 잡힌다"고 했다. 진해만은 우리나라 최고의 대구 어장이다. 특히 가덕도와 거제도 사이, 최근에는 거가대교(부산과 거제도를 잇는 다리)를 건너 칠천도 주변 바다에서도 대구가 많이 잡힌다. 하지만 우리나라 전체 대구 어획량을 살펴보면, 거제나 부산보다 충남을 중심으로 서해안이 더 많다.

서해의 대구 서식지는 한·중 잠정조치수역暫定措置水域이다. 여름철 서해의 높은 표층 수온으로 저층에 냉수대가 만들어지는데 그곳에서 서식한다. 이곳에 대구가 좋아하는 작은 새우류와 물고기가 서식한다. 하지만 서해에서 잡힌 대구는 가덕도 주변 바다와 진해만에서 잡히는 대구의 절반 정도 크기에 불과해 '왜대구'라고 한다.

『신증동국여지승람』에는 대구가 나는 곳으로 함경도, 강원도, 경상도 등 동해안을 꼽았다. 『세종실록지리지』에도 창원, 거제, 진해, 고성, 사천에서 많이 잡힌다고 했다. 지금의 진해만을 일컫는다. 일제강점기

대구 어장이 형성되는 진해만의 외포와
관포는 겨울철이면 대구 시장이 형성된다.
물 좋은 대구를 사기 위해 상인들은 물론
소비자들도 새벽부터 어시장을
찾는다.

에는 부산 서쪽 다대포만, 마산만, 진해만, 고성만, 거제도 일대에서 어획되었다.

겨울철 대구의 고장은 역시 거제도다. 그 중심이 외포와 관포, 거제도에 딸린 작은 섬 이수도다. 이수도로 가는 배는 겨울철이면 매우 분주하다. 해넘이와 해맞이를 하기 좋고, 10여 분이면 섬에 이를 만큼 가깝다. 게다가 진해만의 어장이 좋아 섬 밥상이 해산물로 풍성하며, 겨울철 대구탕이나 물메기탕이 매력적이다.

이수도의 덕장에 대구와 물메기가 주렁주렁 매달려 있었다. 꾸덕꾸덕 마르는 대구를 보며 사진을 찍으려는데, '왜 사진을 찍느냐'며 주민이 다가와 채근하듯 물었다. 대구에 초상권이 있는 것도 아니고 대구를 찍는 것이라 문제될 것 없다고 생각했는데 잠시 당황했다. 나는 주민들이 사진을 찍는 것에 민감했던 이유를 나중에 알았다.

높새바람이 불기 시작하면 거제도의 포구마을은 분주해지고, 전문 대구잡이 그물인 호망壺網(길그물 끝에 헛통을 설치해 그곳에 자루그물을 달아 물고기를 유도해 포획하는 그물)을 손질해 어장으로 나간다. 이에 맞춰 식객들의 발걸음도 잦아진다. 외포나 관포처럼 대구잡이를 전업으로 하는 마을 주민들은 한철 잡아 1년을 먹고산다. 제대로 자란 대구는 크기가 1미터에 이르며 무게도 20킬로그램에 이른다. 세계에서 가장 큰 대구는 길이가 160센티미터, 무게가 47킬로그램이라고 한다.

수산왕
가시이 겐타로,
바다를 점령하다

대구를 잡는 전통 어법은 어전이었다. 어전은 조기, 대구, 청어처럼 산란을 위해 연안으로 무리를 이루어 이동하는 어류를 포획하는 어법이다. 지역에 따라 어살 혹은 방렴이라고도 한다. 남해와 사천의 죽방렴도 원래 이름은 '경상도 방렴'으로 기록되어 있다. 지금처럼 멸치가 아니라 대구나 청어 등을 잡았다.

조선시대에 대구는 거제도 특산물이었다. 『세종실록지리지』「경상도 거제현」에 "토공土貢(공물)은 대구어·문어·생포生鮑(전복)·미역·우무牛毛·표고버섯·세모細毛"라고 기록되어 있다. 당시 대구 어장은 백성들이 소유할 수 없었다. 1906년 '칙지勅旨(대한제국에서 내리는 문서)'를 보면, 거제도·가덕도·가조도 등 '어기漁基(어장)'를 의친왕부義親王府로 귀속시킨다고 명시하고, '어기파원漁基派員'이라는 관리를 보내 관리하게 했다.

조선시대에 대구는 어전세漁箭稅, 소금은 염세鹽稅, 배는 선세船稅 등 세금을 부과했다. 그만큼 중요한 소득원이었다. 이렇게 조정에서 '칙지'로 대구 어장을 황실 소유라고 명시하면서 오래도록 대구를 잡아온 지역 어민들과 관리의 분쟁이 잦았다. 게다가 황실에서는 이 황금 어장을 이토 히로부미伊藤博文, 1841~1909의 절친이었던 가시이 겐타로香椎源太郎, 1867~1946에게 20년 기한으로 임대해주어 어민들의 불만은 더욱

어전은 산란을 위해 연안으로 무리를 이루어
이동하는 어류를 포획하는 전통 어법이다.
김홍도金弘道의 〈고기잡이〉는 어전이
조선시대에도 연안 어업을 대표했다는 것을
말해준다.
(국립중앙박물관 소장)

고조되었다. 농지와 달리 바다는 어장 위치를 명확하게 특정할 수 없고 수량도 명시하지 않았으니, 가시이 겐타로는 진해만을 모두 임대한 것처럼 행동했다.

　가시이 겐타로는 일본 후쿠오카현에서 태어나 1904년 러일전쟁 당시 거제도에서 군용 어류 통조림 사업, 황실 대구 어장 임차, 고등어 건착망 사업 등에 투자해 조선에서 '수산왕'이라고 불리던 재력가였다. 해방 후 일본인을 지원하는 단체인 부산 지역의 세화회世話會 초대 회장을 맡기도 했다. 그는 해방 후에도 조선은 물론 바다까지 계속 소유하며 이용할 수 있을 것이라고 생각했다.

　당시 거제도 55개소, 가조도 10개소, 가덕도 7개소 등 70여 개의 어장이 있었다. 가시이 겐타로는 직접 이 어장을 운영하지 않고 다시 어민들에게 입찰을 통해 경매하면서 가격 경쟁을 시켜 임대료를 해마다 올렸다. 토지로 말한다면 둔전屯田을 일본인 지주에게 장기 임대해주고 일본인 지주는 조선인 소작인에게 소작료를 받는 꼴이 된 것이다. 그러자 어민들의 불만이 극에 달해 탄원서를 제출하기에 이르렀다. 당시 『동아일보』(1926년 1월 11일)에는 "일본인 개인의 탐욕으로 인해 이래서는 도저히 살 수 없다"며, 연서한 탄원서를 조선총독부와 황실에 제출했다는 기사가 실렸다.

성질이
평하고
독이 없다

대구는 일찍부터 귀한 대접을 받았다. 건대구나 반건대구는 물론 대구 어란해魚卵醢(알젓)와 대구 고지해(이리젓) 등을 진상했으며, 종묘와 조정의 제례祭禮에도 진상품으로 올린 대구를 사용했다. 중국 황제의 장례식이나 즉위식과 혼인식에도 말린 대구를 보냈으며, 조선 후기에는 대일관계에서도 일본에 외교 물품인 사예단私禮單(일본에 가는 통역관이 사적으로 가져갔던 예물 단자單子)으로 보내기도 했다. 또 관리의 급여나 하사품으로 지급되기도 했으며, 안부를 묻거나 인사를 할 때 고급품으로 주고받았다.

대구는 건조 방법, 크기, 색깔 등에 따라 이름도 다양하다. 아가미와 내장을 빼내고 통째로 말린 '통대구', 배를 가르지 않고 알대구의 아가미와 내장을 입을 통해 빼낸 후 소금을 넣어 말린 '약대구', 등을 갈라 뼈를 제거하고 머리도 반으로 잘라 햇빛에 말린 '열작', 생물인 '생대구', 햇볕에 건조한 '건대구', 크기가 작은 '보령대구', 1자(약 30센티미터) 이상 큰 '도령대구', 암컷인 '알대구', 수컷인 '곤이대구', 노랗게 말린 '황대구', 하얗게 말린 '백대구' 등 끝이 없다.

대구가 몸에 좋다는 것을 아는 사람은 약대구를 제일로 친다. 말하자면 약대구는 약이자 보신용 영양 식품이다. 약대구는 부잣집에서나 맛볼 수 있었다. 박경리의 소설 『김약국의 딸들』을 보면 약대구는 "알

약대구는 대구의 배를 가르지 않고 내장을
모두 꺼내 그 안에 천일염을 넣어 말린 대구를
말한다. 통영 중앙시장에서 만난 약대구.

을 빼지 않고 온통 소금에 절였다가 여름에 내기도 한다"고 했다. 돈이 있는 통영의 여자들은 약대구로 장사를 해서 돈을 벌었다. 이를 '앉은 장사'라고 했다. 즉, 대구 철에 수백 마리를 사들여 큰 독에 알과 아가미를 따로 넣어 젓갈을 담고, 대구는 통대구로 만들어 팔았다. 특히 약대구는 곱으로 남는 장사라고 했다.

『난호어명고』에는 "소금을 뿌리지 않고 껍질째 빨리 말린 대구를 접鰈"이라고 했다. 실제로 대구를 말리면 오그라들면서 주름이 생긴다. 대구는 "먹으면 기를 보하는데 반쯤 말린 것이 더욱 맛이 좋다"고 했다. 『동의보감』에는 "고기의 성질이 평하고 맛이 짜고 독이 없다. 먹으면 기운을 보하는데, 내장과 기름의 맛이 더욱 좋다"고 했다.

거제대구와
가덕대구의
논쟁

진해만에서 잡히는 대구를 두고 거제대구냐 가덕대구냐, 그중 어느 대구가 진짜 맛이 있느냐며 식객들의 입살에 오르내린다. 거제도 뱃사람이 잡으면 거제대구요, 가덕도 뱃사람이 잡으면 가덕대구다. 정작 심각한 것은 자망으로 조업을 하는 어민과 호망으로 대구를 잡는 어민 사이의 갈등이다.

호망은 정치망으로 거제도와 가덕도 일대의 어장에서 대구를 잡을 때 사용하는 그물이다. 그런데 대구를 전문으로 잡는 호망보다 자망을

거가대교 서쪽 칠천도 인근 바다에서 어선이
호망을 건지고 있다. 겨울철에는 대구, 청어,
물메기 등이 그물에 든다.

이용해서 대구를 훨씬 많이 잡는다. 우선 허가 건수가 많고 호망과 달리 이동하며 그물을 칠 수 있는 장점 때문이다.

반대로 호망은 겨울철 짧은 기간에 집중적으로 대구를 잡으며, 그물도 크고 상처가 없는 살아 있는 대구를 잡기에 값도 좋다. 그래서 소득으로는 자망을 앞선다. 그 대신에 호망은 정치망이라서 지정된 곳에 설치해야 한다. 또 호망은 대구만 잡는데, 자망은 대구를 포함해 다른 어종까지 잡는다.

소비자들이 대구를 가장 많이 찾는 때는 1월인데, 이때가 대구 산란기이자 금어기다. 자망은 이 시기에 대구 어족 자원 보호를 위해 포획을 금지하지만, 호망은 인공수정을 위해 대구잡이를 허가하고 있다. 단 배 1척당 700마리로 한정하고 있다. 이 시기에는 오직 호망으로 잡은 대구만 꼬리에 인증 표식을 달고 유통할 수 있다. 즉, 외포나 관포 등 대구 위판장이나 어시장에 표식이 달린 대구만 유통할 수 있다.

1970년대 대구 어획량이 급격하게 감소하자, 1980년대부터는 인공방류 사업을 시작했다. 1990년대 후반, 대구가 귀해져 한 마리에 30~40만 원에 거래되기도 했다. 인공 방류 사업이 계속되면서 2000년대 들어서 어획량이 회복되기 시작했다. 그 결과 대구가 잡히지 않았던 거가대교 서쪽 칠천도 등 진해만 안쪽에서 대구가 잡히기 시작했다.

대구 자원은 늘어났는데 호망은 특성상 이동할 수 없고, 다른 어법은 그 기간에 조업을 금하고 있어 불만이다. 하지만, 이 시기에 자망으로 잡은 대구는 경매만 못할 뿐 집에서 건조해 판매하기도 한다. 또 일정

바다에 경계를 긋다

222

223

한 크기의 수정이 가능한 대구만 잡아야 하는데, 그물에 든 작은 대구도 함께 잡아 유통시키지 않고 개인적으로 판매를 하기도 한다. 내가 배에 걸린 대구 사진을 찍을 때 주민들이 민감했던 이유다.

세계의 지도는
대구 어장을 따라
변해왔다

경계가 없는 바다에서 공유자원의 성격을 띤 어족자원의 보전과 이용은 국가 간에도 큰 이슈였다. 이런 대구를 역사의 전환기에 주인공으로 등장시킨 작품이 마크 쿨란스키Mark Kurlansky의 『대구』라는 책이다. 그는 "세계 역사와 지도가 대구 어장을 따라 변해왔다"는 새로운 해석을 내놓았다.

대구는 맛이 좋고 무리를 지어 얕은 곳을 찾아 산란하는 탓에 오래전부터 상업의 대상이었다. 또 말린 대구는 바이킹의 활동, 영국 신교도의 신대륙 발견, 서인도 제도의 플랜테이션에도 큰 영향을 주었다. 긴 항해, 값싼 노동력, 척박한 환경을 유지하는 식량이 되었던 것이다. 그리고 대구 주요 서식지였던 아이슬란드는 미국과 영국이 세 차례 (1958년, 1972년, 1976년)에 걸쳐 '대구 전쟁Cod War'을 벌인 곳으로 유명하다. 그 결과 국제해양법상 배타적경제수역을 200해리海里(약 370킬로미터)로 정하는 계기가 되었다. 1년에 반은 육류 섭취를 금했던 종교적인 이유로 대구의 소비와 인기가 급상승한 탓이다.

대구는 바이킹의 활동, 영국 신교도의 신대륙 발견,
서인도제도의 플랜테이션에도 큰 영향을 주었다.
긴 항해, 값싼 노동력, 척박한 환경을 유지하는 식량이
되었던 것이다. 1895년부터 미국 매사추세츠주
의회당에 매달려 있는 대구 조형물.

대구는 대량으로 포획할 수 있고, 값이 싸며, 염장법鹽藏法으로 장기 보관과 이동이 용이해져 소비량이 크게 늘었다. 여기에 저인망 어선의 등장 등 어업 기술의 발달과 냉동과 운반이 용이해지면서 대구 어획량은 급격하게 증가했다. 그래서 대구 가격은 폭락하고 대구는 멸종 위기에 처해졌다. 캐나다는 뉴펀들랜드 근해, 그랜든뱅크스, 세인트로렌스만 등에서 대구 어업을 금지시켰다. 그 결과 대구를 잡아 생계를 이어가던 수만 명이 일자리를 잃기도 했다.

　진해만에서도 사라질 위기에 처한 대구 자원을 회복하는 데 10여 년의 시간이 걸렸다. 캐나다 뉴펀들랜드에서도 대구가 다시 돌아오게 하는 데 20년의 시간이 필요했다. 거제시는 대구를 시어市魚로 지정하고, 대구의 브랜드 가치를 높이기 위해 2016년 '거제대구'를 지리적 표시 단체표장(상품의 품질과 명성 등이 본질적으로 지리적 특성에서 나온 것임을 인정해 그 명칭을 법으로 보호하는 제도)에 등록했으며, 대구 축제도 개최하고 있다. 대구를 더 많이 잡기 위해 주민 간이나 지역 간 다투는 수준을 넘어서야 한다. 축제도 대구를 잡는 축제가 아니라, 바다와 자연과 인간이 공존하는 질서를 마련하는 축제가 되어야 한다. 이제 바다를 살리는 그물을 드리울 때다.

멸치

멸치도 생선이다

멸치를
업신여기지
마라

선창을 감아도는 길목에
작은 오두막집에서 불빛
과 함께 하얀 연기가 피
어올랐다. 이 밤중에 그 안에서 무슨 일이 있는 것일까? 잠시 후 어머
니가 막 삶은 멸치를 채반에 담아내왔다. 이미 가로등 아래에 여러 개
의 채반이 널려 있었다. 남편은 화덕 위에서 멸치를 삶고 아내는 삶은
멸치를 채반에 담아 널고 있었다. 멸치잡이로 평생을 살아온 노부부
다. 조심스레 오두막집 안으로 들어서니 하얀 수증기 사이로 남편이
은백색 멸치를 가마솥에 붓고 있었다. 펄떡이던 멸치들은 저항 한 번
못하고 가마솥 안으로 미끄러졌다.

비렁길로 유명한 전남 여수 금오도 동쪽 끝자락에 있는 장지마을 여름밤의 풍경이다. 바다 건너 안도와 좁은 해협에 낭장망을 놓아 잡은 멸치다. 양쪽 섬에서 비추는 가로등과 배에서 밝히는 불빛이 있어 밤에도 조업이 가능했다. 게다가 멸치를 삶는 멸치막까지 5분 거리도 되지 않으니 밤에 조업을 하는 데 어려움이 없었다. 팔팔 끓는 소금물에 빠진 멸치는 금세 하얗게 변했다. 부뚜막 아래 바구니에서 차례를 기다리던 멸치도 낌새를 알아차렸는지 펄떡거렸다.

멸치는 청어목 멸칫과에 속하는 바닷물고기로, 배는 은백색이며 등은 암청색이다. 위턱이 아래턱보다 길다. 멸칫과에 속하는 멸치, 웅어, 반지, 청멸도 위턱이 길다. 반면에 청어과에 속하는 밴댕이와 청어는 아래턱이 길다. 반지와 밴댕이를 구분할 때 이것은 매우 요긴하다.

멸치는 한 마리가 4,000~5,000개의 알을 낳는다. 수만 개의 알을 낳는 다른 물고기에 비하면 적다고 생각할지 모르지만, 몸집에 비하면 엄청난 양이다. 봄과 여름이 산란철이지만, 겨울을 제외하고 1년 내내 알을 낳는다. 멸치는 산란 후 1~2일이면 부화해서 빠르게 자란다. 그만큼 생식 주기가 짧다. 이는 생존 전략이다. 큰 물고기에게 잡혀먹기 전에 빨리 자라야 하며 개체수도 많아야 한다. 보통 물고기의 나이는 비늘을 보고 알아내지만, 비늘이 없는 멸치는 이석耳石, 즉 귓속에 들어 있는 돌로 태어난 시기를 알아낸다.

멸치는 크기에 따라 세멸·자멸·소멸·중멸·대멸이라고 구분하지만, 어민들은 지리じり(세멸)·가이리がいり(자멸)·고바ごば(소멸)·주바ずゅば

멸치는 겨울에 제주도까지 내려갔다가 봄에
연안으로 접근해 산란하고 여름에 서해와
동해로 북상했다가 가을에 남해를 거쳐
제주도로 내려온다.

(중멸)・오바おば(대멸)라는 명칭에 익숙하다. 멸치의 어법과 이용에 큰 영향을 미쳤던 일제강점기 수산업의 아픈 상처이기도 하다.

누군가 멸치도 생선이냐고 물었다. 멸치는 생선이다. 우리나라 서민들이 가장 사랑하는 생선이다. 멸치는 행어, 잔어, 멸오치, 몃, 멸, 명아치, 메르치, 멸따구, 멧치, 메레치, 열치, 잔사리, 추어, 돗자라기, 시화 등 다양한 이름으로 불렸다. 그리고 수온의 변화에 따라 생식과 생존에 적합한 환경을 찾아 이동하는 '연안 회유' 어종이다.

『자산어보』에 멸치는 "추어鯫魚라고 하고 속명은 멸어蔑魚"라고 했다. 이름부터가 업신여긴 흔적이 역력하다. 또 "성질이 밝은 빛을 좋아해 밤마다 어부들이 횃불을 밝혀 이들을 유인했다가" 잡는다고 했다. 『난호어목지』에는 "이추鮧鰍라고 했다. 등마루는 검고 배는 희며 비늘이 없고 아가미가 작다. 동해에서 나는 것은 항상 방어에 쫓겨 휩쓸려오는데, 그 형세가 바람이 불고 큰 물결이 이는 듯하다"고 했다. 특이한 것은 "장마철을 만나 썩어 문드러지면 밭에 거름으로 쓰는데 잘 삭은 분뇨보다 낫다"고 했다. 실제로 화학비료가 없을 때는 제주도나 남해 바닷마을에서는 정어리나 멸치 등을 어비魚肥로 사용했다.

멸치의 이름이 이렇게 다양한 것은 모든 해역에서 서식하기 때문이다. 겨울은 제주도까지 내려갔다가 봄에는 연안으로 접근해 산란하고 여름에는 서해와 동해로 북상했다가 가을에는 남해를 거쳐 남해 해역의 외해外海(육지에서 멀리 떨어진 난바다)와 제주도로 내려온다. 산란기에 해당하는 4~6월은 멸치를 잡을 수 없는 금어기다. 멸치가 많이 잡히는 계절에는 갈치와 고등어 등도 많이 잡힌다. 바다가 인간의 식량 창고가 아니듯이 멸치는 다른 물고기나 갑각류 등의 먹이가 된다. 그것이 생태계다.

배 위에서
멸치를
삶다

멸치를 잡는 방법은 낭장망, 죽방렴, 분기초망焚寄抄網, 휘리망揮罹網, 기선권현망權現網, 유자망 등이 있다. 낭장망은 수심이 깊지 않고 조류가 빠른 해역에 긴 자루그물을 넣어 멸치를 잡는다. 전남 진도, 해남, 완도, 전북 부안 등 남해와 서해 일부에서 많이 하는 멸치잡이 방법이다. 죽방렴은 경남 남해와 사천 일대에 남아 있는 500여 년을 이어온 멸치잡이 방법이다.

분기초망은 남해와 제주도에서 멸치를 잡을 때 사용하는 어법으로 특히 가거도의 멸치잡이 방법으로 많이 알려져 있다. 함경도와 강원도 연안 어촌에서는 휘리망으로 멸치를 주로 잡았다. 기선 권현망은 어선(40톤 미만) 2척이 하나의 그물을 끌면서 중층中層과 표층에 있는 멸치를 잡는 방법이다. 그물은 멸치를 모으는 날개그물과 멸치를 가두는 자루그물로 이루어져 있으며, 한쪽 길이는 500~600미터에 이른다. 어군을 찾는 어탐선, 그물을 끄는 본선 2척, 멸치를 삶아 운반하는 가공운반선(150톤 미만) 2척 등 선단에 30여 명의 선원이 조업한다. 이렇게

함경도와 강원도 연안 어촌에서는 휘리망으로
멸치를 주로 잡았다. 휘리선揮罹船은 닻을
내리고 정박해 그물로 물고기를 잡는다. 어부
2명이 그물을 쳐놓고 물고기를 기다리며
대화를 나누고 있다. 〈기산풍속도〉 중 '조선
후기 휘리선의 모습'.
(숭실대학교 한국기독교박물관 소장)

기선 권현망으로 잡은 멸치가 어획량의 3분의 2에 달했다. 유자망으로 잡는 멸치는 젓갈용인데, 부산 대변항 일대에서 멸치털이로 유명하다.

금오도 동쪽 바다는 멸치가 많이 서식한다. 특히 금오도 동쪽에 있는 횡간도는 멸치만 잡아 생활하는 섬이다. 여름철 바다에는 낭장망을 터는 배들이 수시로 오가고, 섬에는 멸치 삶는 연기가 가득하다. 또 낭장망 멸치잡이가 성한 곳은 진도다. 슬도, 청등도, 죽항도, 접도 등 진도군 조도면에 서남쪽 섬과 섬 사이에 낭장망이 많다. 몇 년 전 가을 접도에서 멸치잡이 배를 탔다. 다른 어장은 멸치잡이가 모두 끝났는데 이곳은 눈이 왔다는 소식이 들리던 날까지 멸치잡이를 하고 있었다. 지금은 일반적이지만 낭장망으로 잡은 멸치를 배 위에서 삶는 것을 그때 처음 보았다. 일반적으로 먼 바다에서 선단을 이루어 멸치를 잡을 때 하는 방식이다.

낭장망으로 잡은 멸치는 포구로 가져와 멸치막에서 삶았다. 이렇게 바뀐 것은 신선도를 유지하면서 어획량을 높이기 위해 선택한 방법이다. 낭장망은 특성상 배 1척으로 가족이나 부부가 조업을 한다. 그래서 가까운 곳에 그물을 넣고 잡는 대로 옮겨와 삶고 널고, 다시 어장으로 나가는 것을 반복한다. 접도는 멸치 어장에서 포구까지 30여 분을 달려야 하고 여러 개의 그물을 넣어 놓아 오가며 조업을 할 수가 없다. 그래서 바로 배 위에서 멸치를 삶고 그물을 털고 삶기를 반복하는 방법을 택한 것이다.

가장

몸값이 비싼

죽방렴 멸치

시중에서 팔리는 멸치 중 가장 몸값이 비싼 멸치는 죽방렴 멸치다. 남해의 죽방렴에 대한 기록은 김겸광이 편찬한 『경상도속찬지리지』「남해 현 조」에 나온다. 그렇다면 조선시대부터 죽방렴으로 멸치를 잡았을까? 그렇지 않다. 당시에는 대나무가 아니라 나뭇가지와 칡 등으로 발을 만들었다. 대나무를 사용한 것은 일제강점기에 멸치를 잡기 시작한 것 에서부터다.

이 어법이 남해군 지족해협 일대에서 이어지고 있다. 죽방렴(명승 제 71호)은 적당한 수심과 조수 간만의 차이와 빠른 물살 등이 갖춰져야 설치할 수 있다. 지족해협은 조수 간만의 차이가 3.6미터, 조류 속도는 평균 1.2노트, 수심은 10미터로 물길이 좁다. 지족마을을 사이에 두고 남해도와 창선도 두 섬을 잇는 창선교가 있다. 다리 아래 양쪽에 서쪽 으로 입을 벌린 채 멸치를 기다리는 죽방렴이 20여 개가 있다. 이곳뿐 만 아니라 삼천포 앞 신수도, 마도, 저도 사이에도 20여 개가 있다. 지족 마을 어민들이 주로 잡는 것은 멸치다. 봄부터 가을까지 계속되는 죽방 렴에는 멸치 외에 다른 물고기가 많이 들어온다.

죽방렴의 원리는 단순한 함정 어법을 넘어선 과학이다. 우선 발통을 보자. 둥글게 만든 발통 안쪽에는 대나무를 쪼개 미끄러운 겉대가 통 안쪽을 향하도록 촘촘하게 덧댔다. 물은 빠져나가지만, 물고기는 비늘

시중에서 팔리는 멸치 중 가장 몸값이 비싼 멸치는
죽방렴 멸치다. 이 죽방렴의 원리는 과학적인
어법이다. 남해군 지족마을의 죽방렴.

이 상하지 않고 빠져나갈 수 없도록 만들었다. 발통에 달린 쐐발은 자동으로 썰물에 열리고 밀물에 닫히도록 만들었다. 양쪽 날개 기둥(고정목), 발통 근처 고기를 유도하는 사목, 기둥과 기둥을 연결하는 활목(띠목) 사이로 바닷물이 빠르게 흐르면서 수막이 형성되어 양쪽 날개 안으로 들어온 물고기는 발통으로 빨려 들어갈 수밖에 없다.

　더 감탄할 수밖에 없는 것은 날개 기둥은 80센티미터 간격으로 설치하지만, 발통 부근 사목에는 30센티미터 간격으로 좁혀 박아 조류의 흐름을 더욱 빠르게 하면서 들어온 물고기가 밖으로 빠져나가지 못하게 한다. 블랙홀에 빨려가듯 발통에 갇히는 것이다. 또 구멍을 뚫어 기둥을 세운 다음 주변에 돌과 사석飼石을 쌓아놓으면 모래가 흘러와 그 사이에 쌓이면서 자연스럽게 기둥을 고정시켜준다. 바다 밑의 환경과 조류를 파악해서 만든 것이다. 발통 안은 돌을 넣어 바닥을 평평하게 만들고 썰물에 수심이 어른 키를 넘지 않도록 해서 안에서 그물로 물고기를 떠낼 수 있도록 했다.

　서포西浦 김만중金萬重, 1637~1692의 유배지 노도櫓島가 있는 경남 남해군 앵강만은 멸치의 산란장이다. 이곳에는 여러 틀의 정치망이 설치되어 있다. 아침 해가 금산을 비출 무렵 어부는 선원 4명과 함께 배에 오른다. 다행히 앵강만에 있는 다른 어장에 비해 어획량이 좋은 편이다. 멸치도 다니는 길이 있는지 다른 정치망에는 멸치가 잘 들지 않아도 어부의 어장에는 곧잘 멸치가 들어온다. 그래서 어획량에 따라 어장이 팔릴 때 값도 달라진다. 좋은 정치망은 수억 원에 거래되기도 한다.

멸치잡이는
극한직업

멸치 하면 부산 기장을 빼놓을 수 없다. 이곳의 멸치는 젓갈용으로 유자망을 이용해 잡은 대멸이다. 1997년부터는 기장 대변항에서 봄철마다 멸치 축제가 개최되고 있다. 해안을 따라 멸치회, 멸치구이, 멸치조림, 멸치튀김 등 멸치로 만든 다양한 음식을 파는 식당이 즐비하다. 현장에서 직접 천일염과 멸치를 버무려 젓갈을 담아준다. 기장 멸치는 멸치털이 과정에서 머리와 내장이 떨어져나간다. 그래서 멸치젓을 담기 좋다. 봄이면 부산 사람들뿐만 아니라 전국에서 젓갈용 멸치를 찾아 기장으로 온다. 이렇게 준비한 멸치젓은 김장철에 사용한다.

기장 대변항에서는 유자망으로 봄 멸치를 잡는다. 일본 쓰시마섬 인근까지 나가 조업을 한다. 부산뿐만 아니라 남해의 미조항에도 유자망 멸치잡이 어선들이 있다. 정치망과 달리 유자망은 어장을 찾아 바다로 나가야 하기 때문에 경험과 운이 함께 따라야 한다. 유자망은 그물을 수면에 수직으로 펼쳐서 조류를 따라 흘려 보내 멸치가 그물에 꽂히게 해서 잡는 어법이다. 유자망은 선장의 역할이 매우 중요하다. 선장의 지시에 따라 그물을 내린다. 그물은 폭 10미터, 길이 2킬로미터, 무게 1톤에 이른다. 유자망으로 멸치를 잡는 일은 투망 시간만 1시간이 걸리는 중노동의 극한직업이다.

겨우 어군탐지기로 멸치를 찾아냈더라도 멸치를 좋아하는 돌고래가

멸치도 생선이다

나타나면 '말짱 도루묵'이다. 선장의 경험과 어군탐지기에 용왕님도 도와주어야 만선을 기대할 수 있다. 그물을 올리는데도 투망 시간보다 훨씬 많은 시간이 필요하다. 불행하게도 그물에 멸치가 걸리지 않는 날이면 투망과 양망을 2~3번 반복해야 한다. 이것으로 끝이 아니다. 대변항으로 돌아온 멸치잡이 선원들에게 가장 힘든 '멸치 터는 일'이 기다린다. 빗방울처럼 후드득 떨어지듯 멸치가 허공에 올랐다가 '어야라 차이야, 어야라 차이야' 소리에 맞춰 떨어진다. 이때 손이 맞아야 한다. 소리에 따라 왼손과 오른손이 번갈아가며 장단을 맞춰야 서로 힘이 덜 들고 멸치도 잘 떨어진다.

그리고 턴 멸치를 25킬로그램 상자에 담아야 한다. 그리고 다음 날 조업을 위해 그물을 정리한다. 일찍 일이 끝나면 집에서 자고 나오지만 새벽에 일이 끝나면 배 안에서 잠을 청한다. 다음 날 아침 7시에 출항을 해야 하니 집으로 들고 나는 시간마저 아깝다. 그 시간에 잠을 자는 것이 더 낫기 때문이다. 기장에는 멸치를 잡는 유자망 배가 9척이다. 배 1척에 10여 명의 선원이 일을 하니 줄잡아 90명은 된다. 여기에 딸린 식구와 상가와 식당을 생각하면 몇백 명의 생계가 달려 있다.

바다가 다르면 멸치 잡는 방법도 다르다. 제주도의 멸치잡이는 독특하다. 제주 목사 이형상李衡祥, 1653~1733은 『남환박물南宦博物』에서 "제주의 바다는 날카로운 검은 창을 꽂아 놓은 듯하다"고 했다. 그래서 유자망이든 낭장망이든 정치망이든 그물을 놓을 수가 없다. 겨우 들망으로 멸치를 잡는 정도다.

유자망은 어장을 찾아 바다로 나가야 하기
때문에 경험과 운이 함께 따라야 한다. 그래서
극한직업의 중노동이 된다. 경남 남해군
미조항의 멸치털이.

이런 제주도에서도 봄이면 멸치를 기다렸다. 한림읍 금능리 등에 멸치가 들면 서귀포에서 상인들이 사러왔다. 연안에 돌담을 쌓아 조류를 따라 들어오는 물고기를 가두어 잡았다. 이를 '원담'이라고 하는데, 뭍에서는 '독살'이라고 부른다. 한림해수욕장에서는 가끔 횃불을 들고 멸치를 사둘(손잡이가 길고 끝에 둥근 그물을 단 국자 모양의 전통 어구)로 뜨는 진풍경이 벌어지기도 한다. 주광성인 멸치가 연안으로 들어올 때에 맞춰 횃불을 들고 나가서 유인을 하며 사둘로 뜨는 방법이다. 비양도 어장에서는 6월부터 8월 사이에 잠깐 들어오는 꽃멸(샛줄멸)을 유자망을 드리워 잡기도 한다.

가룸과
느억맘과
멸치젓

서해의 끝 섬 신안군 가거도에서는 옛날에 아주 독특한 방법으로 멸치를 잡았다. 섬 주민들이 모두 동원되었다. 가거도 멸치는 챗배그물이라고 불리는 '분기초망'으로 잡는다. 이렇게 해서 잡은 멸치는 젓갈을 담고 액젓을 만들어 목포에 있는 가게에 팔았다. 멸치가 식량이 되고 돈이 되었다. 챗배는 그물이 달린 챗대를 우측에 붙여 불빛으로 멸치를 유인해 떠서 잡는다. 선원 7~8명이 배를 타고 초저녁에 노를 저어 나가 다음 날 동 트기 전까지 멸치를 잡는다. 멸치 떼가 불빛을 보고 모여들기 때문이다. 주민 중 연령이 높은 사람들은 이 어법을 '불망'이라고도 부른다.

　제주도와 남해 일부 연안에서 6~9월에 챗배를 이용해 멸치를 잡았다. 섬 주변을 돌다가 멸치 떼가 발견되면 소리를 지르고 뱃전을 두드리며 멸치를 갯창(바닷물이 들어오는 옴팍하니 후미진 곳으로, 멸치가 빠져나가기 어려운 지형의 해안)으로 몰아넣는다. 그러고 나서 그물을 쳐서 멸치를 잡는다. 밤 9시부터 다음 날 해가 뜰 때까지 계속된다. 챗배로 멸치를 잡기 위해서 무동력선에는 불대(횃대) 1명, 몽둥이잽이 1명, 그물잽이 3~4명, 노꾼 8명 등 15명이 작업을 했다. 동력선으로 바뀐 뒤로는 선장 1명, 기관장 1명, 선원 5~6명, 불대 1명 등 8~9명이 팀을 이루어 멸치를 잡았다.

　사실 가거도 멸치잡이에는 주민들의 아련한 추억과 아픔이 담겨 있다. 아주 가까운 거리에 황금 어장을 두고 국내 대형 선단이나 심지어 중국 어선들의 고기잡이를 쳐다볼 수밖에 없었다. 이들은 겨우 작은 몇 척의 배로 낚시를 하거나 그물 어업이 전부였다. 〈가거도 멸치잡이 노래〉(전라남도 무형문화재 제22호)는 노를 젓고 그물을 당기는 고된 작업의 피로를 덜어주고 일체감을 조성하기 위해 불렀던 대표적인 어로요다.

　〈가거도 멸치잡이 노래〉는 모두 9곡으로 엮어진 모음곡 형식의 노래다. 1곡은 멸치 떼 위에 그물을 내릴 때 소리, 2곡은 그물 안에 든 멸치를 배에 퍼 담는 작업을 하며 부르는 술배 소리, 3곡은 그물을 거두고 귀향 준비를 하면서 부르는 소리, 4곡은 마을 어귀에 도착해 부르는 배치기 노래, 5곡은 놋 소리(노 젓는 소리), 6곡은 진격 소리, 7곡은 긴 놋 소리, 8곡은 자진 놋 소리, 9곡은 귀향 소리다.

특히 "만경창파 노는 멸치, 우리가 널 모를 손가, 너는 죽고 나는 살자. 만경창파에 흐르는 재물 건진 자가 임자로세. 우리 배 임자 재수 좋아 간 데마다 만선일세. 우리 고장에 들어온 멸치, 우리 배 망자로 다 들어온다"는 대목은 어부들이 만선을 기대하는 모습이 역력하다. 곽재구 시인은 「가거도 편지」에서 "더러는 먼 바다에 나가 멸치잡이 노래로 한세상 시름을 달래기도 하다가 밤이 되면 사랑하는 사람들 한 몸 되어 눈부신 바다의 아이를 낳았네"라고 노래했다.

경기·충청 지역에서는 김장할 때 새우젓을 많이 사용하지만, 전라도나 남해안 지역에서는 멸치젓을 많이 이용한다. 이 외에도 동해안 지역에서는 꽁치젓이나 청어젓, 제주도에서는 멸치젓이나 자리돔젓을 이용했다.

세계사에서 멸치젓의 역사는 로마시대 '가룸Garum'이라 불렸던 발효 생선에서 시작된다. 가룸이 있어 먹거리를 멀리까지 가지고 다닐 수 있었다. 로마가 갈리아Gallia(현재 프랑스 지역)를 점령한 이유가 바로 가룸이 있었기 때문에 가능했다. 당시 로마에는 액젓을 넣지 않는 요리가 없었다. 빵과 보리죽 외에 먹을 것이 없었던 로마의 가난한 사람들에게 가룸은 비타민·미네랄 등 영양분을 섭취할 수 있는 음식이었다. 당시 갈리아 지방의 항구가 액젓 생산의 중심이었다. 그곳의 바닷가에 작은 목욕탕처럼 생긴 구덩이가 멸치젓을 담갔던 곳이다.

로마가 갈리아를 점령할 수 있었던 것은 가룸이
있었기 때문이다. 당시 갈리아 지방의 항구가 액젓
생산의 중심이었다. 옛 로마 유적지인 스페인 바엘로
클라우디아Baelo Claudia에 있는 가룸 공장 터.

참치와 고등어로 만든 가룸이 최상품이었고, 멸치로 만든 것은 저렴해 서민들이 즐겼다. 비싼 가룸은 향수의 값과 견줄 만큼 비쌌다. 가룸은 로마의 음식 요리에 빼놓을 수 없는 조미료였다. 지중해 연안 나라들의 안초비anchovy 소스의 원조가 가룸이다. 멸치로 만든 소스를 이야기하려면 베트남을 빼놓을 수 없다. 베트남에서는 음식을 만들 때 많이 사용하는 조미료가 '느억맘Nuoc mam'이다. 멸치와 소금으로 발효시킨 어장魚醬이다. 캄보디아, 타이, 라오스, 필리핀 등에서 모두 멸치로 만든 어장을 사용한다. 그리고 인도네시아, 말레이시아, 베트남 등에서는 우리나라처럼 멸치로 국물을 만들어서 요리를 했다.

인간뿐만 아니라 갈치, 농어, 다랑어, 돌고래 등에게도 멸치는 소중하다. 또 물새들도 멸치를 기다리고 있다. 먹이사슬에서 멸치는 어업 생산량을 가늠하는 지표가 된다. 플랑크톤이 해양 생태계의 기초라면 멸치는 바다 육식동물의 생존 기반이다. 인간에게만 중요한 것이 아니다. 특히 2015년 낭장망 멸치는 슬로푸드 생물다양성재단의 '맛의 방주'로 등재되었다. 또 2015년 전통 멸치잡이 어법인 남해 죽방렴은 국가중요어업유산 제3호로 지정되었다. 작고 보잘것없는 생선처럼 보이지만, 수산인문학적 측면에서 바라보면 멸치의 역할은 너무나도 크다.

전어 〰
전어가 고소한 이유 〰

하늘하늘

은빛 비늘을

휘날리다

'서울 사람들이 감히 전어 맛을. 어림도 없는 소리였지.' 전남 강진 마량항에서 전어 그물을 손질하던 늙수그레한 어부가 혼잣말처럼 중얼거렸다. 넙치와 우럭에 익숙한 서울 사람들에게 하늘하늘 은빛 비늘을 휘날리며, 그것도 가을에 나타났으니 오죽했겠는가? 씹을수록 고소하고 값도 비싸지 않았으니 금상첨화였다. 거기에 남은 것은 그대로 굽기만 하면 새로운 맛으로 변한다. 세상에 또 이런 생선이 어디 있겠는가? 1990년대 후반 활전어가 서울 도심의 포장마차는 물론 횟집까지 점령했다.

전어는 청어목 청어과에 속하는 바닷물고기다. 몸은 긴 타원형으로 납작하며 등은 청색, 배는 은백색이며 그 사이에 황록색을 띤다. 아가미 옆에 검은 반점이 있으며, 배 가장자리에 모비늘稜鱗(날카롭고 강한 비늘)이 있어 손질할 때 주의해야 한다. 우리나라 모든 연안에서 자란다. 남해 연안뿐만 아니라 동해 울진과 서해 인천에서 전어가 잡힌다. 한류와 난류의 경계가 무너진 탓인 것 같다.

전어는 난류성 어류로 차가운 바다를 싫어한다. 서식하기 적정한 수온과 산란하기 좋은 장소를 찾아 4월이면 연안으로 여행을 시작한다. 그래서 봄철에 남해 연안에서 잡히는 전어들은 고소함보다는 여린 맛이 앞선다. 산란을 위해 들어오는 전어들이다. 5월이면 경남 통영의 비진도 인근에서는 전어가 그물에 들고, 6월이면 삼천포에 이른다. 이때 잡히는 전어가 '마도 전어'다. 마도는 삼천포 앞 작은 섬으로, 매년 7월 1일 전국에서 첫 번째로 전어잡이가 시작된다. 이후 가을까지 전남 여수의 여자만과 가막만, 충남 서천을 지나 인천 소래포구에 이르면 긴 여행이 끝이 난다.

전어는 보통 7월을 전후해 산란을 한다. 이때 잡은 전어는 아직 살이 오르지도 않았고 비린내가 나며 고소함이 덜하다. 산란한 후 전어가 수온이 내려가면 다시 깊은 바다로 나가야 하기 때문에 강 하구에서 열심히 먹이 활동을 한다. 부지런히 몸을 만들고 겨우살이를 준비하는 것이다. 이때가 연안에서 그물을 드리우고 전어를 잡는 철이다.

이 시기가 전어의 고소한 맛이 절정에 이른다. 너무 일찍 잡으면 전

전어는 서식하기 적정한 수온과 산란하기
좋은 장소를 찾아 연안으로 여행을 시작한다.
경남 통영에서 충남 서천을 지나 인천
소래포구까지 긴 여행을 한다. 자망으로
잡아온 전어를 손질하는 광양 망덕포구
어민들.

어가 먹은 펄이 몸에 남아 있어 고소함이 떨어지고, 너무 늦게 잡으면 깊은 바다로 나가니 닭 쫓던 개 꼴이 되고 만다. 요즘 이상기온으로 전어 어장이 형성되지 않는 해도 있으니 가을 입맛에 길들여진 식객들은 호주머니가 두둑해도 입맛만 다셔야 할 판이다.

전어는
가격을
따지지 않는다

『자산어보』에 전어는 "큰 놈은 1척 정도다. 몸통이 높고 좁다. 색은 청흑이고, 기름이 많으며 맛은 달고 진하다. 흑산에 간혹 있지만 육지 근처에서 나는 놈만 못하다"고 했다. 주목해야 할 것이 "육지 근처에서 나는 놈만 못하다"는 대목이다. 생선은 무엇을 어디에서 먹느냐가 맛을 결정한다. 전어는 개흙에 서식하는 작은 물고기들을 잡아먹고 살을 찌운다. 주요 어장이 강 하구나 연안에 형성되는 이유다.

부드러운 전어회를 원한다면 경남 통영이나 삼천포, 전남 고흥과 여수에서 가을이 무르익기 전에 전어 맛을 보면 좋다. 탄탄한 살과 고소함을 원한다면 좀 기다려 전라도나 충청도 어느 포구에서 전어를 찾을 일이다. '집 나간 며느리'를 유혹했다는 전어구이는 가을이 무르익었을 때가 좋다.

『난호어목지』에는 "입하 전후에 매년 와서 풀이 있는 물가에서 진흙을 먹을 때 어부들이 그물을 쳐서 잡는다. 살에 잔가시가 많지만 부드

전어는 개흙에 서식하는 작은 물고기들을
잡아먹고 살을 찌우기 때문에 주요 어장이
강 하구나 연안에 형성된다. 그 맛이 좋아서
사람들이 가격을 따지지 않기 때문에
전어라고 한다.

러워 목에 걸리지 않으며 씹으면 기름지고 맛이 좋다"고 했다. 특히 "상인들이 소금에 절여 서울에 파는데, 귀천을 가릴 것 없이 모두 진귀하게 여긴다. 그 맛이 좋아서 사는 사람들이 가격을 따지지 않기 때문에 전어錢魚라고 한다"고 했다. 대나무에 10마리씩 꿰어 팔아 전어箭魚라고 했다는 이야기도 전한다.

전어는 '전어錢魚, 전어全魚, 전어箭魚, 전어剪魚' 등 다양하게 불린다. 『난호어목지』와 『전어지』에는 전어錢魚, 『자산어보』에는 전어箭魚라고 했다. 지역에 따라 새갈치·대전어·엿사리·전어사리 등으로 불린다. 가장 독특한 이름은 동해안에서 불리는 '어설키'다. 『신증동국여지승람』이나 『세종실록지리지』에는 충청도, 경상도, 전라도, 함경도의 토산으로 기록되어 있다.

오늘날 가을철 전어 축제가 개최되는 곳은 인천 소래포구, 김포 전류리, 서천 홍원항, 보성 율포, 광양 망덕포구, 마산 어시장, 부산 명지 어시장 등이다. 이쯤이면 서해와 남해를 아우르는 생선임이 틀림없다. 한강 하류 소래·강화, 금강 하류 비응도, 섬진강 하류 망덕, 낙동강 하류 등은 모두 전어를 많이 잡았던 곳이다. 강물과 바닷물이 만나서 먹이가 풍부한 지역이다. 봄철 산란을 한 후 전어들이 찾아드는 곳이다.

섬진강과 한강을 제외하고 물길이 막혔다. 섬진강은 어떤 강인가? 지리산을 굽이쳐 흐르고, 깨끗한 곳만 찾는 은어가 서식하는 곳이다. 전국의 전어가 광양 섬진강 망덕포구의 전어로 둔갑하는 것도 다 이유가 있다. 망덕포구 외망리 어부에게서 전해들은 이야기로 정약전의

『자산어보』에 나오는 "육지 근처에서 나는 놈만 못하다"는 이야기를 확인한 셈이다. 정약전도 전남 신안군 흑산도와 우이도에서 어부에게서 이야기를 듣고 적었을 것이다.

왜
'가을 전어'라고
할까?

전어 맛이 절정에 달하는 시기는 추석 연휴 기간이다. 몸값도 절정에 이른다. 가족들이 모여서 한쪽에서는 고기를 굽고, 한쪽에서는 전어를 썰어두고 회포를 푸는 것이 일상이다. 전어가 2000년대 초반 산지에서 1킬로그램에 3,000원이었다. 그런데 최근 2~3만 원으로 올랐다. 추석 연휴에는 이보다 더 비쌀 것이다. 조선시대의 학자 오희문吳希文, 1539~1613이 지은 『쇄미록瑣尾錄』에는 "시장에서는 큰 전어 한 마리의 값이 쌀 석 되 값에 이른다"고 적혀 있다.

바닷물고기가 그렇듯이 수온에 민감한 전어가 뭍사람과 가장 먼저 만나는 곳이 남해안이다. 경남 삼천포, 광양 망덕포, 여수 여자만, 고흥 득량만으로 들기 시작한다. 삼천포에는 7월 중순 전어 금어기가 끝나면 횟집 수족관에 전어가 채워진다. 가장 이른 시기에 전어 맛을 볼 수 있는 곳이다. 7월 말이면 전어 축제도 개최된다.

그런데 왜 여름 전어보다 '가을 전어'로 통하는 것일까? 과학적인 이유를 확인하기 어렵다. 다만 7월에 남해에서 잡히는 뼈가 연하고 여린 전어와 가을에 서해에서 잡히는 성어로 자란 전어는 맛도 먹는 방법도 다르다. 어린 전어는 회로 먹으려면 통째로 썰어도 되지만, 다 자란 전어는 회보다는 구이가 좋다. 회로 먹을 생각이라면 포를 떠야 한다. 지금처럼 '물차'라고 부르는 활어차가 발달하기 전에는 얼음에 재워 이동하는 것이 최선이었다.

산지가 아니면 펄쩍펄쩍 뛰는 전어를 언감생심 맛볼 수 없었다. 신선도가 떨어진 전어를 일컫는 '물 넘은 전어'라는 말이 흔했던 시기다. 가을 전어의 고소함이란 이렇게 다 자란 살이 오르고 뼈가 억센 전어를 구울 때 나는 냄새와 그 맛을 말한다. 그 냄새가 '집 나간 며느리'가 돌아온다는 냄새다. 그래서 "가을 전어 대가리에는 참깨가 서 말"이라고 했다.

전어는 무리를 지어 이동한다. 봄철에 그물에 올라오던 남해안의 작은 전어들은 서해안으로 북상하면서 살이 통통히 오르면 충남 태안 마검포항과 서천 홍원항 어민들이 술렁인다. 그리고 작은 포구에서 도심 마트는 물론 강원도 산골까지 전국은 전어 굽는 냄새로 진동한다. 추석에 고향으로 내려와 전어 맛에 여름철에 잃은 입맛을 되찾은 사람들의 식탐이 시작될 무렵 전어의 귀환은 절정에 이른다.

맛도 좋아 돈을 세지 않고 먹었다는 전어다. 어민들은 '봄은 칠산에 조구(조기) 둠벙이여, 가을은 망덕에 전어 둠벙'이라고 했다. 섬진강 하구 망덕포구에 어부들이 모여들었던 것도 이 때문이다. 사천에서는 '돈 주러 간다고 해서 돈어錢魚'라고 부르기도 했다. 가덕도 주변 바다와

가을 전어는 살이 오르고 뼈가 억센 전어를
구울 때 나는 냄새와 맛을 말한다.
그 냄새가 '집 나간 며느리'가 돌아온다는
냄새다. 전어구이와 전어회.

진해만에서 잡히는 전어를 살이 떡처럼 통통하고 크다는 이유로 '떡전어'라고 불렀다. 큰 것은 크기가 30센티미터, 너비는 6센티미터에 이르는데 보통 3년 이상 자란 전어다. 인근 갯벌에 먹이가 풍부하고 거센 조류의 영향을 받아 육질도 쫄깃쫄깃해 서해의 전어와 다르다고 한다.

바다에서 보내는 시간이
뭍에서 보내는 시간보다
길다

전어는 대부분 그물을 이용해 잡는다. 잡는 방식과 그물의 종류에 따라 자망, 선망, 정치망 등이 있다. 자망은 연안이나 만에서 이루어지는 소규모 어업이지만, 선망은 규모가 큰 선단 어업이다. 정치망은 서해의 건간망·안강망·승망昇網(물고기를 유인하는 길그물 끝에 헛통을 설치하고 그곳에 자루그물을 달아 물고기를 가두어 잡는 어법)·호망·각망角網(육지에서 바다 쪽으로 물고기를 유도하는 길그물을 설치하고 그 끝에 통그물을 설치해 잡는 어법이다. 통그물의 개수에 따라 이각망, 삼각망, 사각망 등이 있다), 남해의 정치망(죽방렴 포함)까지 다양하다.

전어는 귀가 밝고 영리하다. 낚시로 잡을 수 없다는 말을 에둘러 하는 말이다. 전남 광양만·여자만·득량만의 어부들은 작은 어선을 타고 나가 전어를 잡는다. 선원이라고 해야 평생 살붙이 부부가 전부다. 새벽 2~4시에 어장으로 나간다. 해가 뜰 때나 해가 질 때 전어가 활동하기 때문이다.

섬진강 하구 망덕포구에서는 봄에는 실뱀장어를 잡고 여름에는 갯장어를 잡았다. 또 가을에는 전어를 잡고 겨울에는 김 양식을 했다. 그곳은 문전옥답門前沃畓처럼 마을 가까이 있는 황금 어장이었다. 그곳에 쇠말뚝을 박고 태인도와 금호도 주변 바다를 막아 제철소를 지을 때 주민들이 목숨을 걸고 어장을 지키려고 했던 이유를 이제는 알 것 같다. 예전처럼 제철 생선을 만날 수 없지만, 가을이면 광양 배알도 부근에서 전어잡이 배의 불빛이 이어지고 있다.

삼천포 앞 마도에는 전어와 관련된 어업요인 〈갈방아 소리〉(경상남도 무형문화재 제28호)가 전해진다. 마도는 주변에 신도, 저도, 늑도, 초양도 등 섬이 많고, 남해와 사천과 하동 사이 내만內彎으로 드는 길목에 있는 천혜의 어장이다. 지금처럼 나일론 그물이 나오기 전에 면으로 엮은 그물을 사용해 전어를 잡았다. 그런데 면사綿絲 그물은 너무 약해 한 해를 버티기도 어려웠다. 그래서 소나무 껍질이나 풋감을 찧어서 물을 들였는데, 이 물을 '갈물'이라고 한다. 그물이 너무 커서 절구통을 이용해 갈물을 만들었는데, 그 일이 너무 힘들어 부르던 노래가 〈갈방아 소리〉다.

허기야 디야차 갈방애야 에야 디야 갈방아야
이 방애가 누 방앤고 에야 디야 갈방아야
경상도로 내려와서 에야 디야 갈방아야
우리 마도로 들어오거든 에야 디야 갈방아야
어기여차 도장원 방애다 에야 디야 갈방아야

귀가 밝고 영리한 전어는 연안이나 만에서
자망으로 잡는다. 어부들은 작은 어선을 타고
새벽 2~4시에 어장으로 나간다. 광양
망덕포구의 전어잡이 배.

어기야 디야차 갈방애야 에야 디야 갈방아야

부산 다대포 앞바다 전어잡이는 어로장의 신호에 따라 선원들은 그물을 펼치며 둥글게 에워싸 잡는 소형 선망 어업이다. 진해만도 마찬가지다. 비진도 등 작은 섬에서는 각망 등 정치망으로 전어를 잡는다. 득량만과 여자만 등에서는 부부가 소형 선박으로 밤새 조업을 해서 새벽에 포구로 팔러 나온다. 충청도와 인천에서는 대형 선망으로 전어잡이에 나선다. 선망으로 잡은 전어들은 대부분 수족관에 담겨 서울과 부산으로 옮겨진다. 바다에서 잡은 전어도 반나절이면 도심 한복판에서 맛볼 수 있다. 염장해서 먹던 전어를 회로 먹을 수 있게 된 것이다.

도심에서 전어를 찾는 사람이 많아지자 전어를 전문으로 잡는 어민들도 생겨났다. 이들은 전국구다. 전국의 어디에 전어 어장이 형성되었다면 자다가 일어나서 가는 사람들이다. 뱃길로 접근이 어려우면 육로로 배를 옮겨 찾아가는 극성은 일도 아니다. 이들이 전어를 잡는 그물은 선망이다. 경남 사천, 전북 군산, 충남 서천 등에서는 전어잡이 경험이 많은 선원을 채용해 조업을 한다. 바닷속에 있는 전어를 손바닥처럼 읽어야 하고, 전어의 이동로를 파악해 포획해야 하기 때문에 경험이 중요하다.

어장을 차지하려면 일찍 나가 자리를 잡아야 한다. 또 움직이는 전어를 잡아야 하기 때문에 배의 성능도 좋아야 한다. 그들은 전어를 잡은 양에 따라 수당을 지급받기 때문에 밤새워 일한다. 가을 한철을 보고 사는 어부들이다. 바다가 흉년이면 1년 내내 살림살이가 어렵다. 어획량이 기름값에도 미치지 않으면 출어를 포기하기도 한다. 한 번 그물을 넣어 수십 킬로그램을 어획하기도 했지만, 요즘은 전어를 헤아릴 정도로 어획량이 줄어들었다.

전어잡이는 시간과의 싸움이다. 바람과 태풍과 비 등 날씨를 읽는 것은 기본이고 전어의 습성을 파악해야 한다. 그리고 기다려야 한다. 대형 선망도 전어잡이에 나서기도 한다. 대형 선망은 그물을 끄는 배 2척과 불을 밝혀 물고기를 유인하는 등선과 운반선 등 모두 배 6척에 70여 명이 승선해 조업한다. 이 어법은 연근해 어업 중 규모가 가장 크다. 이들 어선은 제주도, 서해, 거문도 심지어 일본 쓰시마섬 부근까지 가서 조업을 한다. 그런데 연안과 근해 사이 혹은 연안 가까이에서 전어를 잡는다는 것이 연안 어민들의 이야기다. 전어가 예년 같지 않은 것은 이상기온과 잦은 장마와 가을비로 먹이사슬이 제대로 형성되지 않는 것도 이유라고 한다.

도심에서 전어의 고소함에 취할수록 연안의 전어잡이는 더욱 치열해진다. 내 그물에서 빠져나간 전어는 다른 사람의 그물로 들어간다. 바다에서 생존은 치열하다. 그래서 전어가 올라오면 며칠이고 배 위에서 생활한다. 바다에서 보내는 시간이 뭍에서 보내는 시간보다 길다. 이렇게 어부들의 치열한 삶이 있어 전어가 고소한 것일까?

삼치

남쪽으로 튀어보자

배 한 척 가득 잡으면

평안 감사도

눈에 보이지 않는다

삼치는 가을에 많이 잡힌다. 그렇다고 많이 잡힐 때 맛이 좋은 것은 아니다. 도다리(문치가자미)만 해도 그렇다. 봄 도다리의 주인공이지만 진짜 맛이 좋은 계절은 늦여름부터 가을이다. 봄에 많이 잡히니 어민들은 먹는 방법을 찾아야 했고, 상인들은 상술이 필요했다. 여기에 해쑥이 더해져 만들어진 것이 '도다리쑥국'이다.

삼치도 정말 맛이 좋은 때는 늦겨울부터 이듬해 봄까지다. 그런데 가을에 더 많이 잡는다. 정확하게 표현하자면 조업하기 좋은 가을에 많이 잡히고 조업이 어려운 겨울과 봄에는 어획량이 떨어진다. 삼치에게는 겨울이 먹고살 만한 계절이다. 그러니 봄 삼치가 얼마나 맛이 좋겠는가? 오죽했으면 삼치를 칭하는 한자어가 물고기 '어魚'자에 봄 '춘春'자를 더한 '삼치 춘어鰆', 즉 춘어鰆魚라고 했을까? 그래서 '봄에 삼치 배 한 척 가득 잡으면 평안 감사도 눈에 보이지 않는다'고 했다. 삼치 한 마리가 쌀 한 가마니와 같았다는 말이 괜한 말이 아니다.

　삼치는 농어목 고등엇과에 속하는 바닷물고기로, 모양새로 보듯이 고등어를 많이 닮았다. 다랑어류(참다랑어, 황다랑어, 점다랑어, 가다랑어), 고등어류(망치고등어, 노르웨이 고등어), 삼치류(줄삼치, 동갈삼치, 평삼치) 등이 모두 고등엇과에 속한다. 삼치는 고등어보다 쉬이 물러지기 때문에 잡자마자 얼음에 보관해야 한다. 고등엇과에 속하는 어류 중 비린내가 가장 적은 생선이다. 겨울철에 그나마 살이 단단해진다. 추자도 남쪽에서 겨울을 나고 늦겨울이나 이듬해 봄에 연안으로 들어온다. 멸치나 까나리나 정어리 등 작은 어류를 좋아하며, 성어로 자라면 1미터에 이르고 70센티미터 이상은 되어야 횟감으로 맛이 좋다.

　삼치는 물속에서 날렵하고 재빠르기 때문에 당할 물고기가 없지만, 하늘에서 순식간에 낚아채는 맹금류를 당할 재간이 없다. 하늘에서 볼 때 바다는 푸르다. 삼치의 등이 푸른 이유다. 또 물속에서 보색이 되도록 배는 하얗게 되었다. 『난호어목지』에도 "등은 청흑색이며, 기름을 바른 것처럼 윤이 난다. 등 아래 좌우로 검은 반문斑紋(얼룩얼룩한 무늬)이 있고 배는 순백색이다"고 적혀 있다. 등이 청흑색이라서 수면의 물비늘과 어울려 눈이 좋은 맹금류도 속일 수 있다.

삼치의 등이 푸른 이유는 수면의 물비늘과
어울려 눈이 좋은 맹금류의 사냥을 피하기
위해서다.

『자산어보』에는 삼치를 '망어蟒魚'라고 했다. "몸통은 둥글고 3~4아름 圍(엄지손가락과 다른 손가락을 완전히 펴서 벌렸을 때에 두 끝 사이의 거리)이며, 머리는 작고 눈도 작으며, 비늘은 지극히 잘다. 등은 검은데, 이무기蟒에 검은 무늬가 있는 것과 비슷하다. 상당히 용맹스러워서 몇 장높이를 뛸 수 있다"고 했다. 정약전의 입맛인지 흑산도 사람들이 좋아하지 않아서인지 "맛은 시면서 진하지만 맛이 떨어지고 탁하다"고 혹평을 했다.

『자산어보』의 공동 집필자로 평가받는 주민 장덕순張德順이 살았던 흑산면 대둔도 주변 바다에서 끌낚시로 삼치를 잡는 모습을 볼 수 있다. 『난호어목지』에는 "북쪽 사람은 마어麻魚라고 하고 남쪽 사람은 망어魟魚라고 한다"며 "큰 것의 길이는 1장丈이고 둘레는 4~5자"이며, "맛이 아주 달고 좋다"고 했다. 삼치鰺鮮라고 적은 『우해이어보』에는 "초여름에 물가에 와서 뱀과 구렁이와 교미를 하여 알을 낳아 얕은 곳의 기름진 모래에 묻어두는데 이듬해 봄에 부화한다"고 하면서 "맛은 매우 좋고, 말려서 먹어도 맛이 있다"고 했다.

양반들이 삼치를 싫어한 이유

어민들과 달리 사대부 양반들은 삼치를 싫어했던 모양이다. '망어魟魚'라는 이름 때문일까? 민담에 이런 내용도 전해온다. 강원도 관찰사로 부임

한 이가 동해에서 잡은 삼치 맛에 빠졌다. 그래서 자신을 이곳에 보내 준 정승에게 큼지막한 삼치를 골라 보냈다. 수레에 실어 보낸 삼치는 여러 날이 지난 후 정승 집에 도착했다. 밥상에 오른 삼치 맛을 본 정승은 썩은 냄새에 비위가 상해 며칠 동안 입맛을 잃었다. 그 뒤로 볼 것도 없이 삼치를 보낸 관찰사는 좌천을 면치 못했다. 삼치가 선비의 앞길을 막았으니 '망어'라고 할 만하다.

삼치는 가을에서 겨울까지 이어지는 제철 생선이다. 가을 전어는 가시가 많아 아이들이 먹기 어렵고 노인들에게도 먹힐 것이 없다. 그런데 삼치는 다르다. 도톰한 살이 부드럽기까지 하다. 삼치에 함유된 DHA(불포화지방산의 일종)는 아이들의 두뇌 발달에 좋고, 노인들의 치매 예방, 기억력 증진, 암 예방에도 효과적이다. 수험생이나 노인들이 꼭 챙기는 오메가3도 듬뿍 포함되어 있다. 그리고 입안에서 아이스크림처럼 살살 녹는다. 아이들은 물론 이빨이 좋지 않는 노인들에게 이보다 좋은 생선이 있을까? 단백질이 풍부한 삼치는 비타민이 많은 채소와 같이 섭취하면 좋다.

삼치는 봄에 산란을 한다. 겨울에 삼치가 맛있는 것은 늦가을부터 겨우내 산란을 위해 몸에 영양분과 에너지를 축적하기 때문이다. 봄이나 여름에 연안으로 와서 알을 낳고 가을과 겨울에 외해로 회유해 겨울을 난다. 여수, 고흥, 완도, 해남의 어시장이나 횟집에 나오는 삼치는 거문도, 나로도, 청산도, 추자도 인근 해역에서 잡힌 것들이다.

일제강점기에는 축정항(현재 전남 고흥군 나로도항)에서 '조선 사람이

삼치는 일제강점기에 '조선 사람이 먹기
아까운 생선'이라며 일본으로 수출되었다.
당시 가을철이면 삼치를 잡는 수백 척의 배가
모여들어 파시를 이루었다.

먹기 아까운 생선'이라며 모두 일본으로 수출했다. 당시 가을철이면 삼치를 잡는 수백 척의 배가 모여들어 파시를 이루었다. 배가 들어오면 술집은 밤새 불이 꺼지지 않았다. 교복에 금단추를 달았다는 주민들의 이야기나 전기, 목욕탕, 수도 시설이 되어 있던 일본인 집들이 당시 삼치의 위력을 말해준다.

성질이 급한 삼치는 잡자마자 죽는다

삼치는 질풍노도를 연상케 한다. 성질이 급하다. 게다가 이빨이 날카롭다.

입에 문 낚싯바늘을 빼는 순간 분을 참지 못하고 몸부림을 친 후 얼음 속으로 들어간다. 사람으로 비교한다면 사춘기 절정의 청소년에 해당한다. 쉽게 상하기 때문에 갈치처럼 산지에서나 맛볼 수 있는 것이 삼치회다.

삼치의 날렵하기는 F1 경기에 출전한 자동차를 능가한다. 그런데 이것이 화근이다. 인간은 스피드를 즐기는 삼치의 특성을 이용해 낚시를 한다. 끌낚시라는 것이 그것이다. 눈이 아주 밝은 삼치라지만 은빛의 멸치 모양의 가짜 미끼를 달아서 빠르게 끌면 그 유혹에 쉽게 넘어간다. 어민들의 끌낚시나 낚시꾼들의 루어 낚시의 원리가 그것이다.

삼치잡이 어법은 쌍끌이 기선 저인망, 정치망, 유자망, 끌낚시까지 10여 가지가 넘는다. 이 중에서 많이 사용하는 어법이 유자망이나 끌낚

삼치는 성질이 급하고 이빨이 날카롭다. 입에
문 낚싯바늘을 빼는 순간 분을 참지 못하고
몸부림을 친다. 그런 삼치의 특성을 이용해
끌낚시로 잡는다. 끌낚시를 장착한 보령
외연도 어선들.

시다. 20여 톤급 배를 가지고 먼 바다에서 유자망으로 잡은 삼치보다는 서해와 남해 일대에서 제철에 삼치만 전문으로 잡는 끌낚시로 어획한 삼치가 맛이 좋고 비싸다. 성질이 급한 삼치는 잡자마자 죽는다. 바로 피를 빼고 얼음에 보관해야 한다.

여수 거문도나 고흥 나로도는 '땅발이'와 '뜬바리'라는 두 가지 끌낚시가 있다. 수협중앙회에서 발행한 『우리나라의 어구와 어법』에는 끌낚시는 "회유성 어종 중 성질이 급하고 공격적인 어종을 주 대상"으로 하며, "낚싯줄에 한 개 또는 여러 개의 낚시를 달아 배가 직접 수평 방향으로 끌고 가면서 잡으며, 표층 끌낚시와 중저층 끌낚시로 구분"했다. 뜬바리는 표층 끌낚시를, 땅발이는 중저층 끌낚시를 말한다.

삼치는 수온이 높으면 수면으로 이동해 생활한다. 이때 사용하는 어법이 뜬바리다. 참대라 부르는 굵은 왕대를 배의 좌현左舷과 우현右舷에 걸치도록 고정하고, 양쪽에 3~4개의 낚시를 매단 낚싯줄을 끈다. 이때 사용하는 가짜 미끼는 반짝이는 비닐류다. 이것을 매달고 배가 달리면 멸치나 정어리가 질주하는 것처럼 보여 질주본능의 삼치가 와서 덥석 물게 된다.

반대로 땅발이는 100미터가량 되는 줄에 70여 개의 낚시를 달고 배가 달릴 때 가짜 미끼를 삼치가 물도록 해서 잡는 어법이다. 이때 줄이 가라앉도록 봉돌(낚싯바늘이 물속에 가라앉도록 낚싯줄 끝에 매어 다는 작은 쇳덩이나 돌덩이)을 사용한다. 그리고 큰 배보다는 규모가 작은 배를 사용한다.

여수 거문도나 고흥 나로도에는 뜬바리로 잡는 삼치잡이가 제법 남아 있다. 이곳 외에도 여수 송도, 해남 땅끝, 신안 흑산도, 부안 위도, 보령 외연도에서 볼 수 있는 어법이다. 어민들이 잡은 삼치 중 거문도에서 끌낚시로 잡는 삼치를 으뜸으로 꼽는다. 왜 그럴까? 거문도에서는 삼치가 사시사철 잡히기 때문이다. 산란을 위해 깊은 바다에 머무는 삼치를 잡는 방법은 끌낚시밖에 없다.

정치망이나 유자망으로 잡은 것보다 끌낚시로 잡은 삼치가 맛이 좋다. 스트레스를 적게 받기 때문이다. 사람이나 물고기나 스트레스는 몸에 해로운 모양이다. 회를 떠보면 끌낚시로 잡은 삼치가 그물로 잡은 삼치보다 색깔이 밝다고 하는데 그것을 구분하기가 쉽지 않다. 그리고 다른 곳에서는 잡히지 않거나 양이 적고 거문도에만 어장이 형성된다.

어민들뿐만 아니라 바다낚시를 즐기는 낚시꾼들도 가을철 멸치 떼를 쫓아 수천 마리의 삼치 떼가 들어오면 채비를 하고 바다로 나선다. 삼치는 루어 낚시로 잡는다. 특히 '라이트 지깅light jigging'에 제격이다. 지깅은 지그jig라는 인공 미끼를 사용하는 바다낚시의 한 장르다. 가벼운 채비에 인공 미끼인 '메탈지그metal jig'를 달아 삼치를 유혹한다. 가벼운 낚시로 대형 물고기를 낚기 때문에 낚시꾼들이 즐겨하는 새로운 루어 기법이다.

삼치를 '고시'나 '야나기'라고 부르는 사람도 있다. 일본 사람들이 좋아해 붙인 작은 삼치를 일컫는 말이다. 여수에서는 길이 70센티미터에 1킬로그램 정도는 되어야 삼치라고 부른다. 이 정도 자라려면 그물을

피하고 가짜 미끼에 유혹되지 않는 채 3년은 버텨야 받을 수 있는 호칭
이다. 촘촘하게 바다에 드리워진 그물도 그렇지만 반짝이는 가짜 미끼
의 유혹을 뿌리치기가 쉽지 않다.

삼치를
담는 접시도
핥아 먹는다

거문도는 삼치 어장이 좋
은 섬이다. 나로도에서
거문도까지 가을 바다에
는 삼치 어장이 형성된다. 나로도 삼치나 거문도 삼치가 유명한 것은
가장 맛이 좋은 시기에 잡히기 때문이다. 무르지 않고 살이 단단하며
부드럽게 씹힌다. 양념장과 김과 묵은 김치는 기본이다. 달래장을 더
해도 좋다.

　찬바람이 일면 여수 중앙동 선어시장에는 온통 삼치 판이다. 여수로
모여든 삼치가 전국으로 유통되지만, 여수 사람들만큼 삼치회를 즐겨
먹는 사람들도 없을 것이다. 그것도 활어보다 선어다. 여수에서는 삼치
선어를 사시사철 즐긴다. 여기에 민어와 병어와 계절별로 몇 가지 생선
이 선어로 더해진다. 통영의 '다찌 문화'가 싱싱한 해산물이 중심이라면,
여수는 선어 문화다(다찌는 제철 해산물을 한자리에서 먹을 수 있는 통영의
음식 문화다). 여수나 통영 모두 역사적으로나 문화적으로나 심지어 바
다 생태계 측면에서도 비슷하다. 하지만 음식 문화는 이렇게 다르다.
볼락을 사랑하는 통영과 서대를 좋아하는 여수의 해산물 밥상을 봐도

그렇다.

　이 무렵 삼치를 담는 접시도 핥아 먹는다고 했다. 옛날에는 산지에서만 회로 먹고 구이로 먹었지만 지금은 사정이 다르다. 삼치를 회로 먹으려면 꼭 준비해야 할 것이 있다. 먼저 간장소스다. 초장처럼 만들어 팔지 않기 때문에 솜씨껏 만들어야 한다. 간장, 고춧가루, 마늘, 설탕은 기본이고 여기에 청주가 들어가면 더욱 좋다. 그리고 깨, 양파, 설탕 등을 입맛에 따라 더한다.

　다음은 김이다. 시중에서 판매하는 양념을 발라 구운 김을 먹기도 하지만, 제대로 먹으려면 일반 김을 구워서 싸먹는 것이 좋다. 이때 김밥용 김보다 곱창김이면 더욱 좋다. 삼치회는 부드럽다. 김으로 감싸기 좋다. 간장소스에 찍어 먹는다. 그런데 맛있게 먹으려는 방법도 진화하고 있다. 인간은 미식 본능을 가지고 있다.

　삼치를 양념장에 찍어 김으로 싼 후 묵은 김치를 얹어 먹는 것이 완도 청산도식이라면, 여수 거문도식은 양념된장과 돌산갓김치를 올리고 마늘과 고추냉이를 얹어서 싸먹는다. 해남 땅끝에서는 김 대신 봄동에 삼치를 올리고 묵은 김치를 더해서 먹는 방법이 인기다. 이를 두고 '삼치삼합'이라고 한다. 어느 쪽이든 따뜻한 밥과 함께 먹으면 더욱 좋다.

　해남은 밭에서 배추가 월동을 한다. 그뿐만 아니라 겨울과 이른 봄에 파릇파릇한 봄동의 산지다. 해남 땅끝에서 30분 거리에 있는 노화도에는 겨울철이면 봄동이 지천이다. 아예 밭을 임대해 봄동을 심어

삼치는 가을이 제철이다. 이 무렵 삼치를 담는 접시도
핥아 먹는다고 했다. 여수 송도 어민이
첫 삼치잡이에서 잡은 삼치를 주민과 나누고 있다.

출하하는 상인이 등장했다. 겨울 해풍 속에서 자란 푸릇푸릇한 봄동과 겨울 바다를 누비며 산란을 준비하던 삼치가 만난 것이다.

반면에 여수와 완도의 삼치삼합은 바다 것들의 만남이다. 겨울 햇김과 거문도와 청산도에서 끌낚시로 잡은 삼치가 만난 것이다. 조합으로 본다면 해남 땅끝의 삼치삼합에 호감이 더 간다. 바다와 땅의 만남이 아닌가? 땅끝마을에는 삼치잡이에 나서는 주민만 해도 30여 집에 이른다.

삼치는 척추뼈를 중심으로 양쪽으로 두 장 뜨기를 한다. 뼈에는 살이 많이 붙어 있어 구워 먹어도 좋고, 맑은탕을 끓여도 좋다. 이때 머리까지 넣어서 끓이면 국물이 맑고 진하다. 삼치는 잡힌 후 하루만 지나도 살이 물러지기 때문에 신선도를 속일 수 없다.

청산도 상서마을의 어부가 알려준 사계절 삼치를 맛있게 먹는 방법이다. 싱싱한 삼치를 구입해서 머리와 꼬리를 잘라내고 내장을 빼낸다. 깨끗하게 씻어 소금 간을 해서 반나절 정도 숙성시킨다. 그리고 소금을 떨어내고 씻은 다음 음식을 보관하는 비닐 팩에 한 끼 먹을 정도씩 담아서 냉동 보관해 놓는다. 이렇게 해놓고 필요할 때 꺼내 구이, 찌개, 조림 등을 해먹으면 막 잡은 삼치와 다를 바 없다고 한다. 좋은 삼치는 아가미가 빨갛고 눈이 선명하다. 몸에 검은 반점이 선명하고 몸 색깔은 푸른빛을 띤다. 늦가을 삼치를 맛보기 위해 남쪽으로 튀어보자.

서대

서대를 박대하지 마라

서대 없이는

제사를 지내지

않는다

경남 통영 사람들의 볼락 사랑이 지극하다 못해 극진하다면, 전남 여수 사람들은 그에 못지않게 서대를 좋아한다. 아니 좋아하는 것을 넘어서 사랑한다. 여수 사람들은 서대가 '1년 열두 달 먹어도 질리지 않는 생선'이라고 극찬한다. 그러니 서대회무침은 여수에서 먹어야 한다는 말이 나왔겠다. 정말 여수 막걸리에 서대회무침 한 접시면 세상 부러울 것이 없다. 서대는 사시사철 먹을 수 있는 것이 볼락과 차이다. 그러니 식당을 하는 사람들에게나 막걸리를 파는 선술집에서 서대는 효자 중의 효자다.

여수의 최고 생선은 단연코 서대다. 봄이 깊어가면 서대가 갯벌로 올라온다. 산란을 위해서다. 이를 노리는 인간들이 잔인하고 야속할 뿐이다. 그 맛이 매콤시큼하고 씹히는 맛이 당기는 걸 어떡할 수 없다는 변명이다. 봄은 물론 초가을에도 여수 서대가 인기다. 새벽에 문을 여는 교동시장에 가면 서대를 만날 수 있다. 여수에서는 조기 없이는 제사를 지내도 서대 없이는 제사를 지내지 않는다. 제사뿐만 아니라 결혼식에도 홍어가 빠져도 서대는 빠져서는 안 된다. 이 정도다 보니 통영 사람들의 '볼락 사랑' 못지않게 여수 사람들의 '서대 사랑'은 지극하다. 지금은 옛날 집이 많이 사라졌다고 하지만, 여수 이순신광장 주변에는 서대횟집이 많다.

　동해안에서 가자미가 그 종류를 헷갈리게 한다면, 서해안의 그것은 서대다. 우리나라에서 즐겨 먹는 가자미목 참서댓과에는 여수에서 즐겨 먹는 서대회무침의 참서대, 군산에서 구이용으로 사랑을 받는 박대가 대표적이다. 보통 서대라고 하면 참서대를 말한다. 그리고 다 자라면 참서대 중에 가장 크다는 용서대가 있다. 이 외에도 무안의 지느러미가 검은빛을 띠는 흑대기, 개서대, 물서대, 칠서대도 있다. 가자미목 납서댓과에도 식용으로 이용하는 각시서대, 납서대 등도 있다.

　서대는 가자미목에 속한다. 가자미, 도다리, 넙치 모두 눈이 좌우 한쪽으로 쏠려 있어 모양새로 보면 '비목어'라고 할 만하다. 완전체가 되려면 또 다른 어류가 옆에 붙어주어야 한다. 그래서 수영을 할 때도 나비처럼 펄렁이는 것이 아니라 다른 생선처럼 지느러미를 움직이며 앞

여수 사람들의 '서대 사랑'은 지극하다. 아니
좋아하는 것을 넘어서 사랑한다. 그들에게
서대는 효자 중의 효자다.

으로 나갈 수 있을 것이라고 생각했다. 제짝을 만나면 헤어지지 않고 "평생을 두 마리가 함께 붙어 다녔다는 외눈박이 물고기 비목처럼 사랑하고 싶다"고 류시화 시인은 「외눈박이 물고기의 사랑」에서 노래했다.

서대는
소의 혀와
비슷하다

서대는 서해와 남해에 많이 서식한다. 어획량을 봐도 여수, 목포 등 전남에서 전체의 절반을 차지하며 이어서 인천과 전북순이다. 서대 어획량은 1990년대 3,000~4,000톤이었으나 최근에는 절반으로 줄었다. 반면에 한강 상류인 행주대교에서 전어와 함께 서대가 그물에 종종 잡히는 일도 있다. 서해와 한강의 경계 지점인 김포시 용강리 유도를 기점으로 무려 약 35킬로미터 떨어진 곳이다.

서대를 잡을 때는 저인망 그물을 이용한다. 바닥에 납작 엎드려 있기 때문이다. 보통 20미터가 되지 않는 그물을 300~400개씩 가지고 나가 그물을 펼친다. 7월 금어기를 제외하고 6월부터 10월까지 조업을 한다. 사리에 물길을 따라 그물을 내리고 물이 바뀌기를 기다린다. 낮에 내린 그물은 어둑해질 무렵부터 올리기 시작해 새벽으로 넘어갈 무렵까지 작업한다. 날이 새기 3~4시간쯤 전 포구에 도착해 경매 준비를 하고 다음 날 출항을 위해 그물도 정리한다. 이것이 목포, 여수, 고흥의 서대잡이 어부의 일상이다. 이들 지역의 어시장이나 포구의 양지바른

서대 전문집들은 매일매일 선어시장에서 물
좋은 서대를 구입해 보관해두고 갈무리를
한다. 그래도 서대가 부족하다.

곳의 건조대에는 십중팔구 초등학생마냥 줄 맞춰 선 서대가 있다.

『자산어보』에는 서대류를 '우설접牛舌鰈'이라고 했고, "크기는 손바닥 정도지만 길이는 소의 혀와 매우 비슷하다"고 했다. 또 서대류를 "장접長鰈이라고 하고 속명은 혜대어鞋帶魚"라고도 했다. "몸통은 접어(가자미)보다 더욱 길면서 좁다. 맛은 매우 농후하다. 이 물고기의 모양은 신발 바닥鞋底과 매우 비슷하다." 박대는 "박접薄鰈이라고 하고 속명은 박대어朴帶魚"라고 했다. 또 "우설접과 비슷하지만 그보다 더욱 작고 종잇장처럼 얇다. 줄줄이 엮어서 말린다"고 했다.

『전어지』에는 '설어舌魚'라고 했고, "생긴 모양이 접어와 같으면서 좁다. 양쪽 눈은 한곳에 몰려 있고, 등은 검고 누르며, 배는 회백색이고, 비늘은 잘고, 꼬리는 뾰족한데, 비늘과 꼬리가 없는 것처럼 의심이 난다. 서·남해에서 살고 있는데 매년 4월에 석수어를 잡을 때 그물과 통발에 잡힌다"고 했다.

여수의 서대와
군산의 박대

지금은 냉동 보관시설이 발달하면서 서대를 사시사철 먹을 수 있게 되었지만 옛날에는 꾸덕꾸덕 말렸다. 서대를 보관하려는 이유도 있지만 구이나 조림을 할 때가 제격이다. 제철은 늦여름에서 가을까지다. 회무침, 회, 구이, 찜, 매운탕, 조림 등 다양하게 요리할 수 있다.

서대의 장점은 손질이 간단하고 보관하기 좋다는 점이다. 큰 비늘이 없고 내장을 꺼내기도 쉬우며 비린내도 심하지 않다. 또한 체형이 납작해 차곡차곡 보관하기 좋고 넙치처럼 살이 많아 회수율도 높다. 그래서 말리기도 좋고 잘 마른다. 작으면 작은 대로 크면 큰 대로 다양하게 이용할 수 있다. 멸치처럼 보관해두었다가 그때그때 꺼내 쓰기에 좋다.

서대 하면 가장 먼저 떠오르는 것이 서대회무침이다. 여수가 자랑하는 10가지 맛 중 하나로 꼽는다. 여수 10미味는 돌산갓김치, 게장백반, 서대회, 여수 해산물 한정식, 갯장어회, 굴구이, 장어구이와 장어탕, 갈치조림, 새조개 샤부샤부, 전어회와 전어구이 등이다.

서대회는 막걸리 식초와 고추장, 상추, 양파, 당근, 깻잎 등 채소를 양푼에 넣고 비빈 것을 막걸리와 함께 먹는 것이 정식이다. 등뼈만 발라내고 뼈째 썰어도 씹는 데 문제가 없다. 무칠 때 막걸리 식초를 넣기 때문에 뼈가 좀 연해지기도 하고, 오히려 뼈가 아삭하니 식감을 더 돋우기도 한다. 서대회무침은 밥을 조금 넣고 김가루와 참기름을 넣고 비벼 먹으면 더욱 좋다.

서대와 비슷한 바닷물고기로 박대가 있다. 곧잘 이 둘을 헷갈린다. 박대는 군산과 서천이 마주하는 금강 하구에서 많이 잡힌다. 그런데 서대와 박대는 모양이 비슷해 구분이 쉽지 않다. 모두 눈이 없는 쪽은 흰색이며 눈이 있는 쪽은 갯벌이나 모래 등 주변 색에 따라 보호색을 띤다. 다만 서대는 갈색을 띠고, 박대는 좀더 어두운 색을 띤다. 박대는

서대회무침은 막걸리 식초 맛이다. 집집마다
서대 맛이 다른 것은 식초 맛이 다르기
때문이다. 그래서 맛이 있다. 매일매일 먹어도
질리지 않는다.

서대보다 두 눈의 간격이 좁다. 그리고 성어가 서대는 30센티미터, 박대는 60~70센티미터로 박대가 서대보다 크다. 서대는 회로 좋고 박대는 말려서 굽거나 쪄서 먹는 것이 좋다는 사람도 있다.

서대구이는 자르지 않고 통째로 굽는다. 굽기 전에 등에 칼집을 3~4줄 넣는 것이 좋다. 미리 소금 간을 해두어도 되고 굽다가 소금을 뿌려도 된다. 조림을 할 때는 생물과 건어물 모두 써도 괜찮다. 마른 것은 쫄깃한 맛이 나고 생물로 요리하면 더 부드럽다. 다만 마른 것은 약한 불에 오래 조려야 한다. 육수가 자박자박할 때 그 육수를 서대에 끼얹으며 조리면 맛이 더 깊어진다.

서대회무침 맛의 비결은 막걸리 식초에 있다. 무침용은 서대를 많이 손질해야 한다. 서대 껍질을 벗기고 지느러미를 잘라내고, 밴댕이 속만큼이나 작은 내장을 꺼낸다. 내장이 적으니 먹을 것이 많다. 특히 참서대와 개서대가 양이 많다. 먹기 좋게 썬 다음 막걸리 식초를 붓고 갈무리를 한다. 막걸리 식초가 핵심이다. 좋은 막걸리를 병에 담아 솔잎이나 면포에 덮어 일주일 정도 보관하면 식초씨가 만들어진다. 그사이 하루에 몇 차례 흔들어주기만 하면 된다. 식초씨가 만들어지면 그것으로 계속 만들어간다. 윗 국물만 사용한다. 집집마다 식초 맛이 다르기 때문에 백인백미다. 그래서 맛있다. 표준화된 맛이 아니라 집집마다 손맛이 살아 있는 것이다.

군산에서는 안강망과 형망桁網(바닥을 끌면서 퇴적물을 긁어 채취하는 그물)을 이용해 박대를 잡는다. 박대만 잡기 위해 그물을 설치하지는 않

군산에서는 '결혼한 딸, 박대 철에 돌아온다'는
말이 있고, 서천에서는 박대 껍질을 이용해
박대묵을 만들기도 한다. 서천의 박대묵.

는다. 금강과 만경강과 동진강이 만들어낸 갯벌이 살아 있을 때는 형망을 이용하거나 그물을 쳐서 박대를 많이 잡았다. 지금은 이곳 갯벌은 새만금 간척 사업으로 사라졌고 방조제 밖에서도 조업을 할 수 없다. 멀리 작은 섬 연도까지 나가서 형망으로 바닥을 긁을 때 박대가 좀 잡혔다. 박대 어획량은 줄어들고 그 맛을 아는 소비자는 늘어나면서 중국의 수입산 박대가 가공 판매되고 있다. 군산에 박대 가공시설이 들어오면서 인천, 서천, 부안 일대의 박대들이 군산으로 들어오면서 '군산 박대'라는 브랜드도 생겨났다.

군산 박대를 알리기 위해 만들어낸 것 같지만, 전어와 며느리의 관계를 비유해 '결혼한 딸, 박대 철에 돌아온다'는 말과 '박대 무시하면 집안이 망한다'는 말도 있다. 또 '눈치만 보다가 박대 눈 된다'는 말도 있다. 옛날부터 군산의 가정집에 박대는 기본이었다. 지금은 귀한 손님이 올 때나 내놓을 만큼 귀한 생선이 되었다.

서천에서는 겨울철에 박대 껍질을 이용해 박대묵을 만들었다. 껍질을 모아 말려두었다가 4~5차례 씻은 후 가마솥에 넣고 팔팔 끓여 물이 미끈미끈해지면 받쳐서 식혀두면 다음 날 박대묵이 완성된다. 탱탱하고 벌벌거려서 '벌벌이묵'이라고 불렀다. 겨울철 야식으로 좋고, 보릿고개를 넘길 때 먹기도 했다. 지금은 구경하기 힘들다.

그 많던 서대는
어디로
갔을까?

바다에서 직접 서대를 본 것은 행운이었다. 해양보호구역으로 지정된 옹진군 장봉도 동만도 모래밭에서였다. 이곳은 모래갯벌이 발달해 백합과 동죽이 많이 산다. 새만금 갯벌이 간척과 매립으로 사라진 후 우리나라를 대표하는 백합 서식지로 주목받는 곳이기도 하다.

물이 빠지기 전에 배를 타고 모래가 많은 바다(주민들은 '풀등'이라고 한다)로 이동한 다음 배는 모래밭에 걸쳐 두고 물이 빠지기를 기다렸다. 성질 급한 주민들은 '끄렝이(백합을 잡는 어구)'를 들고 저벅저벅 물속을 거닐며 백합을 캤다. 장봉도에서는 끄렝이라고 부르지만, 전북 부안에서는 '그레'라고 한다. 그 모양도 다르다. 모래밭에 박고 끌어서 백합이 걸리는지를 살펴보는 것은 같지만, 날과 몸체를 연결하는 방식이 다르다. 끄렝이는 줄을 허리띠에 연결하지만, 그레는 삼각형 나무로 받쳐서 어깨에 대고 허리띠에 연결한 줄을 끌면서 백합을 캔다.

한동안 어민들을 쫓아다니며 사진도 찍고 궁금한 것도 물어보았다. 두어 시간이 지나니 그것도 싫증이 났다. 그렇다고 혼자 걸어나갈 수 있는 것도 아니어서 갯벌 생물을 사진 찍기 시작했다. 해삼, 범게 등 생각보다 많은 생물을 발견했다. 바로 그때 실루엣으로 보인 녀석이 서대였다. 깜박 속아 그냥 지나갈 뻔했다. 녀석에게는 불행한 일이지만 나에게는 행운이었다. 모래와 똑같은 색으로 위장하고 누워 있으니 웬

서대는 납작해 말리기 쉽고 차곡차곡
보관하기 좋다. 무엇보다 명절에 자식들에게
보낼 수 있는 엄마표 '슬로피시'다.

만해서는 발견하기 어렵다. 상당히 무겁고 실한 녀석은 결국 저녁에 서대탕에 들어가는 신세가 되었다.

서대는 여수 섬마을 빨랫줄이나 건조대에서 가장 쉽게 볼 수 있는 생선이다. 손님이나 자식들이 찾아왔을 때 쉽게 밥상에 올릴 수 있다. 무엇보다 명절에 자식들에게 보낼 수 있는 엄마표 '슬로피시slow fish(지속 가능한 어업과 책임 있는 수산물 소비)'다. 여수의 작은 섬 소경도에서는 서대를 빨랫줄에 널고 모기장을 씌워 정성스럽게 말리는 어머니를 만났다. 영감 제사에 올리고 명절에 자식들에게 보낼 것을 준비한다고 했다.

서대든 박대든 보리가 누렇게 익어가는 계절에 맛이 좋다. 영광 백수 해안도로에 보리밭이 누렇게 익어간다. 조기가 떠난 자리에 서대든 박대든 어느 것이나 눌러앉았으면 하는 것이 어민들의 마음이다. 갯벌은 그대로인데 그 많던 서대는 어디로 갔을까?

서대를 박대하지 마라

우럭 〰〰

우직하고 답답한 바닷물고기

고집쟁이

우럭 입

다물 듯하다

흑산도는 우럭 양식으로 유명하다. 대둔도와 다물도 사이 바다는 섬과 섬으로 둘러싸여 일찍부터 좋은 어장이 형성되었던 곳이다. 다물도를 흑산도 홍어의 원조 섬이라고도 한다. 대둔도는 『자산어보』를 쓴 정약전에게 흑산도 물고기의 이모저모를 꼼꼼하게 일러준 장덕순이 살았던 섬이다. 정약전이 책을 쓰면서 그를 불러 함께 기거하며 물고기 공부를 했다. 그만큼 주변이 좋은 어장이었던 것이다.

조기 어장이 사라진 흑산도에서 우럭 양식은 어민들의 생존이다. 나중에 알았지만 섬에서 가져온 우럭도 모두 그 섬에서 나는 것이 아니었다. 그래서 공기도 물도 좋고, 자동차도 많이 다니지 않는 섬에서 말린 것을 감사해야 할 일이다.

우럭은 『어류도감』에는 '조피볼락'으로 나온다. 『표준국어대사전』에서 '조피粗皮'는 "식물의 줄기나 뿌리 따위의 거칠거칠한 껍질"로 정의한다. 조피볼락의 외피가 꼭 그 모양이다. 껍질이 거칠어서 장갑을 끼지 않고 잡았다가는 상처를 입기 쉽다. 20여 년 전 흑산도를 처음 갔을 때다. 대둔도 오리마을 선창에서 만난 노인이 우럭을 보고 '검조기'라고 했다. 왜 우럭을 검조기라고 할까? 혹시 조기만큼 맛이 좋은 '검은 조기'라는 의미는 아닐까?

『자산어보』에 조피볼락은 "검어黔魚라고 하고 속명은 금처귀黔處歸"라고 했다. 연한 검은색 물고기라는 의미다. 바닷속 어두운 바위 근처에 서식하며 먹이 활동을 하기 때문에 진화한 보호색이다. 또 생김새에 대해서는 "형상은 강항어와 유사하다. 큰 놈은 3척 정도다. 머리는 크고, 입도 크고, 눈도 크며, 몸통은 둥글다. 비늘은 잘고 등은 검으며 가슴지느러미는 매우 억세다. 맛은 노어와 유사하고 살은 조금 단단하다. 사계절에 모두 나온다"고 했다.

강항어強項魚는 참돔을 말하며, 노어鱸魚는 농어를 말한다. 서유구도 『전어지』에 "울억어鬱抑魚 살이 쫄깃하고 가시가 없어서 곰국을 만드는 데 맛이 훌륭하다"고 썼다. 우럭은 눈이 왕방울처럼 툭 튀어나왔고, 입술은 두꺼우면서 아랫입술이 더 길다. 봄에 비해 머리가 크다. 그래서 머리를 빼면 회로 먹을 것이 별로 없다며 광어를 찾는 사람도 있다. 그

우럭은 눈이 왕방울처럼 툭 튀어나왔고,
입술은 두꺼우면서 아랫입술이 더 길다.
그리고 몸에 비해 머리가 크다.

런데 『전어지』에서 극찬한 국물의 비결은 사실 이 큰 머리와 억센 뼈에서 나오는 것이다.

　그렇다면 '울억어'라는 명칭은 어디에서 비롯되었을까? 우럭은 한편으로는 우직하고 달리 보면 답답하다. 좀처럼 입을 열지 않을 것 같은 우직한 모습에 불통의 대명사로 보인다. '고집쟁이 우럭 입 다물 듯'이라는 속담이 이를 잘 표현한다. 그래서 입을 꾹 다물고 있는 모습이 고집스러워 보여 막힐 '울鬱'자와 누를 '억抑'자를 써서 '울억어'라고 한 것으로 보인다. 실제로 우럭은 활동성이 적고 예민해 답답할 정도로 입질을 하지 않는 물고기라고 한다. 우럭은 소심하고 겁이 많다. 조그만 낌새에도 돌 틈으로 들어가 나오지 않는다.

난생인가,
태생인가?　　　　　　　　우럭은 볼락, 우럭볼락,
　　　　　　　　　　　　　불볼락, 쏨뱅이, 미역치,
쑤기미 등과 함께 쏨뱅이목 양볼락과에 속하는 바닷물고기다. 북한에서는 '우레기'라고 한다. 모두 몸보다 머리가 크고 뼈가 억세다. 국물이 좋아 탕으로 즐기는 물고기들이다. 술꾼들이 다음 날 해장으로 매운탕이나 맑은탕으로 꼽는 것이 우럭탕인 이유다.

　바닷물고기의 97퍼센트 이상이 난생이며, 망상어와 같은 일부 어류만이 태생이다. 그런데 우럭은 그 중간쯤에 해당하는 난태생이다. 알이 어미의 몸 밖으로 나오지 않고 안에서 수정되어 부화한 후 밖으로

우럭은 난태생이다. 알이 어미의 몸 밖으로
나오지 않고 안에서 수정되어 부화한 후
밖으로 나온다. 꾸덕꾸덕 말리고 있는 우럭.

나오는 것이다. 대부분의 물고기는 난생으로 수정이 된 후 난황卵黄에서 영양분을 섭취하며 자란다. 이에 반해 태생 물고기는 어미와 태반으로 연결되어 영양분을 받고 자란다. 그런데 난태생은 난황에서 영양분을 공급받고, 부화할 때까지 모체에서 보호를 받는다.

우럭은 짝짓기를 할 때 암수가 배를 맞댄 뒤 수놈이 암놈의 항문 뒤에 있는 돌기에 정충精蟲을 집어넣는다. 교미 한 달 후 수정이 되고 다시 한 달 후 부화해 어미 몸속에서 나온다. 그리고 해조에 의지하다 어느 정도 자라면 바다 밑으로 내려가 바위틈에 자리를 잡는다. 작은 물고기, 갑각류, 오징어류 등을 먹으며, 1년에 10센티미터가 자라고, 6년 정도 자라면 큰 것은 60센티미터에 이른다. 제철은 겨울이지만 이듬해 봄까지도 맛이 좋다.

우럭은 자리돔처럼 태어난 곳에서 무리 지어 생활한다. 차가운 물에도 잘 적응하며 인공부화가 쉽고 먹는 것이 소탈하다. 이러한 특징 때문에 어민들이나 지자체가 치어들을 마을 어장에 방류하고 있다. 그래서 우럭은 서해안과 남해안을 아우르는 양식 어종의 대표가 되었다. 게다가 쩍쩍 달라붙는 매운탕의 진한 국물과 쫄깃쫄깃한 활어회의 식감은 우리나라 사람들의 식문화에도 딱 맞는다.

자연산과 양식산의 구분법

횟집에서 만날 수 있는 우럭은 양식산이 대부분이다. 우럭을 먹을 거라면 처음부터 양식산으로 달라고 해야 속이 편하다. 자연산을 시켜놓고 자연산이 아닐까 하고 우려하는 스트레스를 피하고 맛있게 먹을 수 있는 선택이다.

자연산과 양식산은 어떻게 구분할까? 자연산은 전체적으로 옅은 회갈색에 몸의 검은색 입자들이 불규칙하며 꼬리 끝에 흰 테가 있고, 눈동자가 선명하다. 양식산은 전체적으로 짙은 갈색에 몸의 검은색 입자들이 규칙적이며 꼬리 끝에 흰 테가 없고, 눈동자에 백태가 끼어 있다. 또 회로 썰어 놓았을 때 자연산은 겉이 갈색이며 살은 희고 깨끗하지만, 양식산은 겉이 검은색이고 살에 검은 실핏줄이 있다. 하지만 이를 구분하는 것은 쉽지 않다.

옹진군 승봉도 선창에서 배를 기다리며 있었던 일이다. 새벽같이 자월도에서 건너온 후 섬을 한 바퀴 돌아보니 점심시간이 훨씬 지났다. 배가 고프기도 했고, 양식산은 전혀 없다는 주인의 말에 반신반의하며 우럭회를 시켰다. 더 보탤 것도 없이 우럭회의 탄력과 쫄깃함은 최고였다. 주변에서 양식을 하지 않기 때문에 양식은 멀리 인천이나 대부도에서 가져와 더 비싸다는 것이 주인의 말이었다. 우럭회가 좋으면 매운탕은 의심할 것도 없다. 역시 맛있게 먹었다. 그런데 나중에 집으

자연산 우럭은 옅은 회갈색에 몸의 검은색
입자들이 불규칙하며, 양식산 우럭은 짙은
갈색에 몸의 검은색 입자들이 규칙적이다.
흑산도 자연 양식장은 조류 소통이 좋고 수질
환경이 좋아 품질이 뛰어난 우럭이 생산된다.

로 돌아와 사진을 확인해보니 양식 우럭이었다. 맛이 있었던 것은 물이 좋았고, 배가 고팠기 때문이다.

또 수족관의 우럭 크기가 500~600그램 정도로 균일하면 양식으로 의심하기도 한다. 더 크게 키우려면 사료값이 판매 수익금보다 더 들어가기 때문이다. 이보다 큰 것은 일식집 초밥용으로 사용한다. 한때 우럭 양식이 좋은 소득원이었지만, 지금은 넙치가 그렇듯이 사료값이 오르고 인건비도 높은데 우럭값은 오히려 상대적으로 떨어져 어려움이 많다.

우리나라 최고의 우럭 자연 양식장은 신안군 흑산면 다물도와 대둔도 사이다. 대둔도의 수리마을, 오리마을, 다물도리, 여기에 솔섬과 설섬 등 무인도까지 어우러져 양식장을 감싸고 있기 때문이다. 외해지만 태풍의 영향이 적고 수온이 적절해 많은 양식이 이루어지고 있다. 작은 치어를 가두리에 넣고 약 2년 동안 양식을 하면 판매하기 좋은 크기로 자란다. 흑산도 양식장은 오래되어 주변의 하의도나 도초도로 확대되고 있다.

이곳 외에 우럭 양식을 많이 하는 곳으로 남해안에서는 통영과 여수, 서해안에서는 태안과 서산이다. 횟집에 가면 철없이 권하는 활어가 우럭과 넙치다. 넙치는 육상 가두리 양식을, 우럭은 해상 가두리 양식을 대표하는 물고기다.

우럭젓국과

우럭간국

우럭 요리의 으뜸은 단연 매운탕이다. 큰 머리에서 나오는 진한 국물은 맑은탕이든 매운탕이든 우리나라 사람들이 좋아한다. 매운탕의 맛을 결정하는 하는 것은 육수와 양념장이다. 육수는 황태 육수나 다시마, 대멸로 우린 것을 사용한다. 양념장은 고춧가루, 고추장, 된장, 다진 마늘, 생강, 청주 등을 섞어 하루 정도 숙성한 것이다. 냉동실에 두고 필요할 때 사용해도 좋다.

우럭젓국은 충남 서산과 태안에서 많이 먹는 음식이다. 언뜻 보면, 북엇국처럼 보인다. 살이 오른 봄 우럭을 소금 간을 해서 3~4일 봄바람에 말린 것을 사용한다. 젓국이라는 말에서 알 수 있듯이 간은 새우젓으로 맞춘다. 맑은 국이기에 고추장이나 고춧가루를 사용하지 않는다. 그 대신에 무, 파, 다진 마늘에 두부를 넣는다. 얼큰한 맛을 원하면 청양고추를 넣기도 한다.

충청도에서는 우럭젓국이라면, 목포와 신안 등 전라도에서는 우럭간국이다. 잘 말린 우럭을 사용하는 것은 같지만, 새우젓이 아니라 간이 밴 우럭을 쌀뜨물 등을 이용해 끓인다. 그 자체로 담백한 맛이다. 요즘은 우럭젓국도 진화해서 바지락 등 조개를 넣기도 한다. 무, 양파는 기본이고 배추, 대파 등 채소를 듬뿍 넣고 다진 마늘과 청양고추를 넣어 얼큰하면서도 개운하게 끓인다. 여기에 두부를 썰어 넣고 간은 새우젓으로 한다.

우럭포를 제사상에 올리지 않으면 '반 제사'를 지내는 것이라고 했다. 말린 우럭은 구이와 찜으로도 좋다. 전라도에서는 우럭보다 앞서 조기간국을 먹었다. 소금국에 생선 한 마리가 들어 있는 셈이다. 그런데 숙성된 조기나 우럭이 주는 담백하고 깔끔한 맛이 겨울철 동치미에 비유하기도 한다.

이와 달리 매운탕이나 맑은탕은 생물 우럭을 사용해서 끓인다. 보통 매운탕에는 식당에 따라 바지락, 갑오징어, 소라, 멍게, 백합을 넣어주기도 한다. 아예 매운탕용으로 다양한 해산물을 포함해 판매하거나 호객을 하기도 한다.

생선을 넣어서 미역국을 끓이는 것은 제주도에서 많이 볼 수 있다. 대표적으로 옥돔미역국을 들 수 있지만, 우럭도 미역국을 끓일 때 이용한다. 하지만 뭍에서는 비린내가 나지 않는 양태(양탯과의 바닷물고기)나 등가시치(통영에서는 장갱이라고 한다)를 이용한다. 제주도 해녀들이 '출가 물질(제주도 해녀들이 돈을 벌기 위해 고향 바다를 떠나는 것)'을 한 후 결혼해 서해와 남해에 정착하면서 그 일대에서 생선미역국도 먹기 시작했다.

제주도에서는 생선조림을 할 때 육지와 달리 무 외에 다른 것을 넣었다. 대표적으로 우럭조림에는 콩을 넣고, 자리조림에는 콩잎을, 갈치조림에는 호박을 넣었다. 정작 무를 넣는 것은 고등어조림 정도였다. 수온이 따뜻해 연안에서 사시사철 만날 수 있는 물고기가 우럭이었다. 또 화산밭에 잘되는 콩 농사도 한몫했다. 이때 사용하는 콩은 제주도

우직하고 답답한 바닷물고기

토종인 좀콩이다. 좀콩을 껍질에 금이 갈 정도만 볶아서 우럭조림을 할 때 넣었다. 생선 반찬도 늘려 먹고 영양분도 보충하기에 좋았다. 지금도 우럭 콩조림을 식단에 올려놓은 곳이 많다.

우럭이 없다면 우리나라 수많은 횟집은 문을 닫아야 했을 것이다. 어디 그뿐인가? 공휴일은 물론 주중에도 손맛을 찾아다니는 낚시꾼들은 또 어떻게 해야 할 것인가? 우럭이 사라지면 우리의 입맛과 손맛을 모두 잃을 것이다. 도시 어부들이 실력이나 어획량에서 바닷마을 어부들 뺨 치는 세상이니 우럭에게 국민복지 향상에 기여한 공로를 인정해 훈장이라도 주어야 하지 않을까?

제 4 장

제주도에서 인문학을 만나다

방어

정말 방어는 제주도를 떠났을까?

방어는

어린 방어를

잡아먹는다

2019년 가을, 강원도 삼척 한 어촌의 파도가 치는 거친 바다에서 큰 배가 크레인으로 대형 정치망을 올리는 것을 보았다. 나중에야 그 그물이 운이 좋을 때는 수백 마리의 방어를 잡는 정치망이라는 것을 알았다. 동해에서 방어를 잡는다는 말은 듣고 있었지만, 이렇게 직접 그물을 터는 것을 볼 줄은 몰랐다.

2021년 겨울, 제주도에서 방어가 잡히지 않는다는 소식을 들었다. 그나마 잡힌 방어도 예전처럼 대방어가 아니라며, 방어 축제도 어려운 형편이라고 했다. 방어 철에 호황을 누리던 모슬포 식당들은 코로나

19로 찾는 사람이 줄어들었다. 그 대신에 경남 통영의 가두리 양식장에서 축양畜養한 방어들이 인기다. 방어 철 한몫을 기대했던 모슬포 식당 주인들이나 방어잡이 어민들의 실망이 이만저만이 아니다.

방어는 갱이목 전갱잇과에 속하는 바닷물고기다. 우리나라 동해와 남해, 제주 바다에 분포한다. 무리를 지어 이동하는 회유성 어류로 겨울에 따뜻한 남쪽 바다에 머물다가 5월 이후 수온이 올라가면 북상했다가 다시 10도 이하로 내려가면 남쪽 바다로 내려온다. 어린 방어들은 수온이 올라가면 러시아 동쪽 캄차카반도까지 올라갔다가 동해 연안에서 5~6월에서 가을까지 머물다가 제주도 남쪽과 일본 규슈 서남쪽으로 이동해 월동한다.

방어의 먹이는 정어리, 오징어, 멸치, 고등어, 전갱이, 꽁치 등이다. 심지어 어린 방어를 잡아먹는 육식성 어류다. 보통 방어는 수명이 8년 정도이며, 큰 것은 1미터에 이르며 20킬로그램까지 성장한다.

방어는 크기에 따라 이름이 다르다. 『한국어도보韓國魚圖譜』에 따르면, 경북 영덕에서는 곤지메레미(10센티미터 내외), 떡메레미(15센티미터), 메레기 혹은 되미(30센티미터), 방어(60센티미터)라고 했다. 북한에서는 마래미, 강원도에서는 마르미·방치마르미·떡마르미·졸마르미 등으로 불린다.

경남에서는 큰 방어는 부리ブリ, 중간 크기는 야즈ヤズ라고 했다. 모두 일본식 이름이다. 방어는 4년 이상 되어야 80센티미터 정도 자란다. 보통 3~5킬로그램 정도면 중방어, 5킬로그램이 넘으면 대방어라

동해안에서 잡은 방어는 통영의 따뜻한
바다에서 양식해 대방어로 키운 다음 겨울철
전국의 횟집으로 공급된다. 통영 활어시장에서
팔리는 양식 소방어.

고 부른다. 하지만 가두리 양식장에서 방어 축양이 시작되면서 이제는 8킬로그램 이상은 되어야 대방어 대접을 받는다.

방어는 어린 치어를 채집해서 양식을 하기도 한다. 성장 속도가 빠르기 때문에 몇 달만 잘 키우면 1킬로그램 정도 자란다. 하지만 온대성 어류이기 때문에 겨울 전에 모두 출하해야 한다. 방어는 동해에서는 정치망으로, 남해와 부산 일대에서는 선망으로 잡는다. 다만 제주도에서는 연안 채낚기로 잡는다.

『난호어목지』에 방어는 "동해에서 나는데 관북·관동(강원도)의 연해와 영남의 영덕, 청하淸河(현재 포항시 청하면)의 이북에 있다"고 했다. 생김새는 "머리가 크고 몸이 길다. 큰 것은 6~7자가 되며 비늘이 잘아서 없는 것 같다. 등은 푸른빛을 띤 검은색이고 배는 흰색이다. 살빛은 진한 붉은색인데 소금에 절이면 엷은 붉은색이 된다"고 했다. 『세종실록』 1437년(세종 19) 5월 1일에는 "함경도와 강원도에서 방어가 가장 많이 난다"고 했다.

『자산어보』에는 방어를 "해벽어海碧魚라고 하고 속명은 배학어拜學魚라고 했다. 그리고 "형상은 벽문어(고등어)와 같다"고 했다. 특성으로는 "몸통은 살지고 살은 무르다. 큰 바다에서 놀기만 하고 물가 가까이로는 오지 않는다"고 했다. 『전어지』에는 대방어를 '무태장어無泰長魚'라고 기록되어 있다.

먹성이
좋은
바다 돼지

모슬포항에서 출항한 방어잡이 배들은 마라도 서남쪽에서 주로 방어를 잡는다. 아침부터 50~60척의 방어잡이 배가 모여들자 해경이 보호하고 나섰다. 우리 국토 끝 섬인 탓이다. 이곳이 제주도에서 소문난 방어 어장인 '신알목'이다. '새로 찾아낸 마라도 아래쪽 물목'이라는 의미다. 방어는 살아 있는 자리돔을 미끼로 해서 잡는다. 그래서 방어잡이를 하려면 새벽에 나와 들망으로 자리돔을 떠야 한다. 그런데 자리돔은 보통 동이 터야 움직이기 때문에 좋은 자리를 잡아 자리밧(자리돔이 많이 서식하는 바다)에서 자리돔을 먼저 잡아야 한다.

큰 모선母船에 딸린 작은 배 2척이 그물을 끌고 가서 자리돔이 지날 만한 곳에 그물을 내리고 있다가 떠서 잡는다. 그래서 배 3척이 그물을 떠서 '삼척 들망'이라고 한다. 마라도 주변에는 자리덕이 많다. '덕'은 깊거나 높은 곳을 뜻하는 제주도 말이다. 그런 곳에 자리돔이 많다.

제주도에는 갯벌 이름이 자리덕, 물내리는덕, 알살레덕, 남덕, 올한덕(올란덕) 등 덕이라는 접미사가 붙은 지명이 많다. 모두 자리돔을 잡는 덕그물을 놓는 곳이다. 지금은 어군탐지기를 이용해 잡지만, 옛날에는 모두 경험에 의지했다. 다행히 겨울철 자리돔은 맛이 없다. 사람의 입맛에 맞는 것이 아니라 방어의 입맛에 딱 맞는 모양이다. 한때 미꾸라지를 미끼로 사용하기도 했다. 게다가 마라도와 가파도 주변은 소

겨울철이면 마라도 옆 바다에는 방어를 잡는
어선들이 줄을 선다. 이들은 자리돔을 미끼로
방어를 잡는다. 외줄낚시로 방어를 잡는
마라도 신알목 방어 어장.

문난 자리밧이다.

식탐이 강한 방어는 살아 있는 멸치나 자리돔을 좋아한다. 그래서 제주도에서는 생명력이 강한 자리돔을 낚시에 끼워 유인하는 것이다. 제주도 연안에서 쉽게 구할 수 있다. 기름지고 고소하고 베지근한 맛을 방어도 잊지 못할 것이다. 자리돔을 뜨는데 인근에 방어가 몰려오는 것을 보고 방어와 자리돔의 먹이사슬을 알아차리고 30여 년 전부터 방어잡이에 자리돔을 이용하고 있다고 한다. 자리돔도 무리를 지어 이동하고 방어도 무리를 지어 이동한다.

자리돔이 움직이는 새벽과 해질 무렵이 방어잡이가 잘되는 시간이다. 방어는 이때 부지런히 자리돔을 탐하고 봄을 만들어 산란을 준비한다. 자리돔의 배 쪽에 낚시를 매달고 바다에 놓아주면 수직으로 헤엄을 쳐서 방어가 서식하는 수심 600~700미터 아래까지 내려간다. 12월부터 이듬해 2월까지 마리도 해역에서 자리돔을 잡아먹으며 살을 찌운다. 그러니까 그 깊은 바닷속까지 낚싯줄을 내려 잡는다. 이런 낚시를 '채낚기'라고 한다.

큰 방어가 물게 되면 그 힘이 엄청나다. 방어는 시속 40킬로미터로 달리는 녀석들이니, 바로 끌어올리다가는 낚싯줄이 끊어질 수 있다. 늦추고 당기는 힘겨루기를 하면서 올려야 한다. 그물질을 하면 더 많이 잡을 텐데 왜 외줄낚시를 고집할까? 모르는 소리다. 제주 바다는 거칠다. 그 탓에 화산암이 닳고 닳아 칼처럼 솟았다. 헨드릭 하멜Hendrik Hamel, ?~1692이 탔던 배가 좌초된 곳도 이곳이다. 그물을 끌어올릴 수가 없다. 이렇게 잡은 제주 방어를 '자리 방어'라고 한다.

강원도에서는 정치망으로 방어를 잡는다. 크레인이 있는 20여 톤의 큰 배로 그물을 끌어올린다. 오징어, 방어, 삼치, 고등어, 다랑어 등이 잡힌다. 그물 크기는 길이만 100미터가 넘고 무게도 10톤에 달한다. 소방어나 중방어는 곧바로 횟감으로 사용되거나 통영 축양장畜養場으로 보내진다. 이런 방어를 '마름'이라고 한다. 방어는 크기도 하지만 먹성이 좋아 '바다 돼지'라고 한다.

추자도에서는 긴 줄에 여러 개의 방어 낚시를 매달아 낚시를 한다. 이때 미끼는 끼우지 않고 갈치 모양으로 만든 인공 미끼를 매단다. 나머지 원리는 제주도의 채낚기와 같다. 부산에서는 고등어를 잡을 때 사용하는 선망으로 포획하기도 한다.

우리나라 어류 양식의 출발은 방어 축양에서 시작되었다. 1964년 포항 감포·통영 한산도·미륵도 삼덕 어장에서 이루어졌다. 그리고 1960년대 후반까지 포항·통영·여수 일대에서 방어 축양이 시도되었다. 방어 가두리 양식이 본격화된 것은 1975년 일본으로 방어 종묘를 수출하면서다. 당시 일본은 방어 양식이 활발했는데, 종묘가 부족해 통영 욕지·산양, 거제, 봉암, 한산, 여수와 여천에서 치어를 길렀다. 그리고 1979년 처음으로 수산 통계에 방어 양식량이 18톤으로 기록되었다. 1980년대 우리나라 어류 양식의 중심은 방어였다. 넙치, 우럭, 참돔 등 양식이 본격화되기 전이었다.

일본에서는 방어를 부리라고 했다. 일제강점기 일본인들은 우리나

정말 방어는 제주도를 떠났을까?

제주 바다는 거칠어 화산암이 닳고 닳아
칼처럼 솟았다. 그래서 낚시로 방어를 잡는다.
1653년 8월 16일 하멜과 일행 64명이 탄
스페르웨르Sperwer호의 모습을 묘사한
목판화다. 이들은 풍랑을 만나 제주도에
표류했다.

라의 방어를 많이 잡아갔다. 그중 대표적인 곳이 경남 울산의 방어동이다. 조선시대에 적을 막기 위한 '관방關防(국경의 방비)의 요해처要害處'로 방어진防禦陣이 설치되었던 곳이다. 또한 울산에서 일본인이 가장 많이 거주했던 지역이다. 당시 방어뿐만 아니라 멸치, 대구, 청어, 상어도 많이 잡히자 일제는 방어진에 어업 전진기지를 조성했다. 그 뒤로 '방어'의 음만 남아 '방어가 많이 잡히는 곳方魚洞'으로 지명이 둔갑했다. 울산만에 있는 항구도 방어진方魚津이다.

그런데 최근 수온 상승으로 사정이 달라졌다. 동해안에서 잡은 소방어 혹은 중방어를 통영의 따뜻한 바다에서 양식해 대방어로 키운 다음 겨울철 전국의 횟집으로 공급하고 있다. 또 겨울철 수온이 따뜻해지면서 방어는 제주도까지 내려가지 않고 동해 남쪽 바다나 남해 동쪽 바다에서 잡히고 있다.

방어는
왜 지역마다
먹는 방식이 다를까?

제주도 모슬포에 가파도 해녀가 운영한다는 허름한 방어 식당을 찾았다. 벽에는 낚시꾼들이 잡은 대형 바닷물고기 사진들이 다닥다닥 붙어 있었다. 그중 방어 사진도 눈에 띄었다.

안주인은 함께 먹을 인원을 물어본 후 방어를 꺼내 익숙한 솜씨로 나무망치로 머리를 내리쳤다. 방어가 부르르 떨더니 조용해졌다. 그리고 바로 아가미 안쪽에 칼을 꽂아 피를 빼냈다. 회 맛을 결정하는 첫 번째 관문을 통과한 것이다. 다음은 칼질이다. 활어회는 얇고 넓게 썰어내야 한다. 피를 빼낸 후 즉시 칼질을 해야 가능하다. 숙성이 된 후에는 두껍게 썬다. 식감을 고려해 두께를 조절한다.

가장 인상적인 것은 방어 김치였다. 방어 김치는 방어와 매실로 육수를 만들어 양념과 버무렸다고 한다. 그사이 배 1척이 들어왔다. 대방어 한 마리와 중방어 세 마리를 잡았다. 다른 배는 중방어만 세 마리가 전부였다. 이렇게 잡아서 기름값이나 하겠느냐고 투덜거리며 배를 정박하고 뭍에 올랐다.

방어는 가운데 측선側線(옆줄)을 기준으로 위로 등살, 아래로 뱃살로 구분한다. 또 뱃살은 아가미 쪽으로 대뱃살과 꼬리 쪽으로 중뱃살로 나뉘며, 아래 쪽 배꼽살이 있다. 특수 부위로는 눈 밑에 볼살, 등과 배 사이의 사잇살·꼬리살이 있다. 대방어 정도는 되어야 부위별로 맛을 제대로 볼 수 있지 소방어나 중방어는 부위별 맛을 보기가 어렵다.

또 방어 머리구이, 방어 맑은탕, 방어조림, 방어 소금구이 등 조리하는 법도 다양하다. 추자도에서는 방어탕을 끓일 때 파김치를 넣어 끓인다. 무엇보다 방어 내장 수육이나 내장 볶음이 특별하다. 물론 대방어일 때라야 가능하다.

방어를 먹는 방법은 지역마다 다르다. 일찍부터 방어 마케팅을 해온 모슬포에서는 된장에 다진 마늘을 기본으로 만든 소스를 이용한다. 삼척이나 강릉은 초장이 기본이다. 가장 인상적인 곳은 부산이다. 겨울

방어는 지역마다 먹는 방법이 다른데,
모슬포에서는 된장에 다진 마늘, 삼척이나
강릉은 초장이 기본이다. 부산에서는 싱싱한
미나리를 썰어 그 위에 소스를 얹는다.

철 싱싱한 미나리를 썰어 그 위에 소스를 얹는다. 소스는 그냥 초장은 아니다. 전라도에서는 양념장을 넉넉하게 만들어 올려 먹는다. 양념장을 만들 때 기본은 파와 고춧가루다.

이렇게 같은 방어를 먹을 때도 지역마다 먹는 방식이 조금씩 다르다. 왜 그럴까? 제주도에서 조미助味의 기본은 된장이다. 전라도는 갖은 양념이 기본이다. 부산 음식은 섞임에서 시작되었다. 가장 원초적인 맛을 즐기는 강원도에서는 초장이다. 물론 해석의 문제이기 때문에 달리 풀이할 수도 있다. 어디든 중요한 것은 방어다. 숙성을 한 방어든 갓 올라온 방어든 나름의 신선도를 유지해야 한다.

여름 방어는
개도
먹지 않는다

요즘 제주도 방어 값이 떨어졌다고 한다. 넙치에 이어 방어까지 값이 떨어져 제주도에서는 대책을 마련하느라 부산하다. 이유인즉 마라도 일대에서 잡히는 방어들이 대방어가 아니라 중방어란다. 중방어라면 3~5킬로그램 정도를 말한다. 이 정도 크기는 예년에 못지않는 모양인데, 문제는 소비자가 선호하는 크기가 모두 대방어다. 온갖 매체에서 방어는 큰 것이 맛이 좋다고 하니, 식당에 들어서는 손님들이 모두 대방어만 찾는다고 한다.

주문도 역시 마찬가지다. 소방어나 중방어 값은 떨어지고 대방어 값은 오른 것이다. 대방어 어획량이 줄어든 제주도에서는 울상이다. 이를 충당하는 곳이 방어 축양장이다. 중방어를 잡아다가 몇 달간 사료를 주고 키워서 대방어로 유통한다. 예전에는 치어를 잡아다가 양식을 했지만, 이제는 어족 자원 보전을 위해 치어를 잡는 것을 금지하고 있다. 사실 중방어도 식감이 좋고 고소하며 감칠맛은 차이가 없다. 다만 부위별로 맛을 보기 어렵다는 것이다.

방어는 추울수록 맛이 좋다. 그래서 한방어寒魴魚라고 한다. 12월과 1월 추울 때는 물론 2월까지도 맛이 좋다. 제주도에서 여름을 나기 위해서는 자리돔을 먹어야 한다면, 겨울을 나기 위해서는 방어를 먹어야 한다. 여름 방어는 개도 먹지 않는다고 하는 말이 이래서 생긴 것이다.

방어와 유사한 어류로 부시리와 잿방어가 있다. 부시리와 방어는 구분이 쉽지 않다. 하지만 잿방어는 색깔이 방어나 부시리와 다르다. 다 자란 잿방어나 부시리는 1.5~2미터에 이르지만, 방어는 그에 미치지는 못한다. 하지만 1미터는 족히 넘는다. 또 부시리는 여름에서 가을로 가는 길목에, 잿방어는 가을에 맛이 좋다. 제주도 사람 중에는 겨울철에 방어보다 부시리를 찾는 사람이 제법 많다.

넙치 값이 바닥을 치면서 제주도 양식업계가 휘청거렸다. 설상가상으로 방어 값도 예전 같지 않아 모슬포의 방어 식당은 그전에 비해서 한산했다. 그만큼 방어를 먹기 위해 산지를 찾는 사람이 줄어들었다. 하지만 여행객들에게 인기 있는 생선조림 식당이나 보말칼국수 등 맛집은 줄을 서서 기다린다.

제주도 모슬포 방어는 당일바리다. 마라도까지
나가서 외줄낚시로 잡은 방어를 그날
내놓는다. 어부가 갓 잡아온 대방어를
모슬포항 인근의 식당 주인에게 건네고 있다.

마라도에서 조업을 마치고 식당으로 들어온 어부는 제주 방어의 맛은 외줄낚시로 잡은 당일바리 맛이라고 강조한다. 바로 잡아서 바로 파는 방어라서 신선도가 높다. 이렇게 말하는 이면에는 그물에 가두어 기르는 축양 방어를 견제하는 말인 듯하다. 그물 대신 낚시로 잡은 방어라고 가격도 좋다. 소비자가 이런 차이를 인정해주어야 한다는 항변으로 들린다.

불과 1~2시간 전에 태평양의 거친 바다에서 자리돔을 쫓던 그 방어다. 낚시로 방어를 잡는 것은 낚시꾼의 경험이 매우 중요하다. 바람이 많이 불고 파도가 센 날 방어가 입질을 한다. 낚시를 하기에 적절하지 않은 날씨, 배를 타고 나가기 적절하지 않은 그런 날씨가 방어가 활발하게 먹이 활동을 하는 때다. 어쩌면 그 경험도 함께 식탁에 오른 것이리라.

갈치
제주도 여자들의 삶을 대변하다

갈치는

칼을

닮았다

제주 동문시장은 섬에서 가장 큰 상설 시장이다. 공항이 가깝고 주변에 숙소도 많아 주민뿐만 아니라 여행객도 많이 찾는다. 겨울철 이곳 주인공은 제주 은갈치다. 시장에서 갈치회를 포장해서 팔기도 한다. 낚시로 잡은 갈치를 입증하듯 바늘을 꺼내 보여준다. 10여 만 원을 주고 네 마리를 사서 손질해 택배로 보냈다.

갈치는 농어목 갈칫과에 속하는 바닷물고기로 동중국해, 제주도, 남해에 서식한다. 바닷물이 차가울 때는 제주도 남쪽에서 생활하다가 수온이 올라가면 남해로 올라온다. 제주도에서는 1년 내내 갈치잡이가 이루어지며, 남해안에서는 여름부터 가을까지 잡는다. 여름에 산란해 1년에 30~40센티미터 정도 자라 4년이 지나면 1미터에 이른다. 좋아하는 먹이는 멸치, 정어리, 전어, 오징어, 새우 등이다.

다 자란 갈치는 밤에는 바다의 심층深層에 머물다 낮에 수면으로 올라와 먹이 활동을 하며, 어린 갈치는 반대로 낮에 수면으로 올라온다. 심층에서 수면으로 이동할 때 머리를 위로 하고 꼬리를 아래에 두고 기다란 등지느러미를 S자로 흔들며 위아래로 이동한다. 특히 표층에 머무는 멸치 등 작은 물고기를 잡을 때 요긴하다. 이빨이 날카로워 어민들도 낚시나 그물에서 떼어낼 때 조심해야 한다.

어린 갈치는 동물성 플랑크톤을 먹고산다. 갈치 낚시를 할 때 멸치 새끼를 잘라 미끼로 사용하기도 한다. 동족의 꼬리를 먹는다고 해서 친한 사람들이 서로를 비방할 때 '갈치가 갈치 꼬리를 문다'는 말을 하기도 한다. 또 '돈을 아끼려는 이들은 소금 간을 한 갈치를 사먹으라'는 말이 있을 정도로 갈치는 맛도 좋지만 가격도 저렴해 서민들이 즐겨 먹는다.

갈치에서 '갈'은 '칼'의 옛말인데, 여기에 물고기를 나타내는 '치'를 붙인 것으로 '칼을 닮은 물고기'라는 뜻이다. 그래서 갈치를 도어刀魚라고 했다. 강원도, 경상도 등 한반도 동쪽에서는 지금도 '칼치'라고 하며, 서울·경기, 충청도, 전라도 등 한반도 서쪽은 대체로 '갈치'라고 부른다. 갈치 새끼는 풀치라고 한다.

『자산어보』에는 길쭉한 띠처럼 생겼다고 해서 '군대어裙帶魚'라고 했고, "형상은 긴 칼과 같다. 큰 놈은 길이가 8~9척이다. 이빨이 단단하면서 촘촘하다. 맛은 달다. 물리면 독이 있다. 곧 침어鱵魚의 무리지만 몸이 조금 납작할 뿐이다"고 했다. 『오주연문장전산고』에도 갈치를 "허리띠 같아서 대어帶魚 혹은 칼처럼 생겨 검어劍魚 또는 도어刀魚라고 했다"고 기록되어 있다.

갈치의 이빨에 상처를 입은 후 치료를 하지 않으면 곪기도 해서, 갈치잡이 선원들의 손에 흉터를 쉽게 볼 수 있다. 『자산어보』에서 분류한 침어에는 갈치 외에 학꽁치와 동갈치가 있다. 갈치는 농어목이지만 이들은 동갈치목에 속한다. 일본에서는 갈치를 '큰 칼을 닮은 생선'이라고 해서 다치우오太刀魚라고 부른다. 영어권에서는 '휘어진 작은 칼 모양을 닮은 생선'이라고 해서 커틀러스 피시cutlass fish라고 불렀다. 동양이나 서양이나 갈치를 보고 '칼刀'을 상상했던 것 같다.

서유구는 『난호어목지』에서 "꼬리가 가늘고 길어 칡의 넌출과 같으므로 갈치葛侈라고 한다"고 적었다. 『자산어보』도 "갈치의 속명은 갈치어葛峙魚"라고 했다. 갈치는 배지느러미와 꼬리지느러미가 없다. 꼬리는 가늘고 길다. 그래서 칡넝쿨을 떠올린 것일까? 그런데 해석이 옹색하다. 그렇다면 갈치라는 이름과 칼의 관계는 어떻게 설명해야 할까? 신라시대에 '칼'을 '갈'이라고 했다고 한다. 그리고 보니 한반도 동쪽은 신라의 영역이지 않았던가? 역시 이름은 자신의 생김새에서 찾아야 할 것 같다.

갈치의 눈은 머리에 비해 매우 크며 등쪽의 가장자리에 있다. 아래턱이 위턱보다 길고 뾰족하고 날카로운 이빨이 줄지어 있다. 생존에

제주도 모슬포항에 밤새 조업을 한 갈치잡이
배가 들어왔다. 상자마다 은빛으로 반짝이는
갈치가 가득하다.

중요한 역할을 하는 등지느러미는 많은 작은 가시와 투명한 막으로 이루어져 있으며, 머리 뒤에서 꼬리 근처까지 발달했다. 꼬리지느러미와 배지느러미가 없으니 헤엄에 서툴고 순간 방향 전환이 힘들다. 그래서 머리를 위로 치켜들고 지그재그로 뱀처럼 이동한다. 또 긴 등지느러미를 이용해 몸을 수직으로 세우고 순간 솟구치며 먹이 활동을 한다. 먹이를 잡을 때의 모습은 이동할 때 어기적어기적하는 행동과 사뭇 다르다.

갈치는 제주도 서쪽 바다에서 겨울을 나고 봄이면 무리 지어 북쪽으로 이동한다. 여름에는 남해와 중국 연안에 머무르면서 알을 낳는다. 겨울을 나기 위해 왕성한 먹이 활동을 하는 가을철 갈치가 제일 맛이 좋다.

은빛
영롱한
제주 은갈치

갈치는 그물과 낚시를 이용해 잡는다. 먼 바다에서는 주로 근해 안강망, 자망, 저인망 어선을 이용하며, 연안에서는 집어등을 밝히고 갈치가 좋아하는 먹이로 유인해 낚시로 잡는다. 안강망 갈치잡이는 흑산도에서 추자도 남쪽까지 오가며 몇 틀의 안강망을 가지고 투망과 양망을 반복하며 10여 일 동안 조업을 한다. 낚시로 조업을 하는 경우는 대부분 당일바리로 이루어진다. 그물로 잡은 것에 비해 은빛 비늘이 훼손되지 않고 오롯이 포획되어 갈치가 영롱한 은빛이다. '은갈치'라고 부르는 이유다.

서귀포항이나 한림항의 수협 위판장에는
바다에서 밤새 불을 밝히고 잡은 갈치들이
모여들어 장사진을 이룬다.

은갈치는 거문도와 제주도 해역에서 낚시로 잡힌 갈치를 말한다. 제주도는 채낚기로 갈치를 잡는다. 채낚기는 오후에 출항을 해서 집어등을 밝히고 밤새 조업을 한다. 이른 새벽에 모슬포항에서 쉽게 갈치잡이 배들을 볼 수 있다. 봄과 여름에 자리돔잡이로 시작된 모슬포 어민들은 갈치잡이로 정점을 찍고 겨울 방어잡이로 한 해를 마무리한다. 자리돔잡이와 방어잡이 사이 갈치잡이 어민들에게는 바다가 주는 바다살이의 징검다리다.

서귀포항이나 한림항의 수협 위판장에서는 은빛으로 반짝이는 갈치를 경매하는 모습을 쉽게 볼 수 있다. 특히 추자도와 제주도 사이의 바다에서 밤새 불을 밝히고 잡은 갈치들은 대부분 한림항으로 모여들어 장사진을 이룬다. 제주도 갈치 중에 차귀도에서 비양도에 이르는 한림 바다에서 잡은 갈치가 두텁고 부드러워 최고로 꼽힌다. 이곳에 멸치가 많이 모여들어 먹잇감이 풍부한 탓이다. 신선도가 좋은 은갈치는 횟감이나 갈칫국으로 좋다.

갈치를 잡으려는 낚시꾼들도 가을이면 제주도로 모여든다. 채비를 갖추지 않아도 갈치잡이 체험을 할 수 있다. 갈치잡이 어부들은 50미터 낚싯줄에 20여 개의 낚시를 매달지만 취미로 할 경우에는 8개 정도 매단다. 이때 이용하는 미끼로는 멸치가 가장 좋지만 정어리, 오징어, 전어, 고등어 심지어 갈치를 이용하기도 한다. 실제로 갈치는 먹잇감이 부족하면 자신의 꼬리를 잘라 먹기도 한다.

먹잇감은 멸치처럼 길고 납작하게 썰어 물속에서 하늘하늘 조류에 따라 움직일 때 갈치가 입질을 한다. 은갈치는 크기를 체고體高(폭)와 전장全長(길이)으로 가늠한다. 특히 손가락을 이용해 폭을 4지指, 5지指 등으로 분류한다. 5지 이상의 갈치를 최상품으로 여긴다. 낚시로 갈치를 잡을 때는 물돛(어민들은 '방' 혹은 '풍'이라고 부른다)을 펼쳐 조류에 따라 갈치가 이동하는 속도에 맞춰 배가 천천히 움직이도록 한다. 그 모양이 낙하산처럼 생겼다.

거문도의 갈치잡이는 9월에 시작된다. 월동하려고 제주도 남쪽으로 내려가는 갈치를 잡는 것이다. 제주도와 마찬가지로 6미터에 이르는 20여 개의 낚시를 매단 50미터의 줄을 매달아 잡는다. 여름철에도 갈치가 잡히지만 전라도 말로 씨알이 작은 풀치에 불과하다. 산란을 하고 월동을 위해 몸을 충분히 불린 통통하고 큼지막한 '대갈치'가 으뜸이다.

가을철이면 집어등이 거문도 밤바다를 환하게 밝힌다. 멸치로 유인해 갈치를 불러오는 것이다. 보통 오후 해가 지기 전에 출어를 해서 아침 해가 떠오르기 전까지 잡는다. 거문도에는 갈치잡이 배 4척이 있다. 이들은 그물을 사용하지 않는 것이 특징이다. 그래서 거문도 선창에서는 가을철이면 갈치회와 갈치비빔회를 맛볼 수 있다.

제주도 여자들의 삶을 대변하다

은빛 비늘이
벗겨진
목포 먹갈치

먹갈치는 먼 바다의 수심 깊은 곳에서 그물로 잡다 보니 갈치가 그물에 닿고 서로 부딪혀 은빛 비늘이 벗겨져 회갈색을 띤다. 게다가 며칠 동안 얼음에 재워 보관하면서 산화 작용도 일어나 표피가 회갈색을 띤다. 그래서 '먹갈치'라고 부른다. 횟감보다는 조림이나 구이로 먹갈치를 선호한다.

먹갈치는 안강망으로 잡은 갈치를 말한다. 목포 갈치가 좋다. 그렇다고 목포 앞바다에서 잡히는 것은 아니다. 가거도나 제주도 인근 해역 등 먼 바다에서 그물을 이용해 잡은 갈치를 말한다. 안강망 어업이 발달한 목포 선주들이 위판하는 갈치들을 말한다. 다른 지역 선주들도 그물로 갈치를 잡으면 목포로 가져와 판다. '목포 먹갈치'의 명성 때문이다.

갈치잡이 안강망 배는 그물을 바꿔가며 봄에는 조기를 잡고 가을에는 갈치를 잡는다. 무게가 2톤에 이르는 닻과 100미터에 이르는 커다란 자루그물을 가지고 다니며, 갈치 어군이 형성되는 곳에 조류를 따라 이동하는 갈치를 잡는다. 그물에는 갈치뿐만 아니라 장어, 고등어, 조기, 멸치, 홍어까지 함께 잡히기도 한다. 목포에만 한때 배가 200여 척이 있었지만, 지금은 배 40여 척이 가을이면 갈치잡이에 나선다.

바다 밑에 닻을 놓아야 하기 때문에 너무 깊으면 그물을 넣기 어렵

목포에서는 갈치를 안강망으로 잡는다. 다른
지역 선주들도 그물로 갈치를 잡으면 목포로
가져와 판다. 먹갈치들이 목포 수협
위판장에서 위판을 기다리고 있다.

고, 수심이 너무 얕으면 그물이 손상될 수 있다. 선원만 10여 명에 이른다. 먹갈치는 주로 목포에서 위판되지만 한림항으로 들어가기도 한다. 제주도 근해에서 조업을 하다 어창에 갈치가 쌓이면 가까운 위판장에 하역을 해서 팔고 조업을 해야 하기 때문이다. 먹갈치 값이야 목포가 더 낫겠지만, 조업을 지속하기 위해서 가까운 위판장을 찾는 것이다.

먹갈치의 크기는 띠로 구분한다. 상자에 갈치를 담은 후 가로로 한 줄에서 다섯 줄로 갈치를 두른다. 가장 큰 갈치는 한 줄, 가장 작은 갈치는 다섯 줄이다. 이보다 더 작은 갈치는 어묵용으로 팔린다.

제주도에서
힘든
여자의 삶

몇 년 전이다. 오랜만에 아내와 제주도 여행에 나섰다. 다음 날 아침을 먹기 위해 찾은 것이 갈칫국이었다. 숙소에서 가까운 도두봉 오름 아래 식당을 찾아 나섰다. 아내는 이른 아침부터 무슨 갈칫국이냐며 싫은 기색이 역력했다. 주문하기가 바쁘게 갈칫국이 나왔다. 곰삭은 자리돔 젓도 올라왔다.

아내가 국물을 한 숟가락 뜨더니 비린내가 나지 않는다며 반색을 했다. 싱싱한 배추와 호박이 들어 있었다. 아내는 아침에 오분자기(떡조개) 된장국을 기대했다. 내가 갈칫국을 추천하자 아침부터 비린내 나는 갈칫국이냐며 싫어했다. 나도 살짝 비린내를 걱정했다. 갈치의 비

제주도에서 여자들은 검질을 매고, 물질을
해야 하기 때문에 힘든 삶을 살아간다. 그래서
원재료의 맛을 그대로 살린 요리가 많다.

린내는 은빛의 '구아닌guanine' 성분에서 비롯된다. 갈치는 비늘이 없다. 그 대신 막 잡은 갈치를 보면 몸 전체가 번쩍이는 은빛 가루로 덮여 있다. 갈치가 은빛으로 반짝이는 것은 구아닌이 요산과 섞여 굴절 반사를 하기 때문이다. 구아닌이 공기 중의 산소와 산화 작용을 일으켜서 비린내가 나는 것이다.

이때부터 살이 물러진다. 시장에서 보았던 갈치가 비린내가 많았던 것도 이런 이유 때문이다. 갈칫국을 제주도에서만 접할 수 있는 것도 갈치의 신선도 때문이다. 먹갈치가 아니라 은갈치로 요리를 해야 한다. 끓는 물에 싱싱한 갈치를 네모랗게 잘라서 끓인 다음 호박이나 배추를 넣고 다시 끓인다. 마지막으로 풋고추, 파, 다진 마늘을 넣고 국간장으로 간을 맞추면 끝이다. 자리돔젓 외에 반찬에는 젓가락이 가지 않았지만 갈칫국만은 아내도 만족했다. 국물이 시원하고 개운했다. 살며시 살을 발라내 입안에 넣자 사르르 녹아버렸다.

제주도에서 여자로 살아가는 것은 힘들다. 검질(잡풀)을 매고, 물질을 해야 하기 때문에 요리에 정성을 들일 수 없다. 갈칫국만 해도 그렇다. 그래서 원재료의 맛을 그대로 살린 요리가 많다. 양념 맛이 아니라는 의미다. 그래서 좋다. 갈칫국도 그렇다. 갈칫국과 대척점에 있는 요리가 갈치조림이다. 갖은 양념이 들어가는데 무, 파, 양파, 풋고추가 필수다. 붉은 고추를 올려 색다른 맛을 내기도 한다.

아내가 시장에서 갈치를 사왔다. 아이들이 좋아하는 감자와 내가 좋아하는 애호박도 밑에 깔고 갈치를 올렸다. 목포 먹갈치가 주인공이다. 시장을 누비는 주부들의 눈은 매섭다. 매일 저녁상에 어떤 반찬을 올릴지 고민스럽다. 가을철에 갈치만 한 반찬도 없다. 굵은 소금을 뿌리고 굽기만 해도 훌륭한 반찬이다. 우선 싱싱한 갈치를 골라야 한다. 배가 터지지 않고 눈이 투명하며 하얗고, 눈알은 새까만 것이 좋다. 갈치를 만졌을 때 은백색이 묻어나지 않고 지문이 찍히는 것이 좋다. 은갈치는 들었을 때 휘지 않고 탄력이 있는 것이 좋다.

자리돔

자리돔은 태어난 곳을 떠나지 않는다

재물과

행운을

가져오다

가파도에 보리가 누렇게 익어갈 무렵이면, 제주 바다가 그립다. 베지근한 그 맛, 제주를 떠난 제주도 사람들이 여름이면 그 맛을 잊지 못해 고향을 찾는다는 맛이다. 이쯤이면 나도 반쯤은 제주도 사람이 된 것일까? 참을 수 없어 친구에게 전화를 했다. 자리돔물회가 그리워 7월에 갈 거라고 했다. 날씨가 더워지니 벌써부터 마음이 들뜬다. 제주 바다가 보이는 허름한 그 집에서 맛보게 될 자리돔물회를 생각하니 설렌다.

가장 맛있게 먹었던 자리돔물회는 서귀포의 보목도 모슬포도 아니다. 목포에서 배를 타고 제주항에 도착해 제주 시내의 산지천을 배회

하다 사라봉에 올랐다가, 정말 지나는 길에 '우리 집사람 된장 맛이 정말 좋다'는 사내의 꾐에 들어가서 먹었던 된장물회다. 빈속에 밀어넣던 이 맛을 제주도 사람들은 '베지근하다'고 한다는 것을 느꼈다.

자리돔은 농어목 자리돔과에 속하는 바닷물고기로 제주도에서는 자리 혹은 자돔이라고도 한다. 다 자라면 17센티미터에 이르며, 타원형으로 체고가 높으며, 가슴지느러미 근처에 진한 청흑색 반점이 있다. 눈이 크고 콧구멍이 양쪽에 한 개씩 있으며, 몸 크기에 비해서 비늘이 크고 턱과 뺨을 제외하고 비늘로 덮여 있다. 수심과 서식 환경에 따라 황토색, 암갈색, 담갈색 등으로 색깔이 변한다.

우리나라 남해와 제주도에 주로 서식하지만, 수온의 변화로 부산과 동해 울릉도 근해에서도 서식한다. 그리고 동중국해와 일본 중부 이남에서도 서식한다. 수심이 2~15미터의 산호초와 암초가 있는 연안이나 육지에서 떨어진 바다에서 무리를 이루며 중층과 하층下層에서 서식한다. 산란은 5~8월이며 동물성 플랑크톤을 먹는다. 부성애가 강한 수컷은 암초의 오목한 곳을 깨끗하게 청소하고 암컷을 유인해 산란하게 하고 부화할 때까지 보호한다.

돔의 종류는 바다의 여왕 참돔, 낚시꾼의 마음을 흔드는 감성돔, 보석도 부럽지 않은 옥돔, 검은 뱅에돔, 검은색 줄무늬가 돋보이는 돌돔, 범돔과 자리돔까지 다양하다. 크건 작건, 화려하건 수수하건 공통점은 튼실한 가시지느러미를 가지고 있다는 점이다. 돔이라는 이름도 '가시지느러미'에서 비롯되었다. 『자산어보』에는 참돔을 "강항어強項魚라고

자리 뜨기는 모선 1척과 작은 종선
2척으로 이루어진다. 큰 배에서
그물을 펼쳐 작은 배 2척이
직사각형으로 바다 밑에 펼친다.
그리고 자리돔이 지나가기를
기다렸다가 들어 올린다.

하고 속명은 도미어道尾魚"라고 했다. "모양은 노어(농어)와 비슷하지만 몸통이 노어보다는 짧으면서 높은데, 높이는 길이의 반을 차지한다." 감성돔은 "흑어黑魚라고 하고 속명은 감상어甘相魚"라고 했다. "색은 검고 조금 작다."

돔은 맛도 좋지만 수명도 길어 회갑상回甲床에 챙겨 올리고, 일부일처를 고집해 백년해로하라며 결혼 잔칫상에도 곧잘 오른다. 일본에서는 붉은 참돔이 재물과 행운을 가져온다고 믿어 기념일과 부적에도 주인공으로 등장하기도 한다.

제주도에서는 '자리를 뜬다'고 한다. 왜 떠야 하는 걸까? 제주도의 지질地質을 이해해야 한다. 물속에서 폭발해 만들어진 한라산과 300여 개의 크고 작은 오름이 제주도를 만들었다. 바다로 흘러내린 용암 지형에서는 그물을 끌기도 드리우기도 어렵다. 그래서 바위틈이나 작은 구멍에 낚시를 넣어 잡는 '고망 낚시(작은 돌 틈을 제주도 말로 '고망'이라고 한다)'나 그물을 조심스럽게 가라앉혔다가 올리는 들망을 이용한다. 자리돔은 주로 들망으로 떠서 잡는다. 자리돔이 머물기를 좋아하는 바위나 해조 주변에 그물을 드리웠다가 올라오면 뜨는 어법이다.

옛날부터 제주도에서는 통나무배라고 하는 '테우'를 타고 '사둘질'을 해서 자리를 떴다. 동력선이 나오면서 큰 배(모선母船) 1척에 작은 배 2척이 어우러져 그물을 내렸다가 올리는 들망 어업으로 자리돔을 잡았다. 이를 '자리 들망'이라고 한다. 들망의 일종인 사둘도 국자 사둘과 자리 사둘 두 가지 방법이 있다.

자리밧 몇 개면

먹고사는 데

지장이 없다

자리돔은 제주도의 특산물이다. 『한국수산지』에 따르면, 제주도에는 "자리밧이 282망이 있다"고 했고, "제주도 연안 도처에서 생산되지 않는 곳이 없다. 도민들은 독특한 그물을 사용해 활발하게 어획한다"고 소개했다. 테우를 타고 나가서 사둘질을 하는 것을 두고 하는 말이다. 마을마다 자리밧을 몇 통씩 운영하고 있으며, 자리돔을 잡는 독특한 어망은 자리 사둘을 지칭한 것으로 보인다. 또 "1되에 100문으로 큰 이문이 없는데, 도민들이 이를 아주 좋아해서 생선으로 먹고 염장하기도 한다"고 했다.

심지어 "산간벽지의 주민들도 또한 이를 젓갈로 만들어 저장해놓고 빠뜨리지 않는 식품이다"고 했다. 따라서 자리돔 어획량의 적고 많음은 "도민들의 경제와 생활에 지대한 영향을 미칠 수밖에 없다"고 했다. 당시 자리돔은 제주도 남쪽에서는 4~10월, 북쪽에서는 6~8월이 제철이었다. 『한국수산지』에는 자리밧은 함덕에 16통, 사계리에 10통, 우미리에 10통 등으로 나와 있다. '밧'은 '밭'의 제주도 말이지만, 바다의 어장도 밧이라고 했다.

보목이나 모슬포에서는 지금도 자리밧 몇 개만 잘 보면 봄부터 여름까지 먹고사는 데 큰 어려움이 없다는 말이 있다. 자리밧마다 이름이 붙어 있는 것도 그만큼 섬살이에서 차지하는 비중이 크기 때문이다.

배를 타지 않고 갯바위에서 사둘을 이용해
자리돔을 잡는 것을 '덕자리 사둘'이라고 한다.
튼튼한 대나무를 지렛대로 이용해 사둘을
들어 올리는 전통 어법이다.

가장 인상적인 자리밧은 성산읍 신풍리와 신천리 경계에 있는 '식게여'라는 곳이다. 제주도 사람들은 제사를 '식게'라고 한다. '여'는 바닷속에 있는 바위를 말한다. 제를 올리는 시간은 보통 늦은 밤이다. 그것을 마치고 나면 12시가 훌쩍 넘는다.

좋은 자리밧을 차지하려면 새벽에 나가야 하는데 늦잠은 큰 낭패다. 그래서 어민들은 식게가 끝나자마자 자리밧으로 나가 배를 세우고 날이 밝기를 기다렸다고 한다. 이 소문이 퍼지면서 자리밧 이름도 '식게여'가 되었다고 한다. 제주도 바다 밑은 흘러내린 용암이 파도와 바람에 깎여 뾰족뾰족 솟아 있다. 후릿그물질을 할 수도 없고, 저인망으로 긁어 잡을 수도 없다.

그래서 만들어진 특수 어망이 바로 '사둘'이다. 테우를 타고 나가 사둘로 자리를 떴던 것이다. 요즘에는 보목동, 서귀포, 모슬포 등에서 축제나 체험용으로 활용하고 있다. 모슬포에는 주어선과 보조어선이 어울려 자리돔을 잡는 어법을 처음 개발한 김묘생이라는 어부의 '수발水發 김묘생金卯生 공덕비功德碑'가 세워져 있다.

보목 사람
모슬포 가서
자리돔물회 자랑하지 마라

아직 동이 트려면 두어 시간을 기다려야 하는 신새벽에 보목항으로 향했다. 새벽 4시면 자리를 뜨기 위해 자리밧으로 나서는 주민들을 만나기 위해서였다. 자리돔은 여름에 돌밭에 산란한다. 이런 곳을 '걸바다밭'이라고 하며, 특히 자리돔이 모여 사는 바다를 자리밧이라고 한다. 제주 안거리와 밖거리 사이 우영팟(텃밭)이 '채소 싱싱고'라면 걸바다밭은 '생선 싱싱고'쯤 될까? 이곳에는 우뭇가사리, 톳, 구젱기(소라) 등이 있고, 수심이 있는 곳에는 자리돔이 머문다. 자리돔이 사는 곳이나 그 습성은 돌밭을 일구며 살아온 제주도 사람들을 꼭 닮았다. 수컷은 산란을 할 때까지 곁에서 알을 지키고, 어린 치어는 성어가 되어서도 고향을 떠나지 않는다.

보목항의 여름 새벽은 자리돔을 잡으러 가는 배들로 요란하다. 배 3척이 움직인다. 모선인 큰 배 1척에 작은 배 2척이 딸린다. 자리돔은 멀리 오가지 않고 무리를 지어 서식지 주변에 머물기에 들망을 이용해 기다렸다가 잡는다. 그리고 자리돔을 유인하기 위해 미끼를 뿌리기도 한다.

모슬포 자리돔은 뼈가 억세 구이에 좋고, 보목 자리돔은 뼈가 부드럽고 고소하니 물회에 좋고, 비양도 자리돔은 크기가 작으니 젓갈로 좋다고 한다. 서해 어촌마다 자기네 낙지가 최고라고 하듯이 제주도에서는 지역마다 자리돔에 대한 자긍심이 대단하다. 오죽하면 '보목 사람 모슬포 가서 자리돔물회 자랑하지 마라'는 속담이 생겼을까?

제주도 해안마을 중에서도 서귀포 보목마을이 자리돔으로 유명하다. 매년 5월이면 자리돔 축제를 열기도 한다. 모슬포에 가서 자리돔 물회를 자랑하지 마라는 말은 마을마다 자기 바다에서 뜬 자리를 최고

보목항은 바로 잡아온 자리돔을 직접
판매하기도 하며, 손질해서 물회나 젓갈이나
구이용으로 팔기도 한다. 하지만 자리돔
어획량이 줄어들어 어민들이 울상이다.

로 꼽기 때문이다. '자리돔 알 잘 밴 해에 보리 풍년 든다'는 말도 있다. 지금도 보목이나 모슬포의 어민들은 서로 자리돔이 많이 있는 명당자리를 잡기 위해 자리돔 철이면 밤잠을 설친다.

1990년대 말 이후 자리돔 어획량은 큰 폭으로 감소했다. 그 원인으로 산란장 감소, 과도한 어획, 해양 환경 변화 등을 들 수 있다. 자리돔이 좋아하는 산호초와 갯바위가 파괴되고 훼손되었다. 바다는 지구상의 이산화탄소 3분의 1을 흡수한다. 집중호우나 토양이 탄소를 흡수하지 못할 때 바다에 과잉 공급되면서 탄소 유입이 증가하게 된다. 그 결과 해양 산성화가 진행되면서 백화현상이 발생해 해양식물의 서식지가 사라지고 있다. 서식지만 사라지는 것이 아니라 조개나 게 등 바다 생물의 껍질인 탄산칼슘의 균형이 무너진다.

수온의 변화로 인한 자리돔의 이동은 들망 어선의 조업 수역 갈등으로 이어지기도 한다. 현재 자리돔 조업 수역은 제주도 연해지만 온난화로 자리돔이 북상하고 있다. 남해를 넘어 강원도 속초까지 북상하고 있다. 더는 '물 반 자리돔 반', 값싼 생선이 아니다. 그래서 자리돔 철에 수역 조정을 요구하고 있다. 2009년 자리돔 어획량은 배 1척당 7.5톤, 서귀포 지역은 한 해 255톤으로 30억 원 정도의 수익을 올렸다. 많이 어획한 해는 500톤에 이르지만 100톤도 잡지 못한 해도 있다. 최근에는 자리돔이 북상하면서 제주도 어민들의 걱정이 태산이다.

자리돔은 수온 20도 이상에서 산란하고 서식한다. 자리돔이 서식하기 좋은 해조나 산호초, 바위 등이 사라지는 것도 원인이다. 자리돔은

자리돔은 태어난 곳을 떠나지 않는다

태어난 곳을 떠나지 않는다니 그 영특함과 애틋함이 인간 이상이다. 그런데 서식 환경이 바뀌면 떠날 수밖에 없다.

바다의
귀족이
부럽지 않다

한라산 중산간에 보릿짚을 태우는 연기와 냄새가 들판을 덮을 때, 자리돔이 아른거리고 입안에 침이 고이면 틀림없이 제주도 사람이다. 여기에 강된장을 풀어 막 썬 자리돔물회를 찾는다면 맛을 아는 제주도 사람이다. 자리돔물회는 망종 전에 맛을 봐야 한다. 자리돔물회 세 번이면 삼복더위도 두렵지 않다고 한다. 큰 것은 손바닥만 하고 모양도 화려하지 않지만, 제주도 사람들에게는 바다의 귀족이 부럽지 않다.

자리돔 요리로 으뜸은 자리돔물회다. 물질을 하는 해녀나 고기잡이를 하던 어부들이 채소와 된장만 준비했다가 뼈째 썰어 물을 부어 먹었던 것에서 시작되었다. 이때 찬밥을 말아야 자리돔의 꼬들꼬들한 식감이 더해진다. 제주도 사람들은 자리돔물회에 머리를 잘 다져서 된장으로 만든 국물에 넣었다. 그 자체가 조미료였다. 재래된장에 '쉰다리 식초(보리 막걸리를 삭혀 만든 식초)'로 맛을 더했다. 자리돔 철에 우영팟에서 열무를 뽑아 담근 열무김치를 곁들이면 최고다. 그냥 막된장에 찍어 먹는 강회, 채소와 함께 무쳐 먹는 무침, 삭혀 먹는 자리돔젓, 아삭하게 뼈째로 씹어 먹는 자리돔구이, 자리돔조림까지 여름으로 가는 길목에 자리돔은 해안은 물론 제주도 중산간 마을의 밥상에 올랐다.

초여름에 중간 크기의 자리돔을 골라 자리돔젓을 담갔다가 가을에 먹기 시작한다. 특히 보목동은 자리돔젓으로 유명하다. 뼈가 부드럽기 때문이다. 자리돔과 소금을 4대 1로 버무려 항아리에 넣고 4~5개월 동안 숙성한 후 풋고추, 고춧가루, 참깨, 참기름, 마늘, 파 등을 적당하게 넣어 무쳐 먹는다. 옛날에는 양념도 하지 않고 생젓으로 먹었다. 때로는 밥솥에 찌거나 냄비에 무를 넣어 졸여서 반찬으로 이용했다. 젓갈을 담을 때도 모슬포 등 제주도 서쪽은 머리를 두들겨서 젓국에 자작하게 담은 '진젓'을, 성산포 등 제주도 동쪽은 국물 없이 소금에 자리돔을 박아 놓는 '강젓'을 담갔다.

제주도 계절 밥상 중에 자리돔은 여름 밥상에 속한다. 보리밥, 톳냉국, 자리돔조림, 마농지, 새우리김치, 된장, 멜젓, 쌈채소로 차려진다. 톳냉국은 톳을 재료로 한 냉국이며, 마농지는 마늘장아찌다. 새우리김치는 부추김치이며, 멜젓은 멸치젓이다. 제주도 향토 음식 명인 1호 김지순 장인이 차린 제주 음식에서 가져온 것이다. 몇 년 전 제주음식문화축제에서 그 밥상을 보았다. 아쉽게 맛을 볼 수 없었지만 눈으로 본 것만으로도 만족했다.

자리돔은 식감이 좋고 뼈째 먹기에 칼슘, 철, 인이 풍부하다. 제주도 사람들이 나이 들어도 뼈가 튼튼하고 허리 굽은 사람이 적었던 것도 자리돔 덕분 아닐까? 식초에 재웠다가 막된장으로 간을 하고, 요리를 할 때는 초피를 넣는다. 살균과 해독을 하는 역할을 한다. 여름을 건강

자리돔 요리는 여름으로 가는 길목에 해안은
물론 중산간 마을의 밥상에 올랐다. 제주도
중산간에 있는 오름인 백약이오름.

하게 나는 방법이다. 보릿고개에 식량이 떨어져 어려움을 겪을 때 남자들은 자리를 뜨고 여자들은 중산간 마을로 팔러 다녔다.

자리돔이
반이면
콩이 반이다

제주도에 토종 콩으로 '푸른콩'이 있다. 제주도 말로 '푸른 독새기콩'이다. 2대에 걸쳐서 토종 제주 장콩인 푸른콩으로 장류를 제조하고 있다. 제주도에서는 소금이 귀해 간을 소금이 아니라 된장으로 했다. 그때 사용한 된장이 푸른콩으로 만든 막된장이다. 자리돔의 베지근한 맛을 내는 데 자리돔이 반이면 콩이 반이다. 그만큼 된장이 중요하다. 요즘 육지 사람들의 입맛에 맞게 초장을 사용하는 곳도 있지만 제주 맛은 아니다.

된장은 간을 맞추기도 하지만 자리돔에 남은 비린내를 제거하는 역할도 한다. 자리돔의 기름진 맛을 베지근한 맛으로 바꾸는 역할을 한다. 산남山南에서는 푸른콩으로 된장을 만들었고, 산북山北에서는 좀콩으로 된장을 만들었다. 산은 한라산이 기준이니 서귀포시는 푸른콩을, 제주시는 좀콩을 이용했다.

자리돔물회를 제일 맛있게 먹었던 산지천의 식당은 아내가 음식을 하고 남편이 돕는 허름한 식당이다. 정말 그냥 들렀다. 그런데 아내가 된장을 잘 담그고 자리돔물회가 끝내준다는 남편의 말 한마디에 먹게 되었다. 남편의 말은 상술이 아니라 그냥 터져 나오는 말이었다. 앞 식

자리돔은 태어난 곳을 떠나지 않는다

자리돔물회는 여름철 제주도를 상징하는
음식이다. 여름 복달임을 자리돔물회로 한다고
할 만큼 인기다. 보목항이나 모슬포항에는
유명한 자리돔물횟집이 많다.

탁의 사내 세 명도 새벽에 도착한 화물선의 짐을 내리고서 자리돔물회 한 그릇을 시켜놓고 한라산 소주를 잔에 가득 따랐다.

　그 모습을 보며 침을 삼키는 사이 자리돔물회가 나왔다. 한 숟가락 떠서 넣었다. 입안에 착 감기는 맛이다. 느끼하지 않는 기름과 고소함이 된장 맛과 함께 느껴졌다. 이런 맛을 제주도 말로 '베지근하다'고 하는가 보다. 정말 맛있다. 그냥 지나쳤다면 어찌했을까? 여행은 이런 맛이다. 영영 자리돔이 제주 바다를 떠나면 어떻게 하나 걱정이다. 베지근한 자리돔물회와 코시롱한 자리돔젓이 그립다.

옥돔

신이 반한 바닷물고기

단맛이

나는

'붉은 말의 머리'

제주도 한 오일장에서 구입해온 옥돔이 집에서 푸대접을 받았다. 냄새도 나고 맛도 별로라는 것이다. 다시 제주도를 찾았을 때 수산시장 옥돔 전문집에서 옥돔을 구입하며 물었더니, '옥두어'일 가능성이 있다고 한다. 옥두어는 옥돔과 비슷하지만 다른 생선이다. 옥돔은 꼬리지느러미와 몸통과 입 주변에 노란색 줄이 있다.

　제주도의 대표 생선으로는 옥돔이 꼽힌다. 아이를 낳은 산모를 위한 미역국에, 수술을 한 환자의 보양식으로, 명절 음식으로, 제사 음식으로, 본향당本鄕堂(제주도에서 마을의 신을 모신 신당神堂)의 제물로도 빠뜨리지 않는 생선이 옥돔이다. 요즘은 옥돔백반 정식이 등장할 정도로 여행객들에게 인기가 좋은 제주 밥상이다.

한라산에서 내려온 봄이 바다를 푸른빛으로 바꿀 때 제주도에서는 햇미역을 넣어 끓인 옥돔미역국과 꾸덕꾸덕 말려 노릇노릇 구운 옥돔 구이를 맛본다면 신선놀음이 따로 없겠다. 그래서 제주도에서는 옥돔을 생선의 으뜸으로 꼽았다. 오죽했으면 '생선 먹으러 가자'는 말은 옥돔을 먹자는 뜻이었을까?

옥돔은 농어목 옥돔과에 속하는 바닷물고기다. 옥돔은 제주도의 생선이라 해도 과언이 아니다. 제주도 인근 연안과 동중국해와 남중국해에 이르는 바다에서 잡힌다. 주변에 작은 게나 새우나 갯지렁이 등을 잡아먹으며, 40센티미터에 이르는 대형 옥돔은 8~9년 이상 자라야 한다. 18도의 수온에서 서식하며, 여름부터 가을까지는 산란을 해서 잘 잡히지 않으며 11월부터 이듬해 4월까지 잡힌다.

옥돔은 가을과 겨울에 특히 맛이 좋다. 보통 수컷이 더 잘 자라며 옥돔과에 속하는 종으로는 옥돔, 황옥돔, 옥두어 등이 있다. 옥두어는 생김새가 옥돔과 비슷해 둔갑해서 팔리기도 한다. 생물일 때는 몸색이나 꼬리색이 화려해 옥돔과 구분되지만, 건어물로 만들면 구분이 쉽지 않다. 옥돔은 몸체의 빛이 옥처럼 빛나고 예뻐서 그렇게 불린다.

농어목에는 농어, 다금바리, 능성어, 자바리 등 고급 어종이 많다. 또 돔은 종류만 해도 참돔, 감성돔, 벵에돔, 자리돔, 돌돔 등 많은데 유독 옥돔을 손꼽는 이유는 무엇일까? 제주도에서는 오토미(옥돔), 물꾸럭(돌문

옥돔은 몸체의 빛이 옥처럼 빛나고 예뻐서
이름이 붙었는데, 가을과 겨울에 특히 맛이
좋다. 강정마을 주민들이 낚시로 잡아온
옥돔을 손질하고 있다.

어), 섬게(성게)를 '제주 바룻 3대 진미'로 친다. '바룻'은 바다를 의미하는 제주도 말이다. 옥돔은 제주도를 대표하는 생선이지만, 옛날에는 제주도에서도 제사나 명절 등 특별한 날에만 구경할 수 있는 귀한 생선이었다. 『자산어보』에 "살은 상당히 단단하다. 맛은 달고 진하다"(참돔)고 했고, "머리에 살이 많으며 맛이 매우 농후하다"(혹돔)고 했다.

테우를 타고 나가 수심이 100미터 이상 깊은 바닷속 갯벌에 숨어 지내는 옥돔을 잡는 것은 하늘의 별 따기만큼이나 어려웠기 때문이다. 옥도미, 생선오름, 솔라리, 솔내기 등으로도 부르고 완도에서는 돔 중에서 으뜸이라 황돔이라고 했다. 일본에서는 단맛이 난다고 해서 아카아마다이アカアマダイ라고 하고, 유럽에서는 머리가 말을 닮았다고 해서 '붉은 말의 머리red horsehead'라고 부른다.

옥돔을 둘러싼 서귀포와 한림의 자존심 싸움

당일바리 옥돔은 옥돔 중에서도 가장 귀하게 대접을 받는다. 보통 새벽 3~4시에 나가 연승을 던져놓았다가 새벽에 건져오는 옥돔이다. 이렇게 당일바리 옥돔은 옥돔마을로 알려진 태흥리에서 직접 위판을 한다. 서귀포시 남원읍에 속하는 태흥리의 옛 지명은 벌포였는데, 모래와 갯벌이 발달해 옛날 소금밭이 있었다. 이러한 환경은 옥돔이 서식하기 좋다. 보통 400미터에 이르는 주낙 20여 개 틀을 가지고 조업에 나선다. 미끼로는 꼴뚜기나 한치를 이용한다.

제주도에 연승 어업이 도입된 것은 정확하게 알 수 없지만, 일제강점기에 시작되었을 것으로 추정된다. 제주도에 주낙이 도입되어 옥돔, 붕장어, 명태, 갈치, 오징어 등을 잡기 시작한 것은 1970년대 이후다.

해가 뜨기 전에 잡아 올린 옥돔은 신선도를 유지하기 위해 곧바로 얼음에 보관한다. 수분이 많은 옥돔은 쉽게 변할 수 있어 얼음에 저장해야 한다. 그러고 나서 아침에 위판장에서 경매를 한다. 태흥리의 위판장은 어촌계에서 운영하는 보기 드문 위판장이며, 당일바리 옥돔만 선별해 경매하기 때문에 옥돔의 몸값이 다른 곳에 비해서 높다. 경매는 오후 1시부터 시작해 잠깐 만에 끝이 난다.

이와 달리 7~10일 동안 동중국해 등 중국의 배타적경제수역으로 옥돔을 잡으러 나가는 배들도 있다. 주로 한림항에 선적을 둔 배들이다. 이 배들은 10톤 이하의 소형 어선으로 선원들이 5~6명씩 타며 한 배에 70~100개의 주낙 틀을 가지고 조업을 한다. 조업 장소까지는 20여 시간 이상 배를 타고 나가야 하며, 중국의 배타적경제수역에서는 매일 어획량을 선적항船積港에 보고하고 중국에 통보한다.

조업은 주낙 올리기, 옥돔 떼어내기, 주낙 통 정리, 떨어진 낚시 추가, 미끼 달기 등 작업 과정을 나누어 진행한다. 이렇게 잡은 옥돔은 곧바로 얼음에 묻어 신선도를 유지한다. 당일 위판을 할 수 없기 때문에 보관이 매우 중요하다.

언젠가 강정마을 '평화책방' 입구에서 당일바리 옥돔을 만났다. 어머

옥돔마을로 유명한 서귀포 남원읍
태흥리에서는 당일 잡은 옥돔을 그날 마을의
위판장에서 경매를 한다. 남원읍 태흥2리 포구.

니 두 분이 앉아 한 분은 옥돔을 손질하고, 한 분을 생물을 팔고 있었다. 옥돔 옆에 낚싯바늘이 있는 것으로 보아 주낙으로 잡은 듯했다. 강정마을 앞바다에는 범섬, 문섬, 섶섬 등 제주도에서도 손꼽히는 바다가 있어 마을 주변에서 옥돔 낚시를 할 수 있다. 당일바리가 가능한 이유다. 그날 팔지 못한 것은 곧바로 소금에 절여 갈무리한다. 그런데 옥돔을 많이 잡는 강정마을에 해군기지가 들어서면서 마을은 어려움을 겪고 있다. 특히 강정천江汀川과 바다를 잇는 구럼비가 훼손되어 그 피해가 주민에게뿐만 아니라 바다 생물에게도 미쳤다.

서귀포와 한림은 옥돔을 둘러싸고 자존심이 대단하다. 한림은 비양도 일대에서 잡은 옥돔이 살도 많고 맛이 좋다고 하며, 성산포는 앞바다에서 잡은 옥돔이 살이 깊고 육질이 좋다고 한다. 자리돔을 두고 모슬포와 보목이 질 수 없다는 것과 같다. 강정마을에서는 옥돔을 그날 잡아 그날 주문한 사람에게 보내기도 한다. 옥돔을 잡아온 날이면 마을 앞에 옥돔시장이 열린다.

신에게

바치는

생선

옥돔은 신에게 바치는 생선이다. 옥돔을 가장 많이 본 곳은 구좌읍 송당 본향당과 조천읍 와흘 본향당이다. 제주도는 1만 8,000여 신이 사는 신들의 고향이다. 제주 신은 대부분 마을신으로 자리 잡았고, 그 내력은 마을

구좌읍 송당마을 본향당에 제물로 꼭 챙겨야
할 생선은 옥돔이다. 바구니마다 옥돔, 과일,
빙떡, 멧밥 등이 올려졌다.

설화로 이어지며 이를 '본풀이'라고 한다. 매년 마을 단위로 날을 잡아 제사를 지내는 곳이 본향당이다.

본향당은 제주도 사람들에게 뿌리와 같은 곳이므로 이곳에 제주 바다 최고 생선인 옥돔을 올리는 것은 너무나 당연한 일이다. 제주 신은 풍년과 풍어 등 생산 활동과 살림살이, 심지어 죽음까지 관장했다. 본향당에 삼색三色의 지전紙錢(저승의 돈)과 물색物色(신에게 바치는 옷감), 실타래(명命실) 등이 걸린 것도 이 때문이다.

본향당에서는 정월에 본향신에게 드리는 새해 인사인 신과세제新過歲祭, 2월 초하루 제주도에 들어와 보름에 나가는 영등신을 위한 영등굿, 여름 장마철 습기와 곰팡이를 불고 떨고 푸는 마불림제, 가을 곡식을 거두어들인 다음에 하는 신만곡대제新萬穀大祭를 지낸다.

몇 년 전 구좌읍 송당마을 본향당에 갔을 때 사과, 배, 한라봉, 초코파이, 마른 옥돔 찐 것, 나물과 삶은 달걀, 빙떡 등이 있었다. 본향당에는 밥 세 공기, 물 세 그릇, 소주 한 병, 쌀 세 봉지가 놓여 있었다. 400여 년을 자랑하는 팽나무를 신목神木으로 모시는 조천읍 와흘마을 본향당도 마찬가지였다. 마을 제사 때나 꿈자리가 사납거나 큰일을 치러야 하거나 물질을 하러 갈 때도 본향당 아니면 해신당海神堂에 가서 두 손을 비비면서 신에게 빌었다. 이럴 때도 여유가 있으면 옥돔을 올렸다. 신에게뿐만 아니라 조상신에게 올리는 제사상에도 옥돔은 빠지지 않는다.

제사에 탕 대신에 올리는 것을 갱국이라고 한다. 갱국도 제주도 동신이나 인간이나 산 자나 죽은 자나 옥돔을 즐겼다.
조선시대에 옥돔은 제주도의 진상품이었다. 일본의 판화가
안도 히로시게의 물고기 연작 중 〈큰 물고기〉는 붉은 옥돔과
검은 옥돔을 그린 그림이다.

쪽에서는 미역을 넣어 끓였지만, 서쪽에서는 물을 넣어 끓였다. 옥돔이 많이 나오는 가을과 겨울에 어머니들은 미리 옥돔을 구입해 제숙(생선적生鮮炙)으로 준비해두었다.

신이나 인간이나 산 자나 죽은 자나 옥돔을 귀하게 여기며 그 맛을 즐기는 것은 같다. 조선시대에 옥돔은 전복, 해삼, 미역과 함께 제주도의 진상품이었다. 본래 해산물은 잠녀潛女(해녀)와 포작인浦作人(남성)이 함께 채취했다. 특히 미역이나 해조는 여자, 해삼이나 전복은 남자가 주로 채취했다. 그런데 제주도 남자는 공물 진상은 말할 것도 없고 관아 물품 담당, 수령과 토호의 수탈, 노역 징발에 잦은 왜구 침입으로 군역까지 부담하는 이중삼중의 고통을 겪어야 했다. 많은 제주도 남자가 15세에 섬을 떠나 유랑한 이유다. 제주도 해녀가 본격적으로 바다에서 물질하기 시작한 것도 이때부터라고 한다.

도미의
여왕

옥돔은 이름만큼이나 맛이 있고 비싸다. 그래서 귀한 손님, 조상님, 신에게 올리는 생선이다. 조천읍 와흘마을 본향당 중심에 자리 잡지 못하고 동쪽 구석에 있는 여신女神인 서정승따님도 옥돔을 받는다. 와흘 '아지망(아주머니)'들은 사냥을 관장하는 본향당 백조도령보다는 생업과 산육産育(아이를 낳아서 기름)에 치병治病을 관장하는 서정승따님 애기씨에게 제물을 더 자주 올린다.

옥돔은 다른 생선과 마찬가지로 비늘이 선명하고 몸에 탄력이 있는 것이 좋다. 또 눈이 맑은 것이 좋다. 대개 냉동 건조시켜 제주도 특산물로 유통한다. 특히 옥돔구이와 옥돔미역국이 유명하다. 옥돔구이는 흰 속살에 굵은 소금을 흩뿌리고 해풍에 꾸덕꾸덕 말린다. 강정마을 구럼비야말로 옥돔을 말리기 좋은 곳이다. 해풍에 말린 생선은 기름이 겉으로 나와서 피막被膜을 형성해 안에서 수분과 영양소가 잘 유지된다. 석쇠나 불판을 달군 다음 말린 옥돔을 구우면 아주 담백하고 고소하다(제주도에서는 숯불에 구워 먹는다). 비린내가 없으니 맛이 더욱 좋다.

조기와 가깝고, 농어와 사촌인 데다 도미의 여왕이라 불리니 그 맛을 더 말해 무엇하랴. 생물로 구울 때는 소금을 뿌려 간이 배게 하고 이때 칼집을 내면 좋다. 30분 정도 밑간이 들도록 기다린 다음 프라이팬에 기름을 두르고 앞뒤로 굽는다. 살이 있는 쪽부터 구우면 오롯이 잘 구워진다. 어느 생선이나 마찬가지겠지만 특히 옥돔은 큰 것이 더 맛있다.

제주도에서는 산모에게 꼭 끓여주는 것이 옥돔미역국이다. 몸조리에 좋고 젖도 잘 나오고 단맛까지 나니 잘 먹을 수밖에 없다. 옥돔미역국도 일반 미역국을 끓일 때와 마찬가지로 다진 마늘과 미역을 넣고 볶다가 국물을 넣어 다시 끓인다. 끓기 시작하면 갈무리해 놓은 옥돔을 넣고 한 번 더 끓이고 나서 정종, 국간장, 소금으로 간을 한다. 국물을 진하게 하려면 옥돔을 넣어 육수를 만든 다음 볶은 미역과 옥돔을 넣어 끓이기도 한다. 미역을 넣지 않고 옥돔으로 끓인 맑은탕도 좋다.

어죽은 비릴 것이라고 생각하지만 사실 그렇지 않다. 바닷가는 물론

강정마을 구럼비는 옥돔을 말리기 좋은
곳이다. 그러나 이곳에 해군기지가 들어서면서
마을은 어려움을 겪고 있다.

강과 하천 주변 마을에서는 여름이나 몸이 허하거나 수술을 하고 난 뒤에 어죽으로 보양을 했다. 어죽에 쓰는 민물고기로는 붕어, 바닷물고기로는 도미나 옥돔이 있다. 제주도에서는 어죽도 역시 옥돔이 으뜸이다.

먼저 비늘과 내장을 제거한 후 옥돔을 통째로 넣고 푹 삶는다. 이때 양념이나 간은 하지 않는다. 머리를 채에 받쳐 육즙이 잘 빠지도록 하며 옥돔을 건져내고 살을 발라낸다. 이렇게 모은 육수와 발라낸 살에 불린 쌀을 넣고 끓인다. 이때도 소금 간만 한다. 담백하고 고소한 맛이 일품이다. 뭐라고 해도 옥돔은 뭇국이다. 옥돔뭇국은 제사상에도 올렸다. 살이 쉬 익기에 무를 가늘게 채 썰어 팔팔 끓을 때 옥돔을 넣는다. 소금 간만 해도 제주도 무의 시원함과 옥돔의 깊은 맛이 어우러진다.

참고문헌

단행본

강제윤, 『전라도 섬맛 기행』, 21세기북스, 2019년.

＿＿＿, 『통영은 맛있다』, 생각을담는집, 2013년.

곽재구, 『꽃보다 먼저 마음을 주었네』, 열림원, 1999년.

국립수산과학, 『우리나라 수산양식의 발자취』, 해양수산부, 2016년.

국립해양문화재연구소, 『해양문화유산조사 보고서 15: 가거도』, 국립해양문화재연구
    소, 2018년.

권삼문, 『동해안 어촌의 민속학적 이해』, 민속원, 2001년.

권선희, 『숨과 숨 사이 해녀가 산다』, 걷는사람, 2020년.

권은중, 『음식 경제사』, 인물과사상사, 2019년.

기태완, 『물고기, 뛰어오르다』, 푸른지식, 2016년.

김건수,『맛있는 고고학』, 진인진, 2021년.

김남일 외,『동해 인문학을 위하여』, 휴먼앤북스, 2020년.

김려, 김명년 옮김,『우해이어보』, 한국수산경제, 2010년.

김려, 박준원 옮김,『우해이어보』, 다운샘, 2004년.

김상현,『통영 섬 부엌 단디 탐사기』, 남해의봄날, 2014년.

김석현 외,『한국 해양 환경 평가 Ⅱ』, 해양수산부, 2019년.

김수희,『근대의 멸치, 제국의 멸치』, 아카넷, 2015년.

김유, 윤숙자 엮음,『수운잡방』, 백산출판사, 2020년.

김윤식,『인천의 향토 음식』, 인천대학교인천학연구원, 2021년.

김준,『갯벌을 가다』, 한얼미디어, 2004년.

____,『김준의 갯벌 이야기』, 이후, 2009년.

____,『대한민국 갯벌 문화 사전』, 이후, 2010년.

____,『물고기가 왜?』, 웃는돌고래, 2016년.

____,『바다맛 기행』(전3권), 자연과생태, 2013~2018년.

____,『바닷마을 인문학』, 따비, 2020년.

____,『섬:살이』, 가지, 2016년.

____,『섬문화 답사기』(전5권), 보누스, 2012~2020년.

____,『어떤 소금을 먹을까?』, 웃는돌고래, 2014년.

____,『어촌 사회 변동과 해양 생태』, 민속원, 2004년.

____,『한국 어촌 사회학』, 민속원, 2020년.

김지민,『우리 식탁 위의 수산물, 안전합니까?』, 연두m&b, 2015년.

참고문헌

362

363

김지순,『제주도 음식』, 대원사, 1998년.

나승만 외,『서해와 조기』, 경인문화사, 2008년.

농촌진흥청 국립농업과학원,『전통향토음식용어사전』, 교문사, 2010년.

다케쿠니 도모야스, 오근영 옮김,『한일 피시로드, 홍남에서 교토까지』, 따비, 2014년.

대한제국 농상공부수산국,『한국수산지韓國水産誌』(전4권), 일한인쇄주식회사,
    1908~1911년.

도서문화연구소,『한국의 해양 문화』(전8권), 해양수산부, 2002년.

마크 쿨란스키, 박중서 옮김,『대구』, RHK, 2014년.

명정구 글, 조광현 그림,『한반도 바닷물고기 세밀화 대도감』, 보리, 2021년.

미야자키 마사카쓰, 한세희 옮김,『처음 읽는 음식의 세계사』, 탐나는책, 2021년.

박경리,『김약국의 딸들』, 나남, 2002년.

박구병,『한국어업사』, 정음사, 1975년.

박훈하 외,『부산의 음식 생성과 변화』, 부산발전연구원, 2010년.

방신영, 윤숙자 엮음,『조선요리제법』, 백산출판사, 2020년.

서유구, 이두순 평역,『난호어명고』, 수산경제연구원BOOK, 2015년.

_____, 임원경제연구소 옮김,『임원경제지 전어지』(전2권), 풍석문화재단, 2021년.

_____, 임원경제연구소 옮김,『임원경제지 정조지』(전4권), 풍석문화재단, 2020년.

손택수,『바다를 품은 책 자산어보』, 미래엔아이세움, 2006년.

신안군,『사진으로 보는 신안군 40년사』, 전남 신안군, 2009년.

송수권,『남도의 맛과 멋』, 창공사, 1995년.

수협중앙회,『우리나라의 어구와 어법』, 수협중앙회, 2019년.

안미정, 『한국 잠녀, 해녀의 역사와 문화』, 역락, 2019년.

양용진, 『제주식탁』, 콘텐츠그룹 재주상회, 2020년.

엄경선, 『동쪽의 밥상』, 온다프레스, 2020년.

여박동, 『일제의 조선어업지배와 이주어촌 형성』, 보고사, 2002년.

오창현, 『동해의 전통어업기술과 어민』, 국립민속박물관, 2012년.

오치 도시유키, 서수지 옮김, 『세계사를 바꾼 37가지 물고기 이야기』, 사람과나무사이,
    2020년.

요시다 게이치, 박호원·김수희 옮김, 『조선수산개발사』, 민속원, 2019년.

이경엽, 『네 가지 열쇠말로 읽는 섬의 민속학』, 민속원, 2020년.

이상희, 『통영백미』, 남해의봄날, 2020년.

이용기, 『조선무쌍신식요리제법』, 라이스트리, 2019년.

장계향, 함인석 편, 『음식디미방』, 경북대학교출판부, 2003년.

장수호, 『조선시대 말 일본의 어업 침탈사』, 수산경제연구원BOOKS, 2011년.

정문기, 『어류박물지』, 일지사, 1974년.

_____, 『한국어도보』, 일지사, 1977년.

정약전, 정명현 옮김, 『자산어보』, 서해문집, 2016년.

정혜경, 『바다음식의 인문학』, 따비, 2021년.

정호승, 『비목어』, 예담, 2007년.

제주특별자치도, 『제주인의 지혜와 맛 전통 향토 음식』, 제주특별자치도, 2012년.

조너선 밸컴, 양병찬 옮김, 『물고기는 알고 있다』, 에이도스, 2017년.

조자호, 정양완 풀어씀, 『조선 요리법』, 책미래, 2014년.

최기철, 『민물고기를 찾아서』, 한길사, 1997년.

최승용·한다정, 『어부의 밥상에는 게미가 있다』, 3people, 2020년.

최원준, 『부산 탐식 프로젝트』, 산지니, 2018년.

下啓助·山脇宗次, 『韓國水産業調査報告』, 日本 農商務省水産局, 1905.

행복이가득한집 편, 『K FOOD: 한식의 비밀』(전5권), 디자인하우스, 2021년.

황선도, 『멸치 머리엔 블랙박스가 있다』, 부키, 2013년.

_____, 『우리가 사랑한 비린내』, 서해문집, 2017년.

논문

김준, 「어촌 사회의 구조와 변동: 해조류 양식 지역을 중심으로」, 전남대학교 박사학위
　　논문, 2000년.

____, 「파시의 해양 문화사적 의미 구조: 임자도 '타리파시'와 '재원파시'를 중심으로」,
　　『도서문화』 제24집, 국립목포대학교 도서문화연구원, 2004년.

____, 「국가중요어업유산의 운영 실태와 개선 방안」, 『광주전남연구』 제15호, 광주전남
　　연구원, 2019.

____, 「국가중요어업유산 자원 발굴과 보전 방안」, 『정책과제』 2017-25, 광주전남연구
　　원, 2017년.

____, 「우리나라 어식 문화의 역사와 특징」, 『바다밥상』, 국립해양박물관, 2014년.

____, 「우리나라 전통 어업의 실태와 가치의 재인식」, 『광주전남연구』 제2호, 광주전남
　　연구원, 2016년.

김준·박종오, 「전통 어법의 실태조사 및 활용 방안」, 『정책연구』, 전남발전연구원,

2008년.

김수관, 「해선망 어업에 관한 사적 고찰」, 『수산업사연구』 제3권, 수산업사연구소, 1996년.

문화재청, 「전통어로방식」, 문화재청, 2018년.

박경용, 「죽방렴과 주낙 어업의 자연·우주 전통지식: 남해도와 늑도의 사례」, 『한국학연구』 제38집, 고려대학교 한국학연구소, 2011년.

박종오, 「서남해안 멍텅구리배醬船網漁船의 어로 신앙에 관하여: 낙월도落月島의 사례를 중심으로」, 『한국민속학』 제38권, 한국민속학회, 2003년.

서종원, 「위도 조기파시의 민속학적 고찰」, 고려대학교 석사학위논문, 2005년.

오창현, 「18~20세기 서해의 조기 어업과 어민 문화」, 서울대학교 박사학위논문, 2012년.

조숙정, 「조기의 민족어류학적 접근: 서해 어민의 토착 지식에 관한 연구」, 『한국문화인류학』 45권 2호, 한국문화인류학회, 2012년.

주강현, 「민어잡이와 타리파시의 생활사」, 『해양과문화』 제6집, 해양문화재단, 2001년.

신문 기사

「[社説] サンマ漁獲枠 秋の味覚を末永く楽しみたい」, 『讀賣新聞』, 2019년 8월 21일.

「눈이 안 와서 청어를 못 잡어」, 『조선일보』, 1925년 1월 17일.

「아귀탕이 인기」, 『경향신문』, 1978년 10월 17일.

「어기漁期 중의 굴업도 전멸」, 『동아일보』, 1923년 8월 16일.

「이 철 음식 가지가지 (2): 생선회 만드는 법」, 『동아일보』, 1931년 5월 21일.

참
고
문
헌

「廿餘年間搾取에 呻吟튼 慶南漁業者歎願」, 『동아일보』, 1926년 1월 11일.

김동리, 「관메기와 육개장: 나의 식도락食道樂」, 『신동아』, 1967년 6월호.

이용선, 「섬 현지 르포, 파도에 갇힌 문명의 소외」, 『경향신문』, 1969년 12월 13일.

고문헌

『난호어목지蘭湖漁牧志』.

『동국여지승람東國輿地勝覽』.

『동의보감東醫寶鑑』.

『쇄미록瑣尾錄』.

『수운잡방需雲雜方』.

『승정원일기承政院日記』.

『신증동국여지승람新增東國輿地勝覽』.

『자산어보玆山魚譜』.

『전어지佃漁志』.

『정조지鼎俎志』.

『조선왕조실록朝鮮王朝實錄』.

『지도군총쇄록智島郡叢鎖錄』.

사이트

국사편찬위원회 http://www.history.go.kr/

규장각한국학연구원 https://kyu.snu.ac.kr/

네이버뉴스라이브러리 https://newslibrary.naver.com/search/searchByDate.naver

한국민요대전 https://www.imbc.com/broad/radio/fm/minyo/

한국학디지털아카이브 http://yoksa.aks.ac.kr/main.jsp

한국학자료포털 https://kostma.aks.ac.kr/

한국향토문화전자대전 http://www.grandculture.net/

참고문헌

바다 인문학

ⓒ 김준, 2022

초판 1쇄 2022년 3월 21일 펴냄
초판 2쇄 2022년 7월 20일 펴냄

지은이 | 김준
펴낸이 | 강준우
기획·편집 | 박상문, 김슬기
디자인 | 최진영
마케팅 | 이태준
관리 | 최수향
인쇄·제본 | (주)삼신문화

펴낸곳 | 인물과사상사
출판등록 | 제17-204호 1998년 3월 11일

주소 | 04037 서울시 마포구 양화로7길 6-16 서교제일빌딩 3층
전화 | 02-325-6364
팩스 | 02-474-1413

www.inmul.co.kr | insa@inmul.co.kr

ISBN 978-89-5906-629-2 03900

값 19,000원